A GOVERNABILIDADE IMPOSSÍVEL

CONSELHO EDITORIAL

Ana Paula Torres Megiani
Eunice Ostrensky
Haroldo Ceravolo Sereza
Joana Monteleone
Maria Luiza Ferreira de Oliveira
Ruy Braga

A GOVERNABILIDADE IMPOSSÍVEL
Reflexões sobre a partidocracia brasileira

Paulo Cannabrava Filho

Copyright © 2018 Paulo Cannabrava Filho

Grafia atualizada segundo o Acordo Ortográfico da Língua Portuguesa de 1990,
que entrou em vigor no Brasil em 2009.

Edição: Haroldo Ceravolo Sereza
Editora-assistente: Danielly de Jesus Teles
Projeto gráfico e diagramação: Danielly de Jesus Teles
Capa: Ekaterina Kholmogorova
Revisão: Alexandra Colontini
Assistente acadêmica: Bruna Marques

CIP-BRASIL. CATALOGAÇÃO NA PUBLICAÇÃO
SINDICATO NACIONAL DOS EDITORES DE LIVROS, RJ

C219G

Cannabrava Filho, Paulo
A Governabilidade impossível : reflexões sobre a partidocracia brasileira / Paulo Cannabrava Filho. - 1. ed. - São Paulo : Alameda, 2018.
21 cm.

Inclui bibliografia
ISBN 978-85-7939-565-9

1. BRASIL - POLÍTICA E GOVERNO. 2. DEMOCRACIA. 3. ELEIÇÕES -
BRASIL. I. TÍTULO.

18-51751   CDD: 320.981
                           CDU: 32(81)

ALAMEDA CASA EDITORIAL
Rua Treze de Maio, 353 – Bela Vista
CEP 01327-000 – São Paulo – SP
Tel. (11) 3012-2403
www.alamedaeditorial.com.br

Prefácio
7

Introdução
15

I. A construção do poder político
27

II. A construção da nova direita americanizada
35

III. Neoliberalismo na América Latina e no Brasil
61

IV. Formação dos partidos políticos
79

V. Os partidos da República Nova
85

VI. 1965 a 1978 – Bipartidarismo e eleições na ditadura
103

VII. Os filhotes da Arena
121

VIII. Os Filhotes do MDB
157

IX. Vi 1986 a 2000 eleição na nova republica
203

X. Lula: 52,3 milhões, início de uma nova era
231

**XI. Da eleição à deposição
de Dilma Rousseff**
255

XII. 2016 – Eleições Municipais
271

XIII. 2018 - Eleições gerais
287

Posfácio
305

Agradecimentos
317

Sobre o autor
321

Prefácio

Paulo Cannabrava tem história. Faz parte de uma geração de batalhadores que, quando veem surgir nas ruas personagens da classe média adornados de símbolos nacionais e munidos de panelas, quando são bombardeados nas mídias por mensagens de empolada indignação e de elevada moralidade, quando se lhes explica que a Constituição é estreita demais para os grandes interesses e que, portanto, temos de dobrar a legalidade – reagem não com entusiasmo, mas com memória.

Quantas vezes já viram e já escutaram isso, sabendo que atrás dos discursos vêm a liquidação da democracia, o aumento dos privilégios, o desmonte do processo de desenvolvimento? Os movimentos que levaram Getúlio ao suicídio, as tentativas de golpe contra Juscelino, o golpe com uniformes militares em 1964, o golpe com gravatas e aparências parlamentares que hoje vivemos, todos se travestiram de elevada ética e dignidade. Quando sopram esses ventos, pessoas como Paulo Cannabrava já reconhecem, pelo cheiro, a podridão que avança. Esse filme, nós já vimos. Esses argumentos, nós já ouvimos. E as consequências desastrosas já as vivemos.

A ampla retrospectiva que Paulo traz neste livro nos permite ter um recuo relativamente ao caos e gritaria que hoje caracterizam a política no Brasil. Em nome de "consertar o país", estão destruindo a democracia, entregando petróleo, terras e empresas, liquidando direitos dos trabalhadores, desarticulando políticas sociais básicas nas áreas de saúde e educação — enfim, gerando uma grande farra que articula oligarquias nacionais e interesses transnacionais, não mais contidos pelas instituições, por regras do jogo democráticas. Daí o título do livro se referir à governabilidade e à ruptura institucional. Quando se violam instituições, prevalece apenas a lei do mais forte. A máfia sempre soube se vestir com ternos elegantes, mas os procedimentos são simplesmente mafiosos. Os discursos são de ordem, mas o efeito é o caos.

O irônico é que hoje sabemos o que funciona: trata-se de organizar as instituições em função do bem-estar das famílias. Isso passa pelo aumento da renda da população em geral, pois a demanda ampliada estimula investimentos e produção, o que por sua vez aumenta o emprego. Tanto o consumo das famílias como a atividade empresarial geram mais receitas públicas, que permitem ao Estado financiar infraestruturas e políticas sociais, em particular saúde, educação, segurança. E a roda gira, é tão simples assim. Não foi a austeridade, e sim a redistribuição, que permitiu a recuperação da economia americana atolada na crise dos anos 1930 (New Deal), que permitiu a prosperidade do pós-guerra da Europa (Estado de Bem-Estar), que assegurou o milagre da Coreia do Sul ou ainda a dinâmica dos países nórdicos. A própria força econômica da China apoia-se essencialmente na ampliação do mercado interno. Fazer o bem para as pessoas faz bem para a economia, e para isso deve servir a política. Organizar a economia em torno dos interesses estreitos das oligarquias nunca resolveu nada. Vestir esses interesses do manto do interesse nacional é uma fraude.

A desigualdade é o mal maior. Em termos éticos, é indefensável, pois manter amplas esferas da população na miséria, quando temos tantos recursos, é vergonhoso. Ter voltado a aumentar

A GOVERNABILIDADE IMPOSSÍVEL

a mortalidade infantil num país que tem a riqueza que temos é absurdo. Estamos em um país que produz, em termos de bens e serviços, R$ 11 mil por mês por família de quatro pessoas, o que permitiria a todos viverem de maneira digna e confortável, mas 1% das famílias do país tem mais patrimônio do que os 95% restantes, e seis famílias têm mais do que 100 milhões de brasileiros na base da população. Essas minorias produziram tudo isso? Nem os pobres merecem a pobreza a que são reduzidos, nem os ricos merecem o volume de riqueza de que se apropriam. Reduzir radicalmente a desigualdade não é questão de esquerda ou direita, é questão de decência humana, e de inteligência política.

É também questão de inteligência social. Nenhuma sociedade pode funcionar adequadamente com um nível tão profundo de desigualdade. Somos um país onde se cometem 64 mil assassinatos por ano, onde a polícia mata 14 pessoas por dia, onde se aprisiona um ex-presidente sem provas, justamente para tentar conter as pressões sociais por uma vida mais decente para todos. Não estamos mais na idade média, na era da escravidão, na era feudal. A massa de pobres no Brasil e no mundo é hoje constituída por pessoas que são pobres, mas não burras, e que estão putas da vida de não poderem comprar um remédio para o filho doente, de não poderem assegurar um hospital decente para a esposa parir, de não poder ter uma escola adequada quando sabem que o futuro dos filhos hoje depende dos conhecimentos adquiridos. Com a massa de pobres que temos, a paz social, o ambiente construtivo, e uma política equilibrada não poderão funcionar no quadro de tanta desigualdade. Alguém precisará informar as nossas oligarquias de que estamos no século XXI. E os pobres já estão informados de que os recursos existem, de que não é por falta de recursos que sofrem, e sim pela sua concentração em mãos incompetentes. Não há democracia política que funcione sem uma base de democracia econômica.

E a desigualdade não funciona, evidentemente, em termos econômicos. Um bilionário que aplica R$ 1 bilhão em algum papel financeiro com modesto rendimento de 5% ao ano estará ganhando 137 mil reais ao dia. Como não conseguirá gastar tanto a cada dia, o grosso do ganho é automaticamente reaplicado, gerando o chamado *snowball effect*, efeito bola de neve. Sem precisar produzir nada, em poucos anos terá as fantásticas fortunas que hoje alimentam o tal 1%. O grande dinheiro apenas marginalmente resulta em investimento produtivo, pois as aplicações financeiras rendem mais e exigem menos esforço. É o que tenho chamado de *Era do Capital Improdutivo*. Gera poderosos rentistas que desviam recursos financeiros da produção, mas que também se apropriam da política, fechando o círculo: é a *ruptura institucional*, como diz o título do livro, tornando *a governabilidade impossível*. O parasita consome o corpo que o alimenta. *Killing the Host*, matando o hospedeiro, é o título sintético e explícito de uma análise em profundidade publicada por Michael Hudson.

A tragédia do capitalismo parasitário, aliás título também de um livro recente de Zygmunt Bauman, é de não saber se conter, não por maldade, mas por natureza. Os que tentarem ser mais comedidos serão simplesmente engolidos por outros. A lógica é sistêmica. E a vítima não é apenas a sociedade. O aquecimento global, a liquidação da cobertura florestal, a poluição da água doce e dos mares, a liquidação da biodiversidade – perdemos 52% dos vertebrados do planeta em 40 anos – a multiplicação de bactérias resistentes pelo uso irresponsável de antibióticos, a esterilização do solo agrícola e tantos outros impactos do uso predatório e irresponsável dos recursos naturais fazem com que deixemos para os nossos filhos uma tragédia planetária. Este sistema não está funcionando nem para a humanidade, nem para a natureza.

Virar as costas para a política e deixar a bandidagem corporativa e financeira rolar solta, evidentemente, não resolve. Temos de retomar as rédeas do desenvolvimento. A equação a resolver é simples: estamos destruindo o planeta que nos nutre, em proveito de uma minoria que insiste em aprofundar o drama. Ou seja, temos de proteger o planeta e assegurar o equilíbrio social. Isso envolve o resgate do controle dos recursos, assegurando que sejam utilizados para financiar as tecnologias e os processos produtivos sustentáveis, e envolve também a inclusão produtiva e retomada do desenvolvimento para reduzir a desigualdade. Ou seja, temos de resgatar instituições e governabilidade que permitam que o processo decisório sobre o uso dos nossos recursos seja orientado pelas prioridades reais, pelo que realmente importa. No nosso caso, um país socialmente equilibrado, ambientalmente sustentável e economicamente viável. Nenhuma ditadura, bem ou mal disfarçada, poderá asseguras esse caminho. Temos de retomar e inclusive aprofundar formas democráticas de decisão sobre o nosso futuro.

Na realidade, mais do que uma crise gerada por uma nova leva de mafiosos – oligarquia que por razões misteriosas chamamos de elite – há uma crise civilizatória muito mais profunda. Ao traçar o processo histórico de formação da nova direita, da expansão do neoliberalismo, de como os interesses da oligarquia foram se estruturando em partidos políticos e deformando as eleições, incluindo aqui o papel da mídia, do judiciário, dos bancos e outros atores centrais do processo político, Cannabrava abre uma perspectiva muito mais clara para entender os nossos desafios atuais. Mais que um livro de "política", trata-se aqui de uma ferramenta para entendermos melhor as engrenagens do poder e nos organizarmos para os inevitáveis enfrentamentos.

Ladislau Dowbor
São Paulo, 10 de agosto de 2018

Introdução

Democracia representativa de quem, cara pálida?

Nos tempos que correm há muita gente questionando o que temos como democracia, a chamada de democracia representativa.

À direita e à esquerda parece haver consenso de que o presidencialismo de coalizão não funciona, ou não está funcionando devido ao excessivo fisiologismo dos integrantes desse Congresso. Mas também não funcionou no passado. A verdade é que evoluiu para um presidencialismo de colisão.

O parlamentarismo foi rechaçado pelo povo em plebiscito em 1962, de novo pelos constituintes em 1988 e novamente em consulta popular em 1993. Vão contra a maré os que pregam o retorno a um parlamentarismo que tampouco funcionou e não vai funcionar. Isso porque tanto um regime como o outro têm como fundamento uma democracia representativa que não representa nada mais que interesses de grupos que se opõem a qualquer tipo de reforma que ameace minimamente o status quo.

Diante do exposto, a primeira pergunta que suscita uma reflexão sobre o tema é: quem representa quem na democracia formal? Ou, representativa de quem, cara pálida?

Mesmo com a presença de um indígena (o Cacique Juruna, na Câmara, entre 1983 e 1987) e de alguns negros como Abdias do Nascimento também na Câmara e depois no Senado, onde também exerceram mandato Paulo Paim e Benedita da Silva, o que ficou provado é que o Congresso não é representativo das maiorias, mas direcionado a preservar o status quo, ou seja, a hegemonia de uma elite minoritária e concentradora de poder.

Darcy Ribeiro apoiou a candidatura de Juruna e trouxe o Abdias consigo como suplente quando foi eleito senador. Talvez ele tenha aceitado participar da chapa e ser eleito junto com Abdias para testar sua descrença no sistema. Darcy era um tipo incrível, um raro intelectual com grande capacidade executiva. Ele convenceu o Brizola a fazer os Centros Integrados de Educação Pública (Cieps)[1] e foi o "secretário de obras" que acompanhou a compra e a construção, tijolo por tijolo.

Destruíram o Cieps como conceito com os sucessivos (des)governos do Rio de Janeiro. Darcy, como senador deixou a revista "Carta. Falas, Reflexões, Memórias", de indiscutível valor, mas difícil de ser consultada. Escreveu muito, sua obra prima, o Povo Brasileiro, não é leitura obrigatória nas escolas e nas faculdades, mas no mundo inteiro o respeitam como um expoente da moderna antropologia. "Não temos mais burguesia nacional stricto sensu, temos gerentes a serviço das transnacionais", asseverou Darcy.

Estamos longe de uma democracia

Mexendo nos meus alfarrábios, encontrei um papel mimeografado de Paulo Leite Ribeiro, texto de 1963, no qual, com clareza meridiana e se reportando a Bertrand Russell, ele diz:

---

1 O projeto, implantado no estado do Rio de Janeiro nos anos 1980, tinha como objetivo levar uma educação pública de qualidade e em tempo integral à população.

está em tempo de se compreender que ainda está longe de haver democracia. Vivemos apenas um sistema tendente à democracia, de primária representação popular, que acoberta, em suas aparências, de bela roupagem jurídica, bela e fundamental, mas não suficiente, um complexo de ditaduras mais ou menos draconianas, dos grupos de pressão, 'panelas', famílias, chefes, etc., as quais estruturam a trama de poderes, ostensivos ou velados, que, com o domínio de seus respectivos clãs, comandam o 'gigante' macrossocial (um fenômeno estatístico), cujo comportamento é a média ponderada dos comportamentos individuais.

E o pior é que a insegurança dos desajustamentos atuais revive a filosofia hedionda do maquiavelismo, como recurso imediatista de sobrenadar ao jugo do poder dominante. "A técnica de sorrir pela frente e apunhalar pelas costas, a intolerância e a frieza cruel são as notas dominantes em todos os escalões sociais e profissionais, como manifestações da filosofia materialista predominante", segue o autor. O texto, um tanto empolado, é de atualidade indiscutível.

No Brasil, o processo de dominação colonial foi muito mais prolongado e muito mais poderoso, no sentido de construir um pensamento hegemônico: Governadores Gerais, Reino, Império, República dos Oligarcas... além de longo, foi draconiano. Era proibido pensar, não havia escolas para o povo, só para as elites e seus serviçais. Depois, mesmo com a criação das universidades,[2] formam-se quadros para preservação do status quo. Além do mais, se demonizou e se destruiu todos os que lutaram por mudanças.

---

2   A primeira universidade, com vários cursos, criada no Brasil foi a Universidade do Rio de Janeiro, em 1920.

A atualidade de José Martí

Nos vizinhos, notadamente nos países de civilizações milenares, a resistência dos indígenas e dos negros resultou na construção e preservação de espaços culturais. A literatura que rompe com o colonialismo e tenta ser local, por seu sucesso, se torna universal. Isso é muito importante para fundar o pensamento libertário. É uma base para valorizar a criação dos excluídos, formar uma corrente de pensamento nacional.

Nas comunidades andinas, enquanto existiram depois da independência até sua quase destruição, a partir da globalização, vigorava o Conselho dos Anciãos, além da Assembleia Comunal. O presidente Evo Morales[3] foi o único que, entendendo que a democracia formal historicamente tem sido instrumento de exclusão social, tratou de organizar os excluídos para o exercício do poder. Foram mais de 500 anos de marginalização dos povos originários. Haja resistência! Esse povo, apesar de tanta violência e alienação, conseguiu manter seus idiomas e tradições. A democracia do Estado Plurinacional da Bolívia[4] está funcionando.

A Bolívia, e em alguma medida também o Equador, está demonstrando que o caminho para os excluídos é a organização e a educação. Organizar e educar com vistas a conduzir seu próprio destino requer valorizar seus valores autênticos. No processo, nas comunidades, nos bairros e pequenas cidades, o povo organizado forma seus próprios líderes, que vão, preparados, disputar espaço nos órgão de poder da

---

3   Evo Morales, presidente da Bolívia desde 2006, eleito pelo partido criado por ele, Movimento ao Socialismo (MAS). Líder cocaleiro, foi o primeiro indígena a ocupar o mais alto posto de comando da nação.

4   Definida pela Constituição de 2009, a Bolívia possui um modelo estatal até então inédito, de Estado Plurinacional, caracterizado pelo pluralismo jurídico, econômico, cultural e linguístico em reconhecimento aos direitos coletivos dos povos indígenas.

A GOVERNABILIDADE IMPOSSÍVEL 21

minoria para questionar com voz ativa e tendo propostas alternativas ao modelo de perpetuação da dependência.

Assim, é impressionante a atualidade de José Martí[5] ao apontar o caminho: "A história da América, dos incas para cá, há que ensinar ao detalhe, mesmo que não se ensine dos Arcontes da Grécia. Nossa Grécia é preferível à Grécia que não é nossa. Para nós é mais necessária". Pois é. A universidade deveria estar pensando crítica e criativamente o país, mas não está.

A validade das reformas

Temos como lição da história que as reformas podem reforçar ou manter o status quo, ou podem avançar em mudanças apontadas a uma mudança maior, que dê melhores condições para o país se desenvolver e o povo construir seu futuro.

A Venezuela (de Chávez),[6] o Equador (de Correa)[7] e a Bolívia (de Evo) conduziram processos com profundo conteúdo antioligárquico e anti-imperialista, ao mesmo tempo em que construíram um pensamento próprio, fundado na recuperação da história das lutas gloriosas desses povos, das tradições indígenas, do pensamento dos libertadores. São processos legítimos.

No Panamá, na Revolução liderada por Omar Torrijos,[8] o poder legislativo era a Assembleia Nacional de Corregimentos

---

5　José Martí (1853 – 1895), político, intelectual e filósofo cubano, é o grande mártir da independência de Cuba.

6　Hugo Chávez Frías (1954-2013), presidente da Venezuela entre 1999 – 2013, líder da chamada Revolução Bolivariana, morreu vítima de um câncer logo após ser eleito para seu quarto mandato.

7　Rafael Correa, presidente do Equador entre 2007 – 2017, líder da chamada Revolução Cidadã.

8　Omar Torrijos (1929 – 1981), Comandante-Chefe da Guarda Nacional e líder máximo da Revolução Panamenha, entre 1968 e 1981. Nunca teve o título de presidente de seu país. Foi responsável pela campanha que resul-

(municípios). Cada município organizava o seu poder através de eleição direta. Esse poder local elegia os representantes para a Assembleia Nacional. Obviamente, isso levou a uma presença majoritária do povo e minoritária das velhas e entreguistas oligarquias. Era uma maravilha. O Executivo tinha que se subordinar a um poder legislativo de extração popular. Conclusão: depois da invasão das tropas dos Estados Unidos (dezembro de 1989 e janeiro de 1990), que destruiu bairros inteiros e matou umas duas mil pessoas, a maioria jovens, tudo voltou como dantes. Restabeleceram a democracia representativa formal tão ao gosto do Império e das elites servis.

Já Argentina e Brasil, principalmente o Brasil, democracia é pura enganação. Na Argentina menos porque é muito forte a tradição de organização do povo, dos trabalhadores e até dos sem--trabalho, além da riqueza intelectual. E por isso o país passa por maus bocados, com enfrentamentos quase diários dos protestos populares com as forças de segurança do sistema.

No Brasil, até pequenos avanços na construção de espaços democráticos, como Orçamento Participativo, Conferências da Cidade, Conselhos (comunitários) de Educação, Saúde, Segurança, foram abandonados. As medidas de inclusão social foram cosméticas, não resistiram às intempéries. O país se especializou em destruir sua própria história, em demonizar todo o pensamento oposto ao conservadorismo e ao servilismo à metrópole.

Impôs-se um Congresso de maioria de latifundiários, empresários ou representantes de conglomerados empresariais, fundamentalistas neopentecostais. Sem dúvida, o pior Congresso de nossa história. Os partidos e os mandatos foram transformados em trampolim de ascensão social. O povo, um obstáculo a ser domado. A mídia

tou na devolução do Canal do Panamá aos panamenhos, morreu em um acidente de avião em condições nunca reveladas.

A GOVERNABILIDADE IMPOSSÍVEL

faz o trabalho coadjuvante de manter alienados não o povo, mas aqueles que a leem: a classe média desamparada.

Agora, ainda estamos em uma conjuntura a exigir reformas. Que tipo de reformas? Agrária, Bancária, Tributária, Urbana, entre tantas. Já vivemos isso intensamente nas décadas de 1950-1960, principalmente durante o governo de João Goulart.[9] Percebe-se a convergência dessas duas conjunturas, ainda que distantes mais de 50 anos. É o tamanho de nosso retrocesso.

A falência do sistema representativo

É certo que há que reconhecer importantes avanços inclusivos durante os governos petistas (2003 -2016): maior acesso ao ensino técnico e universitário, Bolsa Família, erradicação da fome... A inclusão na escola, contudo, foi acompanhada da deterioração do ensino e da transformação das escolas em mercadorias. Melhor dizendo, com a compra das escolas pelo capital financeiro, o aluno se transformou em commodities, deve dar lucro.

Houve um tempo em que o alto preço das commodities favoreceu uma verdadeira euforia do consumo. Exportar produtos primários, minérios e cereais, e comprar caro os produtos de consumo produzidos no exterior, agravando o processo de desnacionalização e destruição do nosso parque fabril. A Petrobras e as mineradoras foram as únicas que mantiveram funcionamento de setores da produção e de infraestrutura.

Foi importante porque recuperou nossa capacidade de produzir nacionalmente plataformas para exploração do pré-sal, terminais marítimos, navios cargueiros, indústria petroquímica e química,

---

9 João Goulart (1918-1976) governou o Brasil entre 1961 e 1964, tendo sido deposto pelo golpe militar de 1º de abril para que não realizasse as chamadas reformas de base: agrária, educacional, fiscal, eleitoral, urbana e bancária.

sustentado pelo *boom* e altos preços das commodities de um lado e, de outro, a ausência de investimento em infraestrutura. Tudo isso, sem deter o processo de desindustrialização. Essa é a realidade resultante da falta de planejamento e de visão estratégica. Mas não é esse o foco desta reflexão.

O que é importante ressaltar é a falência do sistema representativo, evidenciado no show midiático televisivo das sessões que julgaram e aprovaram a deposição da presidenta Dilma Rousseff. O fracasso econômico, apesar do desgaste do neoliberalismo no âmbito mundial. Sem mudar esse sistema representativo, nada mudará.

Algum avanço houve no âmbito das relações internacionais, com certa independência, durante o governo Lula (2002-2010), notadamente na gestão do chanceler Celso Amorim no Itamaraty (2003-2011). A Organização dos Estados Americanos (OEA), a Junta Interamericana de Defesa (JID) e o Banco Interamericano de Desenvolvimento (BID), consagrados instrumentos da hegemonia dos Estados Unidos, perderam significado. Agora, e parece que definitivamente, impõe-se a Unasul, os blocos regionais e a articulação Sul-Sul, materializada no grupo formado por Brasil, Rússia, Índia, China e África do Sul (Brics). Como os Estados Unidos não integram esses grupos, os governos neoliberais de plantão estão tratando de desmontar tudo isso.

O Império contra-ataca. Já dividiu os latino-americanos com a Aliança do Pacífico[10] e o Tratado de Livre Comércio da América do Norte (Nafta)[11] e tenta seduzir com um novo Pacto Atlântico para quebrar a unidade dos Brics. Essa contraofensiva reforça a importância da integração de Nossa América sonhada por Bolívar.

---

10 Bloco comercial de livre comércio, de caráter neoliberal, formado por Chile, Colômbia, México e Peru.

11 Bloco comercial de livre comércio, de caráter neoliberal, formado por Canadá, Estados Unidos e México.

Essa integração só será completa quando em cada país vigorar a nova democracia que merecemos, livre da ditadura do capital financeiro e do pensamento único.

A questão fundamental que se coloca é a de repensar o país, a começar pela construção da democracia.

Que democracia queremos?

Para ajudar nessa busca, estas páginas oferecem um passeio pelos tortuosos caminhos da construção da democracia a partir da Constituição de 1946, até a campanha para as eleições gerais de 2018.

I

A construção do poder político

Consenso de Washington

No final da década de 1980, formulações elaboradas por um grupo de intelectuais foram sistematizadas pelo economista e professor inglês John Williamson,[1] do Institute for International Economics, a serviço de instituições financeiras e do governo dos Estados Unidos. Essas formulações, que ficaram conhecidas como Consenso de Washington, deram origem ao modismo da subordinação do Estado ao Mercado.

Quando em novembro de 1989 o governo dos Estados Unidos se reuniu com organismos financeiros privados e multilaterais, como o Fundo Monetário Internacional (FMI), entre outros, para debater as propostas de Williamson, o nosso economista, depois Ministro, Pedro Malan,[2] estava lá. Williamson já deu aulas no Brasil, na PUC do Rio, de 1978 a 1981, e também na PUC paulista.

---

1 Professor em várias universidades. Foi do Banco Mundial e do FMI.

2 Pedro Sampaio Malan (1943 -) foi presidente do Banco Central entre 1993 e 1994, durante o governo Itamar Franco, e Ministro da Fazenda do governo de FHC de 1995 a 2002.

O consenso, lá em Washington, na formulação de Williamson, era o de que os recursos das instituições financeiras destinadas aos países em desenvolvimento estavam sendo desperdiçados. Sem resolver suas crises, muitos países, para desespero das instituições, estavam se tornando inadimplentes. Para evitar o agravamento desses problemas, tornou-se necessário que os destinatários desses recursos se sujeitassem a algumas regras.

Essas regras são conhecidas por todos, mas, não é demais lembrá-las;

1. Disciplina fiscal;
2. Redução dos gastos;
3. Reforma tributária;
4. Juros de mercado;
5. Câmbio de mercado;
6. Abertura comercial;
7. Investimento estrangeiro direto, com eliminação das restrições;
8. Privatização das estatais;
9. Desregulação – afrouxamento das leis econômicas e trabalhistas;
10. Direito de propriedade.

Como se vê, os dez mandamentos de Washington definem com clareza a política econômica que nos vem sendo imposta com extrema falta de criatividade, nos quase treze anos de fernandato[3], e que nem o presidente operário e sindicalista, nem sua sucessora guerrilheira conseguiram dela se livrar.

---

3   Começa com Fernando Collor de Mello (1990-1992) e termina com Fernando Henrique Cardoso (1995-2002).

Ditadura do pensamento único

Mais que política econômica, o pior é que, por trás desse consenso, vem sendo executada uma estratégia de subordinação, que podemos chamar de recolonização, não só aqui em Nossa América, mas em todo o mundo conhecido como Ocidental e Cristão. São múltiplas as táticas e métodos dessa estratégia, evidentemente de acordo com as idiossincrasias locais e regionais.

No Brasil, chegamos ao que chamamos Ditadura do Capital Financeiro, imposta pelo Pensamento Único. Não sei se é melhor dizer Ditadura do Pensamento Único Imposta Pelo Capital Financeiro. De uma forma ou de outra é isso que configura o inimigo principal a combater no mundo de hoje.

É dramática a cumplicidade das universidades com a expansão e consolidação desse pensamento único. Dramática porque resulta de uma crescente servidão intelectual. Convenhamos, a pior das servidões, porque nega-se o servo a ser libertado.

A Universidade deixou de pensar o país, de ser o canteiro dos capazes de transformar a realidade. O livro vem dos Estados Unidos e o sonho é a pós-graduação lá, nos redutos da neocolonização pós imperialismo expansionista.

A Revista *Diálogos do Sul* quase que diariamente vem instigando a intelectualidade, principalmente a juventude, a que se rebele, a que se liberte do pensamento único, recupere a capacidade de olhar crítica e criativamente a realidade que precisa ser transformada.

Revolução e contrarrevolução na educação

A Revolução de Outubro de 1930 semeou o país de escolas. Boas escolas públicas até o segundo grau, escola normal para formar professores, escolas técnicas para formar mão-de-obra especializada e universidades. Foi essa verdadeira revolução na educação que permitiu realizar o projeto de desenvolvimento industrial do país.

Houve uma segunda revolução na educação, essa centrada no desenvolvimento do senso crítico e criativo. Esta fez o país explodir em criatividade em todos os setores do conhecimento humano – ciência, música, teatro, tecnologia, arquitetura, engenharia de grandes obras, artes plásticas, arte culinária.

Foi isso que permitiu um grande salto no desenvolvimento que levou o país a ser a quarta potência industrial do planeta, produzindo e exportando equipamentos bélicos e agrícolas, com uma agricultura diversificada que permitia ter excedentes de alimentos e uma política externa independente. Mas eis que, de repente, as coisas começam a andar para trás.

É muito complexo esse processo porque se deslancha a partir de uma acumulação por décadas e culmina com a captura do Estado a partir do golpe de 1º de Abril de 1964. René Armand Dreifuss, sociólogo uruguaio residente no Brasil, explica isso magistralmente em seu livro 1964: A Conquista do Estado – *Ação Política, Poder e Golpe de Classes* (Editora Vozes). Uma leitura obrigatória que, evidentemente, não é recomendada nas universidades nem comentada pela mídia, e isso porque revela verdades que precisam ser escondidas.

Afinal, o que houve a partir do golpe de 1964 foi a captura do Estado pelas transnacionais, que passaram a controlar praticamente todos os centros de decisão. A ofensiva começou na década de 1950, com a criação do IPES (Instituto de Pesquisa e Estudos Sociais) e na sequência do IBAD (Instituto Brasileiro de Ação Democrática). Nas eleições de 1962, o IBAD apoiou 250 candidatos a deputado federal, 600 candidatos a deputado estadual e oito para governador de estado. Numa Câmara de 409 membros, pelo menos 150 eram controlados pelo Ibad.

Então, para facilitar, tomemos 1964 como um primeiro tempo, e 1990 como o segundo de um jogo que ainda não terminou e que, até agora só teve vitorias de um lado. Essa história ajuda a entender os dias de hoje.

Tudo isso é capitalismo

Claro que é. Colonialismo, expansionismo, imperialismo, globalização, pensamento único, ditadura do capital financeiro, exploração do trabalhador pelo patrão, desregulamentação do mercado de trabalho, liquidação do sindicalismo, previdência só para os ricos e privilegiados, alienação, consumismo, teologia da prosperidade... você pode acrescentar muitas coisas mais, tudo é capitalismo, ou, se preferir, resultado da ganância do capital. Veja o que o que diz o sábio Boaventura de Souza Santos, em nosso idioma:

> O capitalismo nunca atua sozinho.
> Ele atua com o colonialismo e atua com o patriarcado, isto é, com o racismo e com a violência contra as mulheres. Não é uma forma de dominação que seja capaz de conviver exclusivamente com o trabalho assalariado. Tem que desqualificar seres humanos, sejam os trabalhadores, sejam os jovens negros, as mulheres negras, as mulheres em geral, e portanto o colonialismo não acabou. Nós vivemos em sociedades coloniais com imaginários pós-coloniais.[4]

Sobre o Brasil, Boaventura afirma:

> O País estará em um impasse durante um tempo. O neoliberalismo é uma farsa e está sendo implementado aqui exatamente como farsa, até que as forças populares de esquerda se deem conta de que

---

4 Filósofo, professor na Universidade de Coimbra, Portugal, têm muitas reflexões sobre os processos protagonizados pela esquerda brasileira. Disponível em http://www.paginab.com.br/brasil/talvez-a-politica-mais-honesta-da-america-latina-foi-impedida-pelos-politicos-mais-corruptos-da-america-latina-diz-boaventura/.

é possível uma alternativa política. Os partidos de esquerda, em nenhuma condição, se devem aliar a partidos de direita. A esquerda tem que se aliar com a esquerda. Se não é possível uma aliança com outros partidos de esquerda, mantenha-se na oposição até que essas condições sejam criadas. Não podemos governar na base de conciliação com grupos de direita que no momento oportuno nos largam, como aconteceu com o PMDB e com o PSDB, não sejamos ingênuos.[5]

---

5   *Idem.*

II

A construção da nova direita americanizada

Os quadros do PSDB, ou melhor, a intelectualidade tucana, constituíam a liderança dessa nova direita que vem sendo construída por empresários e financistas, vinculados a universidades e instituições com sede nos Estados Unidos. Agora eles já são muitos e estão assumindo posições de controle na maioria dos partidos.

Eles integram ou recebem ajuda de importantes instituições de estudos e pesquisas nas várias áreas do conhecimento, notadamente nas ciências econômicas.

O Centro Brasileiro de Análise e Planejamento (Cebrap), de Fernando Henrique Cardoso, vinculado a Fundação Ford, é um deles, mas já não é tão importante como foi no passado. Parece velho demais para os mais jovens. Estes preferem os que oferecem resultados práticos e concretos, pois formam os quadros para a gestão econômica e os colocam no poder.

O Instituto de Estudos de Política Econômica – IEPE/Casa das Garças é dos mais importantes. Criado em 2003 por um grupo de economistas e financistas com participação do Instituto Milenium (IMIL) e outros congêneres.

Esse IEPE-Casa das Garças foi criado com ajuda de Monica Baumgarten de Bolle,[1] que a comandou de 2010 a 2014, junto com Edmar Lisboa Bacha (Plano Real), Ilan Goldfajn (Banco Itaú) e outros economistas milionários, banqueiros e financistas da mesma estirpe. É bom saber o que é essa Casa das Garças, que tem mais tucanos que garças. Até já recebeu o apelido de "ninho de tucanos".

O IMIL foi criado em 2005 por Patrícia Carlos de Andrade, ligada ao grupo Globo, mas logo assumiu-se como uma "Nova Direita". Tem entre diretores e mantenedores figuras das mais expressivas do mundo empresarial e da administração pública, como, por exemplo: Henrique Meireles, Gustavo Franco, Armínio Fraga, Jorge Gerdau, Sergio Toguel (Odebrecht) João Roberto Marinho (Globo), Nelson Sirotsky (RBS), Giancarlo Civita (Abril).

Já o Instituto Liberta foi criado por Elie Horn, um dos homens mais ricos do mundo, dono da incorporadora e construtora Cyrela. A diretora executiva do Instituto é nada menos que Luciana Temer, filha do ilegítimo. Tem o apoio de vários Shopping Centers, bancos e do Governo do Estado de São Paulo.

Essas entidades atuam na política da mesma forma que o IPES e do IBAD nos anos 1950-60. Financiam formação de quadros, a organização de novos partidos e inúmeras ONGs dedicadas a temas que lhes interessem. Produzem farto material de conteúdo ideológico para imprensa, distribuem filmes e livros às organizações sociais.

Tal como nos anos 1960, há muito dinheiro também dos donos de grandes empresas e da Fiesp, a poderosa federação dos industriais

---

1 Integrante do Instituto Mileniun (IMIL), Mônica De Bolle reside em Washington, é professora na Johns Hopkins University e foi assessora econômica no FMI. Atualmente, também integra a equipe do Peterson Institute for International Economics. Defensora ardorosa da Emenda Constitucional n.º 95, de 2016, conhecida como "PEC do Teto" ou "PEC da Morte" por limitar os gastos do governo por duas décadas, e demais maldades do ilegítimo governo de Michel Temer (2016-).

A GOVERNABILIDADE IMPOSSÍVEL

do Estado de São Paulo. Até os sobrenomes dos envolvidos são os mesmos do golpe contra João Goulart: Beltrão, Gerdal, Grupo Ultra, grupos Suzano, Evora, M & M e RBS, Editora Abril, *O Estado de São Paulo*. Os de fora também são os mesmos: Bank of America, Merril Lynch, Atlas Network, ITT e por aí afora.

Entidades como Student for Liberty e Atlas Network, dos irmão David e Charles Koch, donos de enorme fortuna e financiadores da ultradireita estadunidense, estiveram por trás dos movimentos de contestação da direita que ocuparam as ruas das principais cidades em atos a favor da queda de Dilma Rousseff.

Estão recebendo dinheiro de fora organizações como Estudantes pela Liberdade, ligada ao Movimento Brasil Livre (MBL), o Instituto Liberal, o Instituto de Estudos Empresariais.

Outra organização envolvida na construção da nova direita no Brasil é o Instituto Ludwig fon Mises Br, com sede principal nos Estados Unidos. Prega o liberalismo da escola austríaca e é presidido por Hélio Coutinho Beltrão, um apaixonado por ditaduras, foi ministro de Planejamento do general Costa e Silva e ministro da Desburocratização do general João Figueiredo.[2] Integra o Grupo Ultra, o mesmo que nos idos da ditadura, com Pery Igel e Albert Hening Boilesen, financiava a Operação Bandeirante (Oban), o organismo da repressão. Tudo gente boa...

Paulo Guedes, o do plano econômico do deputado capitão do Exército e pré-candidato à presidência pelo PSC, Jair Bolsonaro, um legítimo Chicago boy, fez PhD e lá foi professor de Armínio Fraga e Gustavo Franco. Guedes é um privatista radical, que quer privatizar tudo, até conseguir o fim do Estado. É um dos fundadores do Banco Pactual e dono da BR Investimento, e integra também a

---

2   João Baptista de Oliveira Figueiredo (1918-1999) foi ditador do Brasil entre 1979 e 19885.

Bozano Investimentos. Faz parte da Adlatem Educacional do Brasil, do Instituto Mileniun.

Essa turma comanda também o Instituto Liberal e o Instituto Liberdade, instituições que se dedicam à arregimentação e formação de quadros. A Opus Dei também faz parte disso, com seu instituto Internacional de Ciências Sociais. O ex-governador (quase vitalício) e candidato à Presidência, Geraldo Alckmin, é Opus Dei.

São muitas as fundações e institutos engajados na guerra cultural desencadeada pelos Estados Unidos, como a Fundação Heritage, Fundação Paz Global, no estilo das já citadas. E muitas outras, como o Instituto para o Desenvolvimento do Pensamento – Pátria Sonhada, do sul-coreado Hyun Jin Moon, filho do reverendo Moon, que inventou uma igreja que como as demais é de adoração ao deus dinheiro. Há vários livros sobre o tema...

A direita organiza a juventude

Nota-se que a direta se organiza sem perda de tempo, inclusive mobilizando amplos setores da juventude. Estão realizando esse mesmo trabalho de cooptação e treinamento os demais movimentos como Livres; Agora Acredito; Renova Brasil; Rede de Ação Política pela Sustentabilidade (RAPS); Rede e Partido Novo, todos com abundante dinheiro fornecido por empresários ricos. Já são 266 no Brasil, 700 na América Latina.[3]

Meios de comunicação a serviço do poder

As ondas hertzianas, por onde transitam as transmissões dos meios eletrônicos – rádio, televisão, internet, satélites e o que mais

---

3 *O Estado de São Paulo.* 25/2/2018.

A GOVERNABILIDADE IMPOSSÍVEL 41

houver – assim como a atmosfera, rios, litoral – pertencem à nação e são administradas pelo Estado. É assim no mundo inteiro. Inclusive a ONU criou um organismo para regular e controlar o uso e a administração das ondas radiais.

Na maioria dos países, o Estado organiza isso em um Sistema de Comunicação, que vai distribuir a utilização das ondas radiais de acordo com prévia formulação de uma política de comunicação. Parte é distribuída para uso exclusivo dos organismos de defesa e segurança, das Forças Armadas, da presidência da República; outra parte para uso educativo e recreativo, e uma terceira, para uso comercial.

Na maioria dos países europeus, como França, Itália, Inglaterra, a liberação para uso comercial só veio ocorrer a partir da década de 1980, na medida do avanço do controle dos centros de decisão pelo capital financeiro, no contexto da chamada globalização (termo com que se disfarça o imperialismo em sua fase atual).

No Brasil, o Estado abdicou de formular política de comunicação, não criou um sistema público com finalidade social. Fora da comunicação privativa da área de segurança e defesa, liberou geral. E, o pior, transformou o poder de concessão das ondas radiais num balcão de negócios para obter apoio político.

O que se generalizou por esse mundo afora, aceleradamente a partir da onda neoliberal da globalização, foi o fato de os meios de comunicação radial serem utilizados unicamente em benefícios individuais, de famílias e de grandes corporações. E aqui a concessão dada pelo Executivo tem que ser aprovada por uma comissão especializada da Câmara de Deputados.

Levantamento feito pelo Portal Imprensa, em novembro de 2014, apontou que 271 políticos com mandato no Congresso Nacional são donos, sócios ou diretores de meios de comunicação. Um crime, pois viola a Constituição de 1988, em vigor, que em seu artigo 54 indica que "é proibido a todo e qualquer ocupante de cargo eletivo ser diretor ou proprietário de canais de comunicação, como jornais impressos, rádios e TV". E o Artigo 55 pune com a perda do mandato quem descumprir a norma.

A Conferência Nacional de Comunicação (Confecom), ocorrida em janeiro de 2010, apresentou o informe final à Presidência da República com um projeto de Sistema Nacional de Comunicação e normas para democratizar a comunicação. O presidente de então, Lula, chegou a criar o Sistema, bem projetado por Franklin Martins, mas ele foi mal utilizado e já está em fase de extinção. Democratização dos meios, nem pensar.

A democratização dos meios é necessária para quebrar o monopólio e, principalmente, romper com o pensamento único. Estando os meios em mãos de grandes corporações, deixaram de ser serviço público para ser empresa lucrativa e porta-voz do pensamento único imposto pelo capital financeiro.

Na indústria televisiva, três famílias têm maior peso: a família Marinho (dona da Rede Globo, que tem 38,7% do mercado), a do bispo da Igreja Universal do Reino de Deus Edir Macedo (maior acionista da Rede Record, que detém 16,2% do mercado) e a de Silvio Santos (dono do SBT, 13,4% do mercado).

A família Marinho também é proprietária de emissoras de rádio, jornais e revistas – campo em que concorre com Roberto Civita, que controla o Grupo Abril (ambos detêm cerca de 60% do mercado editorial).

Famílias também controlam os principais jornais brasileiros – como os Frias, donos da *Folha de S.Paulo*, e os Mesquita, de *O Estado de S. Paulo* (ambos entre os cinco maiores jornais do país). No Rio Grande do Sul, a família Sirotsky é dona do grupo RBS, que controla o jornal *Zero Hora*, além de TVs, rádios e outros diários regionais.

A GOVERNABILIDADE IMPOSSÍVEL

Famílias ligadas a políticos tradicionais estão no comando de grupos de mídia em diferentes regiões, como os Magalhães, na Bahia, os Sarney, no Maranhão, e os Collor de Mello, em Alagoas.

Comunicação é arma da direita evangélica

Um dos mais graves problemas derivados da ausência de uma Política Nacional de Comunicação, com sua estratégia e controle de um Sistema de Comunicação, é a utilização da mídia para alienar a população e consolidar poder. Tornou-se comum a outorga de meios de transmissão radial e de televisão como moeda de troca para formar base de apoio ao governo. Todos fizeram isso, menos o PT.

A luta pela Democratização da Comunicação vem de longe, desde os anos 1960. O maior avanço alcançado nessa luta foi a realização das Conferências municipais e estaduais, que culminou na Confecom. Discutiu-se muito e foi aprovado um roteiro para se construir um Sistema Nacional que mal começou a funcionar, sob pressão de todos os matizes. Com a mudança de governo, foi liquidado e encerrado.

Uma pesquisa de Valdemar Figueiredo, publicado pela *Revista Fórum*, mostra como na Câmara Federal se controla para que os meios de comunicação não se democratizem e sigam a serviço da alienação e poder.

Como a Constituição de 1988 determina ao Congresso Nacional,

> a apreciação dos atos de outorga e renovação de concessão, permissão e autorização para o serviço de radiodifusão sonora e de sons e imagens fato que ocasionou um grande incremento nos trabalhos da

CCTCI [A Comissão de Ciência e Tecnologia, Comunicação e Informática].[4]

Figueiredo lembra que

> a Subcomissão de Ciência e Tecnologia e de Comunicação foi instalada no dia 7 de abril de 1987. A composição entre PMDB e PFL levou à presidência da Subcomissão o deputado Arolde de Oliveira (PFL-RJ).
>
> (...)
>
> A propósito, entre as 25 comissões permanentes da Câmara dos Deputados, a Comissão de Ciência e Tecnologia, Comunicação e Informática é a que possui o maior número de titulares que são membros ativos da chamada bancada evangélica.[5]

Dos 42 deputados que integram a CCTCI, 12 são da bancada Evangélica. Todos eles votaram a favor do impeachment da Dilma Rousseff.

A incorporação de meios pelos neopentecostais é parte da estratégia de captura do poder. Já estão vinculados ao sionismo de Israel com a ideia de transformar o Estado, que é laico, em estado teocrático. Lá, sob o judaísmo, aqui, sob a teologia da prosperidade dos neopentecostais.

E, veja: só sob a denominação "Gospel" existem 250 emissoras de rádio, AM e FM em todo o país.

---

4   Disponível em https://www.revistaforum.com.br/a-bancada-evangelica-e-o-festival-de-concessoes-de-emissoras-de-radio-e-tv/.

5   *Idem.*

Os empresários no poder

Outra face da estratégia da direita foi buscar reduzir a prática de financiar e eleger pessoas para representá-los e disputar diretamente para exercer o poder sem intermediários. Desde há algum tempo tem aumentado exponencialmente o número de empresários tanto nos cargos legislativos como nos executivos. E o povão vota neles!

Antes saíam à caça de lideranças nos bairros ou nas entidades sociais e os convidavam para ser candidato a vereador, por exemplo. Hoje isso acabou. Agora até as legendas partidárias estão sendo apropriadas.

Caso típico é o de Gilberto Kassab, que oriundo da indústria imobiliária, iniciou carreira na administração municipal, foi eleito e reeleito deputado federal, foi prefeito de São Paulo, ocupou o ministério das Cidades e hoje o de Ciência e Tecnologia e é fundador do Partido Social Democrático (PSD).

Mais recentemente, temos o banqueiro João Amoedo, do Partido Novo; Flávio Rocha, dono das lojas Riachuelo, ou ainda o herdeiro da Coteminas, filho do ex-vice-presidente do governo Lula, José de Alencar, Josué Alencar.

A lista de empresários é enorme. Gente como Blairo Maggi, latifundiário e exportador, maior produtor privado de soja, eleito governador de Mato Grosso e que agora exerce o mandato de senador e é ministro de Agricultura, Pecuária e Abastecimento de Temer. Um texto mais apurado sobre o avanço do neoliberalismo no Brasil e na Nossa América está algumas páginas mais adiante.

E o que pensam esses empresários ricos?

Movimento Brasil 200 anos

Lançado pelo empresário Flávio Rocha, presidente das Lojas Riachuelo e da Guararapes Confecções (mais de 300 lojas em todo o país e lucro líquido de 327 milhões no último trimestre de 2017). Rocha, que é do MBL, chegou a anunciar sua pré-candidatura à Presidência pelo PRB, com a proposta de um modelo liberal para a recuperação do Estado e o incentivo ao livre mercado para a "refundação" do Brasil, após 200 anos da independência. O manifesto de sua pré-candidatura dizia:

> Não há nada casual na crise brasileira. Desde 2008, quando nasceu a famigerada e insana "Nova Matriz Econômica", o Brasil foi jogado num buraco que ainda levaremos muitos anos para sair." Para tirar os pobres da miséria e recuperar a economia, é o livre mercado que pode gerar oportunidades e riqueza para todos, especialmente os mais pobres. Quando vamos aprender esta que é a mais básica das lições da história?

Não esquecer que nesse ano eclodiu a crise financeira mundial e o que eles chamam de nova matriz foi o fato de colocar os bancos estatais, particularmente o Banco Nacional para o Desenvolvimento Econômico e Social (BNDES), como principais agentes do crédito, paralelamente à oferta de crédito a juros baixo e cambio desvalorizado, para evitar que a economia paralisasse.

Mais adiante, o documento sugere:

> Chegou a hora de uma nova independência: é preciso tirar o Estado das costas da sociedade, do

cidadão, dos empreendedores, que estão sufocados e não aguentam mais seu peso. Chegou o momento da independência de cada um de nós das garras governamentais. Liberdade ou morte!

O manifesto é longo e tem a adesão, segundo o jornal *Folha de S.Paulo*, do Cinemark, da Centauro, Habib's, Havan, Polishop Hemmer, Ragazzo, Drogasil, Marisa, Natura, Dove e Nivea... Para esses empresários, Lula é o responsável pela crise e deveria ser condenado a muitos anos de prisão. Quanta gente esses caras influenciam com esse proselitismo a seus milhões de empregados?

O movimento Renova Brasil

Controlado por Luciano Huck, um dos apresentadores da TV Globo, rico como só ele, com o objetivo de contribuir para o "saneamento da política". No dia 2 de fevereiro, inaugurou o curso de formação para os primeiros 100 bolsistas que serão capacitados para serem candidatos. Conta com ajuda financeira de grandes empresários, como as famílias Ermírio de Moraes, Mofarrej, Diniz... etc. Treinados e financiados entraram nos partidos à escolha de cada um para disputar uma vaga na Câmara Federal. Certamente terão todo o dinheiro do mundo para fazer a campanha e contam com a aversão da classe média à classe política.

Em 1º de março, o Renova Brasil iniciou campanha de arrecadação pela Internet com o objetivo de arrecadar modestos R$ 2 milhões. Jogo duro. Eles têm como parceiros, entre outros, a Kroll, Sbcoaching, CLP (GHM Group), Mindsight.

Leia com atenção o que dizem em seu manifesto e me diga se não não é a mesma tática do IPES e do IBAD:

> A eleição deste ano é a nossa chance de começar a virar o jogo, elegendo lideranças que nos escutem

e nos representem. É hora de acreditar e defender a renovação.

No portal da organização esclarecem que o objetivo é:

> O RenovaBR foi criado com o propósito de acelerar novas lideranças políticas e viabilizar o acesso do cidadão comum ao Congresso Nacional.

Mindsight, criada em 2003, ajuda a desenvolver a mente para cultivar o bem estar, gerido pela fundação Goldie Hawn, sediada na Inglaterra.

A Kroll, sediada em Nova York, é algo parecido com uma empresa privada de inteligência (espionagem), que está há 40 anos nas Américas e Europa. Em 14 de março de 2005, a *Folha de S.Paulo* informou:

> Um conjunto de 11 depoimentos aos quais a *Folha* teve acesso revelam como a Kroll, a maior empresa privada de investigação do mundo, infiltrou-se em base de dados da administração pública brasileira. Mediante pagamentos que variavam de R$ 10 a R$ 350, obtinha de servidores públicos informações sigilosas. Valia-se de intermediários. Esse tipo de atividade é ilegal.

Pesquisa encomendada pelo RenovaBr, realizada pela Locomotiva/Ideia Big Data, mostra que 96% dos brasileiros não se sentem representados pelos políticos em exercício. 78% não reelegeriam nenhum dos parlamentares em exercício. 93% disseram que é preciso formar novas lideranças. E... Olho nisso: 74% acreditam que só a própria população é que tem condições de promover renovação política.

As bancadas da governabilidade (ou do desgoverno?)

Isso é muito bom. Isso pode ser o caminho para tirar todos eles da jogada.

O Poder Legislativo no Brasil é bicameral, com a Câmara de Deputados, eleita por eleição proporcional, e o Senado da República, eleito por eleição majoritária. A reunião das duas casas conforma o Congresso Nacional. Nas duas casas do Congresso o poder de decisão está nas bancadas: representantes de partidos que se reúnem para atuar conjuntamente de acordo com interesses comuns.

O normal seria que cada partido tivesse sua bancada atuando de acordo com os interesses da nação e o programa, princípios e ideias de sua agremiação. E formar frentes partidárias para defesa de interesses mais amplos, como por exemplo, a Frente Parlamentar Nacionalista dos anos 1950-60, que garantiu a aprovação do monopólio do petróleo pela estatal Petrobras, ou a Frente pela Soberania e pela Democracia, convocada pelo senador Roberto Requião (MDB-PR) no início de 2018, com o objetivo de barrar a sangria dos recursos naturais do país e, entre outras coisas, proteger a Petrobras e o pré-sal. Até agora, fechamento desde edição, julho de 2018, nada tinham de concreto para comemorar.

Porém.... caramba! Não nos livramos nunca do porém!

A designação de bancada agora ultrapassa os membros de um partido para definir a aglomeração de políticos de vários partidos que se unem para defender interesses nem sempre coincidentes com as necessidades de desenvolvimento da Estado, e menos com os interesses da Nação, seu povo e território com suas enormes riquezas.

Hoje as maiores e mais eficazes bancadas, segundo a mídia, são três, na visão popular quatro, na nossa, cinco B e um S: BBBBBS

O primeiro B é dos Bancos — É quase invisível, está em toda parte, e é quem de fato está mandando nos centros de decisão e vai decidir o futuro desta nossa pobre pátria. Invisível porque os banqueiros não estão lá, mas elegeram mais de 200 deputados federais financiando suas campanhas. Ademais, quem entre os parlamentares não está pendurado em dívidas com bancos? Acho que nem você, cara pálida. O Sindicato dos Bancários, que fez esse levantamento, revelou algumas maldades aprovadas para favorecer os bancos. Uma delas invade a sua privacidade e de toda cidadania brasileira: é o Cadastro Positivo – um grande banco de dados com dados que informam se você é bom ou mau pagador. Uma espécie de Serasa público, manejada pelos bancos. Outra pela qual os bancos se empenharam foi a emenda que libera a terceirização irrestrita. Com essa já foram demitidos, em 2017, cerca de mil bancários. Pois é, quantos terão sido demitidos em todos os setores da economia?

E há também a MP-777/17, que cria a Taxa de Juros de Longo Prazo (TLP), em substituição a Taxa de Juros de Longo Prazo (TJLP), taxa de juros mais baixos que era privativa do BNDES para projetos estratégicos e até pequenos negócios. Os que votaram contra argumentavam que era o começo para liquidar com o BNDES ou, simplesmente privatizá-lo. A verdade é que, desde que entrou em vigor, em janeiro de 2018, nenhum banco está oferecendo crédito a juros sequer razoáveis e o BNDES está atuando como um banco qualquer. Realmente, está é maldade das grandes, considerando a enorme necessidade de financiamento para sair do buraco em que a ilegitimidade administrativa nos meteram.

Bancada do Boi — ou ruralista — tem 119 deputados e 26 senadores. Congrega latifundiários da produção agropecuária que estão dispersos pelos partidos que formam a base de sustentação de todos os governos, com um comportamento conservador que chega a ser regressivo em certas situações.

Essa bancada é que comanda a Frente Parlamentar do Agronegócio (FPA), e é aí que a porca torce o rabo. Integram essa FPA, 236 parlamentares, quase a maioria dos 257 necessários para ter a maioria no total de 513 cadeiras.

No Senado, de 81 cadeiras, a Bancada Ruralista é 26, mas comanda a FPA sabe lá de quantos... talvez todos.

Como duvidar que eles só pensem em legislar em benefício próprio? Eles estão na vanguarda da luta contra reforma agrária, são os maiores grileiros do país, e também os maiores caloteiros. Há pouco tempo, aproveitando o desgoverno instalado após deposição da presidenta Dilma Rousseff, aprovaram perdoar R$ 15 bilhões de dívidas com a União, a maioria por impostos e previdência não pagos.

Levantamento publicado pelo *Estadão* de 29/7/18, mostra onde estão os 119 deputados da Bancada Ruralista. Mas não mostra onde estão os outros 117 que juntos conformam a FPA.

Bancada Ruralista

Câmara Federal			Senado	
PP - 20	PSD - 6	PSL - 2	MDB - 8	DEM -1
MDB - 18	PDT - 5	SD - 2	PP - 4	PDT - 1
PSDB - 13	PTB - 5	PPT - 2	PSDB - 4	PROS - 1
DEM - 12	PRB - 5	PPS - 1	PODE - 2	PSL - 1
PR - 12	PROS - 4	PSC - 1	PSD - 2	Total: 26
PSB - 7	PODE - 3	Total: 119	PR - 2	

A safra de grãos 2017/18, estimada em 226.04 milhões de toneladas, ocupa 61 milhões de hectares, e está avaliada em R$ 552 bilhões. No conjunto, dos dez principais produtos de exportação do Brasil, 7 são produtos agropecuários. O levantamento do Estadão mostra o número de propriedades agrícolas de acordo com tamanho, onde a cada ano batem recorde de produção de grãos para exportação.

Nº de propriedades		Nº milhões de hectares ocupados
Pequenas propriedades	5,2 milhões	151
Médias propriedades	403 mil	121
Grandes propriedades	131 mil	247
Total	5,7 milhões	521
Pública	131 mil	160

Como conseguir neutralizá-la ou opor-se a ela se estão em quase todos os partidos?

Esses parlamentares têm a força de serem a maior força geradora de capital na economia agrário exportadora que querem nos impor.

Bancada da Bíblia – com a Frente Parlamentar Evangélica, 113 e a Frente Parlamentar Católica, 204 deputados, ambas se somadas (317), dá quase o dobro da soma das três maiores bancadas (178): PMDB 66, PT 60 e PSDB 52. Esse levantamento foi feito antes do troca-troca de partidos permitida pelo TSE, assim que o número em cada partido pode ter sido alterado, mas não o total de deputados religiosos, que continua crescendo e tem planos de tomar o poder. Os evangélicos disseram querer eleger pelo menos 200 deputados federais nas eleições de 2018. Os neopentecostais misturam a teologia da prosperidade com sionismo e manejam muito dinheiro arrecadado através do dízimo pago inocentemente pelos crentes. A força eleitoral deles está nas montanhas de dinheiro e no sofrido povo das periferias aliciados por seus pastores. Estão em quase todos os partidos e se unem na votação das propostas mais retrógradas, como a da criminalização do aborto. Entre eles estão os vendilhões do templo que adoram o deus dinheiro.

A GOVERNABILIDADE IMPOSSÍVEL

Bancada da Bala — com 22 deputados, é menor, mas muito aguerrida... O capitão do Exército Jair Bolsonaro, um de seus líderes, elogia abertamente a ditadura militar e a tortura. Querem implantar a pena de morte, só que erraram no verbo, o correto seria legalizar a pena de morte neste país que mata 30 cidadãos por dia. Também defendem a redução da maioridade penal de 18 para 16 anos.

Bancada do Baixo Clero, pode ser considerada um quarto B. Essa expressão foi cunhada pelo deputado Ulysses Guimarães, que presidiu a Constituinte de 1988, para definir o bloco de deputados que pouco aparecem. Provincianos que se movem nos bastidores e votam geralmente por interesses pessoais. Esse baixo clero foi protagonista do espetáculo que expôs ao mundo a vergonhosa votação da aceitação do pedido de impeachment da presidenta Dilma Rousseff pela Câmara em abril de 2016.

Bancada do Servidor — ou dos funcionários públicos — tem tanto poder ou mais que as anteriormente citadas. Dos 513, deputados 132 (mais de um quarto dos deputados (26%). Estão também distribuídos por vários partidos: O PT é o campeão, com 20 deputados; seguido do PR, com 14; MDB e PSDB, com 13 cada; DEM, nove; PSB, oito; PP, sete; PSD, PCdoB e PSL, com seis cada; PDT, cinco; PODE, quatro; PTB, SD e Patriota, três cada, SD, PHS, PSC, Avante, com dois cada, PRB, PPS, PROS e PV um cada.

É de perguntar-se se não haveria uma sétima bancada: a do Crime Organizado? PCC, Comando Vermelho, os que financiam e protegem o tráfico... Seguramente têm muito poder, pois o Brasil já é o maior exportador de cocaína no planeta.

Não se pode deixar de mencionar que dos 81 senadores, nada menos que 26 são acusados de crime de corrupção na Operação Lava Jato. Dos 513 deputados federais, 150 estão na mesma situação. E isso para citar apenas aqueles mencionados pela Lava

Jato e participantes do processo de deposição da presidenta Dilma. Seguramente formam uma coesa bancada em defesa de seus privilégios e impunidade.

Breve adendo sobre a história do funcionalismo público

Era sábia a oligarquia, desde os tempos coloniais, até terminar a República Velha. Mandava os filhos estudarem para padre, militar ou advogado. Só muito depois deixou que algum fosse médico. Os mais ricos se formavam em Coimbra (Portugal) ou em Paris (França). O importante era manter o poder, a dinastia e a posse dos bens. Para isso, era necessário manter o povo na santa ignorância. Só mulheres de muita cultura e fibra conseguiam assumir papel protagonista nessa sociedade. Nem o direito de votar elas tinham.

Como não havia emprego e, onde já se viu ter que trabalhar? A classe prestadora dos serviços, necessários para manter o funcionamento do aparato administrativo e da ordem, era empregada do Estado. À margem destes, desenvolveu-se uma burguesia dedicada ao processamento, comércio, importação e exportação, navegação, etecetera e tal. Ninguém explica melhor o desenvolvimento e o comportamento nas classes no Brasil que Darcy Ribeiro, em seu *O Povo Brasileiro*. Quem não leu, leia por favor, para saber em que país você vive.

Naquele tempo não precisava fazer concurso para ser servidor do Estado, bastava ser amigo do rei e, mais tarde, integrar o círculo de poder dos coronéis. Coronéis eram proprietários de grandes extensões de terra (e de gente); com o tempo se transformaram em quem mandava na política local e, a partir dela, formando as alianças para manter o poder na região, no estado e na federação.

E hoje, é diferente?

A GOVERNABILIDADE IMPOSSÍVEL

A cada mandato, seja de prefeito, governador, juiz ou presidente, o que manda tem o direito de indicar várias pessoas para ocupar cargos de confiança ou simplesmente para acomodar sua gente. Quantos são?

O certo é que desde os tempos coloniais, todo mundo quer ser funcionário público. Passamos por quatro períodos republicanos e nada mudou. Em Brasília se vê a quantidade de jovens (e também não jovens) que fazem curso superior (desses que formam analfabetos funcionais) só pra ter um diploma a apresentar no concurso para ingressar na administração pública, ou no sistema judicial.

Vale a pena?

Caramba! E como vale a pena: basta comparar com a vida e o trabalho de um cidadão normal. O funcionário pode fazer carreira, subir hierarquicamente e ter aposentadoria integral, depois de tantos anos de serviço ou compulsória ao completar 65 anos. Vimos nas abundantes matérias publicadas pelos jornais sobre a Previdência que o valor médio da aposentadoria do funcionário está em torno de R$ 8 mil. A maioria, que trabalhou a vida inteira, e ainda tem que continuar pagando, não chega a R$ 2 mil.

Já era grande, no governo ilegítimo pós golpe, só tem aumentado. Os mais cobiçados desses cargos na administração pública são os de Diretoria e Assessoramento Superiores (DAS) e Funções Comissionadas do Poder Executivo (FCPE), com salários de até R$ 15,5 mil. Segundo o Correio Braziliense (31/7/2017), assim que sentou na cadeira do Palácio do Planalto, o ilegítimo Temer prometeu reduzir os gastos da Administração púbica e, ato seguido, demitiu 449 funcionários. Pouco depois, ameaçado pela Operação Lava Jato, reabilitou essas vagas e criou outras. São 20.934 DAS, nomeados sem concurso. Destes, 10.492 foram transformados em FCPE, ou seja, cargos exclusivos para concursados, o que é exigido para ocupar diretorias, por exemplo. Essa transferência resultou reajuste de 21,25% do salario; ao qual se soma 25% do cargo em comissão a título de auxílio moradia.

O levantamento do *Correio Braziliense*, com base em dados do Planejamento, conclui que para conseguir pagar a fatura dos cargos DAS, no mês anterior da publicação, a União precisou desembolsar R$ 65,7 milhões. Somando esses cargos (DAS e FCPE) com os cargos em função de confiança e gratificações esbarra nos 100 mil (99.817). Caso se mantenha nesse patamar, a despesa anual com a folha de pagamento dos funcionários será de quase R$ 800 milhões.

Onde está a isonomia?

Um levantamento feito por repórteres do *Estadão* e publicado em 22/7/18, constata que "a bancada do funcionalismo age como um trator no Congresso. Não enfrenta forte resistência e tem penetração até em partidos da base do presidente". Atuam, sem dúvida nem escrúpulos, em defesa de seus privilégios, sem se importar que, além deles, há um imenso país e outros 95% da população que, constitucionalmente e moralmente, deveriam ter, se não os mesmos privilégios (princípio da isonomia), aquilo que é obrigação do Estado: saneamento, saúde, educação, segurança, soberania....

Não é intenção desqualificar o funcionalismo público. Mesmo porque, sem a presença de um bom número de abnegados, esforçados e moralmente dignos, a máquina administrativa não funcionaria. E está funcionando.

O problema é que a decência, a Constituição e os códigos aprovados internacionalmente, e até as religiões, consagram o princípio da igualdade entre os seres humanos.

Então, na reinvenção do Estado é necessário mudar o modelo até agora em execução, que favorece somente aos ricos e integrados ao sistema, para uma democracia igualitária, em que toda cidadania seja igual não só diante da Lei inibidora e repressora, mas também e principalmente nos direitos fundamentais da pessoa humana.

A GOVERNABILIDADE IMPOSSÍVEL

O fundamentalismo neopentecostal no Brasil

Criadas nos EUA, em meados do século XIX, no início de 1900 já havia 33 academias para dar título de doutor em Ciência de Cristo, em quase todo o território ianque. Os livros, como o *Bíblia, Ciência e Saúde*, rendem milhões de dólares. Os templos são também grande fonte de renda, e vendem todo tipo de souvenir. Alcançaram cerca de 20 mil denominações e uns 300 milhões de seguidores em todo o mundo e movimentam em torno de US$ 30 bilhões, quase tudo isento ou fora do controle do Estado.

No final do Império, deu-se início, com grande intensidade, a penetração das organizações religiosas estadunidenses: episcopais, presbiterianos, metodistas. Algumas dessas missões criaram escolas e universidades. Mas o caráter de infiltração já estava explícito.

No século seguinte teriam um papel incisivo na propagação do anticomunismo e o liberalismo econômico. Terminada a guerra fria, as missões estrangeiras perderam espaço para as brasileiras que descobriram que, além do poder de alienação, a religião podia ser uma grande fonte de renda.

Começa de fato em 1951 com a Cruzada Nacional de Evangelização iniciada pelos missionários estadunidenses Harold Williams e Raymond Botright, da Igreja do Evangelho Quadrangular – *International Church of the Foursquare Gospel* – que logo fundam igrejas em São Paulo, Minas Gerais, Salvador e assim por diante. Tal como na matriz pregam a cura divina.

É a partir dos anos 1970 que começa a expansão com as características que se vê hoje. É a chamada Terceira Onda Pentescostal (neopentecostal), de caráter messiânico, fundamentalista. A partir 1990 está presente em praticamente toda a América Latina, mostrando um vigoroso crescimento.

A teologia neopentecostal

O fundamentalismo dos neopentecostais se fundamenta sobre dois pilares: a Teologia do Domínio e a Teologia da Prosperidade.

A Teologia do Domínio é a que vê o mundo numa guerra santa entre deus e o diabo pelo controle da humanidade. Cristo só terá condições de voltar à terra depois que a igreja capturar todas as instituições governamentais. Sem nenhum disfarce, os demônios somos nós, os ateus, agnósticos, umbandistas e, principalmente, as feministas e os comunistas. A Teologia do Domínio sustenta a pregação doutrinária que coloca as lideranças dos Estados Unidos como as salvadoras da humanidade, os predestinados a dominar o mundo.

A Teologia da Prosperidade tem suas raízes nas primeiras seitas criadas nos Estados Unidos como um grande negócio. Prosperidade é ganhar dinheiro, fator de felicidade. Nas periferias de São Paulo e nas favelas do Rio, os pastores convivem tranquilamente com o tráfico, pois não importa os meios para ficar "próspero", desde que se pague o dízimo e contribua para o bem estar da comunidade.

Na Assembleia Constituinte de 1987/88, a bancada da bíblia tinha 91 parlamentares. que contribuíram para o conservadorismo das decisões. Levantamento feito pela revista *Carta Capital* (6/8/14) mostra que, nas eleições de 2014, 270 evangélicos das várias denominações entraram na disputa para o legislativo federal. Na eleição anterior eram 193. Eles pretendem aumentar a chamada bancada evangélica em 30%, o que, se alcançado, iria de 73 deputados para 95, de um total de 513. Outro dado impressionante é que estão presentes, senão em todos, em quase todos os partidos.

"Deus derruba a presidenta do Brasil"

Ao tomarem posse em 2015 a Bancada Evangélica de 51 deputados estava assim constituída: Assembleia de Deus 17, Universal 6, Batista 6, Quadrangular 4, Metodista 2, Presbiteriana 3, Mundial do Poder de Deus 2, Outras denominações 12.

Em abril de 2016, noticiando sobre a votação do impedimento da presidenta Dilma Rousseff na Câmara Federal, o jornal *El País*, de Madri, Espanha, deu em manchete: "Deus derruba a presidenta do Brasil". Tinha razões para isso. Os votos das bancadas religiosas foram determinantes. E mais, não é exagero afirmar que o impedimento ocorreu por decisão ou imposição da bancada evangélica.

Ao iniciar o segundo governo, Dilma e o PT lutaram para conseguir a presidência da Mesa da Câmara dos Deputados. Cargo importantíssimo, posto que, além de elaborar a agenda para discussão e aprovação dos temas, é o terceiro na ordem de sucessão para substituir o presidente da República em caso de vacância. O governo foi derrotado pela bancada religiosa, que praticamente impôs o evangélico Eduardo Cunha, atualmente preso.

Agora com 189 deputados, a Frente Parlamentar Evangélica é a maior bancada do Congresso. O PMDB, que é o maior partido, tem 66 deputados, seguido do PT com 60 e do PSDB com 52. E ocorre que eles estão presente em todos os partidos, o que diminui ainda mais a força dos não filiados a seitas. 84% dos deputados evangélicos (159) votaram a favor do afastamento da presidenta.

Também se impõe sobre os partidos a Frente Parlamentar Católica, com 204 deputados, que somados aos evangélicos dão o expressivo número de 317 deputados, a maioria entre conservadores e reacionários para não dizer retrógrados. Da bancada católica 87 votaram pelo impedimento e só 40 contra.

III

Neoliberalismo na América Latina e no Brasil

Um tsunami liberal sobre Nossa América

O neoliberalismo na etapa atual, iniciada nos anos 1980 com o Consenso de Washington,[1] foi consolidado nos EUA com a chegada de Robert Edward (Bob) Rubin[2] ao Conselho de Relações Exteriores (CRF), depois de passar pelo Conselho Econômico, ambos organismo de assessoramento da Casa Branca, e de ser secretário do Tesouro de Bill Clinton.[3]

Rubin, neste caso, é muito importante porque simboliza a captura dos centros de decisão estadunidense pelo capital financeiro. É como se George Soros, o grande especulador mundial, ocupasse o comando no Brasil. Lá, como aqui, as consequências

---

1 Conferir capítulo V – Consenso de Washington.

2 Rubin, do Goldman Sachs foi ser diretor do Conselho Nacional de Economia, e em seguida, secretario (ministro) do Tesouro do presidente Bill Clinton 1978-1990), de 1993 a 1999. A partir de 2007, depois de uma rápida passagem no comando do Citigroup, assumiu a direção do CRF, o mais qualificado centro de decisão do governo estadunidense onde permaneceu até 2017.

3 William Jefferson "Bill" Clinton (1946-) foi presidente dos EUA entre 1993 e 2001.

têm sido funestas. Trump está tentando reverter isso. Aqui, os usurpadores do poder estão arrastando o país ao abismo.

A administração do democrata Clinton implantou o seguro de saúde, mas iniciou a desregulamentação das telecomunicações e também do setor industrial. Já nas relações exteriores, com o desmantelamento da extinta União das Repúblicas Socialistas Soviéticas (URSS), iniciou o cerco à Rússia e, no que se refere à Nossa América, ratificou, em 1993, o Nafta, o tratado de livre comercio com Canadá e México, ao qual pretendia incluir todos os países ao sul do Rio Bravo, com outro nome, é verdade: se chamaria Acordo de Livre Comércio das Américas (Alca). Por fim, ele manteve a política intervencionista de seu antecessor, George H. Bush (o Bush pai), que foi continuada por seu sucessor: George W. Bush (*the son of a* Bush).

Essa onda neoliberal afetou praticamente toda a Nossa América. A reportagem de Miguel Serna – *Empresários no poder*, publicada no *Le Monde Diplomatique-Brasil*, de maio de 2018,[4] oferece uma boa resenha sobre o tema. Uma constatação de como as elites econômicas estão conquistando espaços de poder tanto no Executivo como nos Legislativos, em detrimento de representações que possam favorecer as maiorias nacionais.

A reportagem considera ainda que, a partir

> do final da década de 1990, três fatores enfraqueceram o setor econômico tradicional e o obrigaram a um recuo tático: as crises, especialmente as de 1998 e 2001; o afluxo de capital estrangeiro, sobretudo por meio das privatizações; e a chegada ao poder de governos progressistas (Venezuela, Brasil, Argentina, Bolívia, Equador etc.). Mas o contexto

---

4 Disponível em https://diplomatique.org.br/empresarios-no-poder/

atual novamente se mostra propício para uma ofensiva política patronal.[5]

A citação menciona que o ciclo de governos progressistas na Nossa América (Venezuela, Brasil, Argentina, Bolívia, Equador etc.) arrefeceu a ofensiva do capital financeiro sobre o poder. Isso aí é só meia verdade, como detalharei na sequência.

Podem questionar que sempre foi assim, ou seja, os empresários, os proprietários fundiários, os mais ricos ou seus prepostos, sempre foram os que mandam, desde os tempos coloniais. É certo. Mas agora é diferente.

Os empresários abdicaram de suas pátrias

A partir da imposição do pensamento único pelo capital financeiro, os empresários que estão nos controles dos centros de decisão são indivíduos sem pátria, a serviço da consolidação da ditadura do capital financeiro e seu pensamento único.

O pior é que, ao abdicar da soberania nacional, esses pretores estão realizando um processo de recolonização em cada um dos países da Nossa América que, na concepção martiniana (de José Martí) deveria ser uma única Pátria Grande descolonizada, independente e soberana.

A reportagem de Miguel Serna aponta a presença, ontem e hoje, de empresários no poder na Argentina (Macri), Paraguai (Abdo), Peru (Vizcarra), Chile (Piñera) e ontem no Brasil (Collor), Panamá (Martinelli), México (Fox).

---

5   *Idem.*

Do narcogoverno à ditadura do capital

No Peru, Pedro Pablo Kuczynski (PPK), eleito em 2016 e derrubado em 2018, foi substituído por Martín Alberto Vizcarra, ambos ricos empresários. Os acontecimentos políticos estão paralisando a produção do país, ao mesmo tempo em que não se consegue controlar a confusão política, que assombra os peruanos desde a ressureição do fujimorismo.[6]

PPK seguiu fielmente a cartilha do neoliberalismo entreguista, abrindo o país para as transnacionais, fazendo acordos com os EUA que eram lesivos à soberania não só do Peru, mas de todo o continente sul-americano, com a presença de bases militares.

Envolvido em supostos casos de corrupção com a Odebrecht, tendo um Congresso dominado pelo fujimorismo — que fez com que ele concedesse indulto a Alberto Fujimori, encarcerado desde 2007 por crimes de lesa humanidade e corrupção —, e que logo o derrubou.

Viscarra, considerado honrado por mouros e cristãos, nada alterou da gestão de seu antecessor. A tensão social está se agravando no Peru, com manifestações espontâneas às quais já estão se agregando sindicatos e a central operária.

Essa farra no Peru alcançou seu auge no narcogoverno (1990 a 2000) da dupla Alberto Fujimori e Vladimiro Montesinos.[7]

---

6   Referente ao ex-presidente Alberto Kenya Fujimori (1938 -), que governou o país entre 1990 e 2000. Foi responsável por diversos atos de violações de direitos humanos, como o programa de esterilização forçada para mulheres indígenas. Estima-se pelo menos 10 mil casos (alguns organismos independentes chegam a falar em 300 mil).

7   Vladimiro Montesinos Torres (1945 -) foi assessor do serviço de inteligência de Alberto Fujimori. Está preso desde 2010 sob a acusação de graves violações de direitos humanos.

A GOVERNABILIDADE IMPOSSÍVEL

Antes, o governo de Alan García[8] (1885 a 1980), da Aliança Popular Revolucionária Americana (Apra), já tinha preparado o terreno para implantação da hegemonia do capital financeiro. A partir daí, o Peru oscilou entre períodos de maior e menor submissão ao mercado financeiro.

Vale destacar, que com a posse de governos neoliberais, uns mais outros menos entreguistas, o que conseguiram foi anular quase todas as conquistas sociais da Revolução de Outubro de 1968, liderada pelo general Velasco Alvarado, que estava transformando a propriedade privada em propriedade social – nem privada nem pública, e sim das comunidades organizadas. Tais transformações foram paralisadas em 1977, após a morte de Velasco, por acordo dos novos mandatários com o FMI, e aceleradas com a restauração do projeto neoliberal.

Depois de um curto governo de transição, após a queda de Fujimori, assumiu Alejandro Toledo (2001-2006), eleito pelo partido Peru Possível, uma aliança que reuniu centro e esquerda, e tentou imprimir uma linha desenvolvimentista. Contudo, foi sucedido pelo aprista Alan Garcia, que voltou a dar marcha-à-ré ao processo.

Ollanta Humala, do PNP, (2011-2016) voltou ao desenvolvimentismo, porém cometeu uma série de erros, principalmente políticos, o que facilitou a assunção, em 2016, do PPK, um gestor do mundo da especulação financeira formado nos EUA.

Os protestos na Argentina não param

Na Argentina, Mauricio Macri,[9] também um gestor financeiro, conseguiu vencer o justicialismo com sua Proposta

---

8   Alan Gabriel Ludwig García Pérez (1949 -) foi presidente do Peru por dois mandatos não consecutivos: de 1985 a 1990 e de 2006 a 2011 pela APRA.

9   Mauricio Macri (1959 -) é presidente da Argentina desde 2015. Foi prefeito da cidade de Buenos Aires de 2007 a 2015.

Republicana (pura enganação) e todo o dinheiro do mundo. Está executando, na vizinha Argentina, a mesma receita derivada do pensamento único, imposto pela ditadura do capital financeiro que hoje traumatiza a maioria dos países de Nossa América. Só que, lá, todos os dias ocorrem manifestações multitudinárias de protesto contra as maldades de seu governo.

Esse drama vem de longe.

Tudo começou com a presidência de Carlos Saúl Menem Akil (1989 a 1999), que assumiu o governo para combater uma hiperinflação de mais de 5.000%, que ultrapassava a brasileira, de 1.158% na mesma época.

Comandou privatizações em massa, com o pretexto de evitar o "efeito tequila,"[10] aumentou a taxa de juros, entregou-se ao FMI, mudou a constituição para reeleger-se; perdoou os ditadores assassinos da ditadura de 1976 a 1983, contrabandeou armas e iniciou o processo de privatização e desmontagem do parque industrial argentino.

Seu sucessor, Fernando de la Rúa, da União Cívica Radical (UCR), tomou posse em dezembro de 1999, manteve Domingo Cavallo no comando da política econômica, aquele que no governo anterior recorreu ao FMI. Em dezembro do ano seguinte, para salvar da quebra os bancos e financeiras, tal a evasão de dinheiro, decretou o "Corralito"; congelou os depósitos que todo mundo tinha nos bancos e limitou o valor para um único saque

---

10 A crise argentina de 2001, fiscal, monetária cambial... deixou os brasileiros preocupados, pois ambos os países adotavam as mesmas políticas ditadas pelo FMI. Na década de 1980, propaganda de uma vodca dizia: "Eu sou você amanhã", como para convencer que não haveria ressaca no dia seguinte. Era o "Efeito Orloff". O brasileiro da piada pronta usou isso para qualificar a reprodução da crise da Argentina para o Brasil. O jornalismo generalizou o uso do termo. O "Efeito Tequila" seria a repetição da crise mexicana. A expressão adaptada foi usada também no Brasil.

A GOVERNABILIDADE IMPOSSÍVEL 69

por semana. Tentou sacar dinheiro do FMI e a instituição negou, achando que o país não tinha mais salvação. A crise ganhou tal profundidade, causou tantas manifestações de protesto, que nesse mesmo dezembro (2001) De la Rúa renunciou.

Os governos da família Kirchner – Néstor Kirchner (2003 a 2007) e Cristina Kirchner (2007 a 2015) – com toda a força do Justicialismo, o peronismo impregnado nas organizações de massa, tentou, mas não conseguiu livrar a Argentina do pesadelo herdado do menemismo. Realmente não era fácil. Conseguiu manter uma atitude nacionalista, relações exteriores independente e, inclusive, reverteu algumas empresas desnacionalizadas à propriedade do Estado. Roberto Lavagna, gestor da economia na presidência de Eduardo Duhalde (2002 a 2003), foi mantido no comando da economia, e foi quem renegociou a enorme dívida do país. De uma dívida de pouco mais de US$ 81 milhões, pagariam US$ 40 milhões. Mas nem todo mundo aceitou. Venderam os papeis para outros fundos que se especializaram em cobrar.

Nos séculos anteriores, Inglaterra principalmente, e também Estados Unidos, invadiam um país que não estivesse pagando juros e principal da dívida, ocupavam a Alfândega, Tesouro, enfim, só saiam com o dinheiro no bolso.

Como hoje não ficaria bem invadir um país por um punhado de dólares, os "Fundos Abrutes" entram em ação. Manejam as agências de classificação de risco, o judiciário, sempre a favor do capital, FMI e outras armas para tornar insuportável a vida dos devedores.

Cristina resistiu, em atenção a forte pressão das massas, Duhalde negociou, Macri se entregou.

O que fez Macri? Simplesmente pagou US$ 9,3 bilhões para os "fundos Abutres". Como mostrou boa vontade, conseguiu empréstimos (dos mesmos bancos e fundos de sempre) de US$ 40 bilhões, elevando a dívida pública para US$ 307.295 bilhões (mais de um trilhão de reais), um incremento de 35% desde a posse de Macri.

"Efeito Orloff" ao contrário, em maio de 2018, Macri elevou a taxa de juros referencial (a Selic no Brasil) de 33,25% para 40%, com inflação de 25% ao ano e o cambio descontrolado. Em junho o FMI liberou US$ 50 bilhões para Argentina. Como pagarão isso?

Um contrabandista no poder do Paraguai

Em agosto de 2018, assumiu a presidência paraguaia Mario Abdo Benítez, do Partido Colorado, uma cria de Afredo Stroessner, que governou ditatorial e ferozmente o Paraguai por 35 anos.

Abdo foi secretário de Stroessner, aproveitou sua proximidade com o poder para acumular imensa fortuna com duas empresas construtoras, herdadas do pai e ampliadas por ele.

Abdo sucedeu o empresário Horácio Cartes, banqueiro, industrial e contrabandista, que entrou no Partido Colorado em 2009 e em 2013 foi eleito presidente.

Em abril de 2017, Cartes mobilizou o Congresso com intenção de aprovar emenda constitucional que o permitisse reeleger-se em 2018. Armou-se uma grande confusão entre os partidários de Cartes e os da Frente Guasú, que pretendia recolocar o ex-presidente Fernando Lugo[11] na presidência.

Os paraguaios se rebelaram, ocuparam as ruas, invadiram e queimaram o plenário do Congresso. A repressão foi violenta, deixando muitos feridos e um jovem morto.

Cartes sucedera a Federico Franco, do Partido Liberal Radical Autêntico (PLRA) que era vice de Lugo.

---

11 Fernando Armindo Lugo de Méndez (1951 -), foi presidente entre 2008 e 2012. Foi deposto por um golpe parlamentar. Atualmente é Senador do país pelo partido Frente Guasú (Frente Grande).

Golpe

Lugo foi deposto, em junho de 2012, por um golpe jurídico--parlamentar-midiático precisamente por contrariar a hegemonia do capital financeiro, atuando em benefício do país. Contrariou também interesses brasileiros ao exigir revisão do leonino tratado da binacional Usina Hidroelétrica de Itaipú, imposto ao Paraguai pela ditadura militar brasileira. Lutou e obteve preços mais justos para a energia consumida pelo Brasil.

Franco, do Partido Liberal, era vice-presidente de Lugo. Lá, como cá, traiu a coligação e completou o mandato. Em 2013, entregou o poder ao colorado Horácio Cartes.

Segundo a Polícia Nacional do Paraguai, Cartes esteve preso por estelionato, evasão de divisas e outros crimes conhecidos como de colarinho branco. Formado engenheiro nos EUA, é dono do Banco Amambay. Lá, como aqui, quando encontraram um avião cheio de cocaína em suas terras, ele alegou que nada tinha a ver com isso e, claro, nada foi feito. Ganhou popularidade por ser presidente do Libertad, clube de futebol popular no país.

Segundo reportagem da revista *Isto É*[12], as empresas do Grupo Cartes são franqueadas da Cessna Aircraft. Produzem carnes, bebidas alcoólicas, refrigerantes, cigarros e charutos, que "correspondem a 41,9% do mercado total de contrabando brasileiro".

Em maio de 2018, Cartes renunciou para assumir como Senador, eleito que foi em abril, e deixou que sua vice, Alícia Pucheta se tornasse a primeira mulher na presidência do país. Só que por pouco tempo. Em abril houve eleições gerais e foi eleito Mario Abdo Benítez, novo presidente desde agosto.

---

12 Disponível em https://istoe.com.br/294145_A+FICHA+SECRETA+DO+PRESIDENTE+DO+PARAGUAI/

PAULO CANNABRAVA FILHO

Panamá volta a ser um cassino global

Em 2014, no Panamá, o empresário Juan Carlos Varela substituiu outro empresário, Ricardo Martinelli, que está sendo procurado pela justiça para prestar contas do assalto aos bens públicos. O Panamá sempre foi uma zona livre (como Manaus) e um Paraíso fiscal. Estava deixando de ser com a Revolução libertadora comandada por Omar Torrijos (1968-1979).

Torrijos, além de conquistar a soberania sobre território usurpado por Estados Unidos, em 1972 implantou no Panamá uma sui generis democracia. Nela os *corregimientos*[13] elegiam seus representantes para a *Asamblea Nacional de Representantes de Corregimientos*, o poder legislativo no lugar da democracia representativa formal adotada na maioria dos países. Esse poder popular foi extinto após a invasão estadunidense em setembro de 1989. Para garantir continuidade ao processo de desenvolvimento, foi criado o Partido Revolucionário Democrático (PRD), que, com sete diferentes presidentes governou o país de 1978 a dezembro de 1989. Em dezembro de 1989, os Estados Unidos invadiram o Panamá com força bélica total, deixando milhares de mortos e inserindo de vez o país como peça chave do Cassino Global. Os invasores colocaram no poder, em 1994, um dirigente do Partido Arnufista.[14]

---

13 Menor unidade administrativa do estado, equivalente a município no Brasil.

14 Arnulfo Arias Madrid (1901-1988) três vezes eleito presidente, sem conseguir completar o mandato. A última deposição, em 1968, deu início a Revolução de Libertação Nacional liderada por Omar Torrijos. Arias criou o Partido Panameñista em 1916, um grande partido de massas. Após os EUA invadirem o Panamá em 1989, os correligionários de Arias criaram o Partido Arnulfista, para com ajuda dos EUA disputarem eleições, e então voltaram a adotar o nome de Partido Panameñista.

A GOVERNABILIDADE IMPOSSÍVEL 73

O pretexto utilizado para a invasão foi o de restabelecer a moralidade, posto que o general Antônio Noriega,[15] no poder, estava envolvido com o narcotráfico. Na época comentei que se fosse moral, a justiça estadunidense teria de ter encarcerado também os seus chefes, pois Noriega estava na folha de pagamento da CIA, useira e vezeira de buscar recursos para suas operações através de associação com o crime organizado.

O que aconteceu a partir daí dá uma novela policial. Liberação total do jogo, a capital tem hoje um cassino em cada esquina. Grandes e modernos conjuntos de altíssimos arranha-céus para lavar dinheiro, principalmente de colombianos ligados ao tráfico. Paraíso fiscal que esconde dinheiro de todo o mundo. Vide o recente escândalo dos Panama Papers.

Em 1994, o PRD conseguiu derrotar o arnulfismo, mas na eleição seguinte, o Partido Arnulfista voltou ao poder para uma gestão desastrosa de Mireya Moscoso (1999-2004).

Arnulfo Arias Madrid, um oligarca racista e alcoólatra, venceu cinco eleições sem ter cumprido um só mandato, derrubado sempre por golpes de Estado. Criou o Partido Panameñista. Foi eleito em 1940, caiu em 1941; eleito em 1949, caiu em 1951; reeleito em 1968, caiu nesse mesmo ano com a vitória da Revolução panamenha de outubro.

Em 2004, o PRD conseguiu eleger Martín Torrijos Espino (2004-2009), filho de Omar Torrijos, mas sem o carisma do pai e com poucos vínculos com o povo, fez um governo fraco. Foi executivo da McDonald's Corporation (1988-1992) e é sócio da Tony

---

15 Manuel Antonio Noriega (1934-2017). Noriega chefiou a Inteligência durante o governo de Torrijos (1968-1979). Depois foi comandante da Guarda Nacional e assumiu a chefia do Estado entre 1983 e 1989, até que Estados Unidos invadiram o país para derrubá-lo e restaurar a submissão a seus interesses. Disponível em https://exame.abril.com.br/mundo/manuel-noriega-de-espiao-da-cia-a-ditador-ligado-ao-trafico/.

Ferbo Y Cirilo's Inc, do bilionário Cirilo McSweem. Em 1992, ingressou no PRD e assessorou a presidência do país.

Seu fraco desempenho facilitou a eleição de Ricardo Martinelli Berrocal (2009-2014), pelo Cambio Democrático (Mudança Democrática), um partido recém criado. Esse presidente, além das maldades contra o povo, próprias do neoliberalismo que todos conhecemos, roubou tanto que está foragido. Diante do escândalo provocado pelas revelações de subornos pagos pela Odebrecht, em 2017 a Suíça congelou as contas em nome dos membros da família, no valor de US$ 22 milhões.

Em 2014, assumiu Juan Carlos Varela, empresário, dono da Varela Hermanos e engenheiro formado nos EUA. Do Partido Arnulfista, agora rebatizado de Partido Panameñista, era vice-presidente do governo de Martinelli. Interessante que apesar de todos os escândalos, o Panamá tem uma economia forte, com um dos mais altos índices de crescimento (em torno de 7%a.a.). O canal e os serviços prestados são a principal fonte de renda. Só que essa riqueza não chega aos pobres.

Panamá nunca deixou de ser um paraíso fiscal, bandeira de navegação, porto livre e escritórios de advogados para registro e sede de offshore. Em 2015, o jornal alemão *Suddeustsche Zeitung*, e em 2016 o Consórcio Internacional de Jornalistas de Investigação, sediado em Washington, receberam arquivo de 2,6 terabytes com 11,5 milhões de documentos confidenciais de mais de 200 mil empresas e milhares pessoas físicas, entre as quais os mais ricos do planeta.

Os documentos revelam tudo: contas bancarias secretas e de laranjas; empresas fantasmas, lavagem de dinheiro, transações do narcotráfico, bandidos e inocentes que caíram no conto e entregaram suas economias para render em moedas mais fortes que a de seus países. Os campeões em riquezas e liquidez ilícitas são os das monarquias do Oriente Médio, mas os papéis apontam também gente

A GOVERNABILIDADE IMPOSSÍVEL

que se mostra como decente no Brasil, como o ex supremo ministro Joaquim Barbosa e outros envolvidos na Operação Lava Jato.

A origem das crises no Brasil

No Brasil, o neoliberalismo se consolida no "fernandato", que vai da posse de Fernando Collor de Mello, em 1989, ao fim do mandato de Fernando Henrique Cardoso, em 2002.

Quando da crise provocada pelo não pagamento da dívida externa (moratória) do México em 1982, os condutores das políticas econômicas entraram em pânico. Os papeis que já eram voláteis perderam o lastro. A crise ganhou o nome de "Efeito Tequila", ao repetir-se em 1994, quando a insolvência do Estado coincidiu com revoltas de camponeses. Estados Unidos abriu um crédito de US$ 6 bilhões que com outros R$ 700 milhões do Canadá, aumentou ainda mais a dependência do país ao Nafta, que é o mesmo que dizer dos Estados Unidos.

No Brasil o medo de que o "efeito tequila" chegasse aqui fez Itamar Franco reunir um grupo de economistas para tentar se safar da histeria que afetou o mundo todo.

Essa crise mexicana, que teve repercussão mundial , se junta à da Rússia, de 1998. Por ter aberto as portas às instituições financeiras e bancos e permitir a privatização de estatais estratégicas, deliberadamente, o cassino global decidiu quebrar a espinha da Rússia. Os bancos quebraram e provocaram a maior fuga de capitais jamais vista ou prevista.

Ainda em 1998, o Long-Term Capital Management (LTCM)[16], que manejava mais de um trilhão de dólares de bancos e investidores, também quebrou, ameaçando de quebra vários

---

16 Empresa financeira criada em 1994 em Connecticut (EUA) foi extinta em 1998. Envolvia pelo menos 16 das maiores instituições financeiras do planeta.

bancos. Isso provocou em vários países enorme fuga de capitais para salvar a pele dos investidores, corretoras e banqueiros.

No Brasil, a sangria foi de US$ 2,6 bilhões. Para tentar contê--la, elevou-se a taxa de juros aos pornográficos 40,18%.

Como é que se paga um juro desse tamanho? Arrocho, privatização, desnacionalização da produção, dos serviços, das riquezas naturais e as sequelas sociais, como desemprego, exclusão social, miséria, violência.

No Brasil, a crise cambial que ocorre no início de 1999 desmascarou a enganação que foi o tal do Plano Real: agravou a situação fiscal, deteriorou as contas públicas, quase quebrou o Banco Central (dirigido por Gustavo Franco)e aumentou o desemprego. A dívida externa que em 1994 era de US$ 120 bilhões mais que duplicou, foi para US$ 250 bilhões.

Antes do plano real teve o Plano Collor, de 1990, que, para combater a inflação mudou a moeda (Cruzado), congelou os preços e também as cadernetas de poupança e as contas correntes nos bancos, deixando a cidadania numa histeria quase que incontrolável.

Deposto Collor, por um golpe jurídico-midiático-parlamentar, o vice Itamar Franco assumiu com uma inflação acumulada de 1.158%. Tirou Fernando Henrique Cardoso do Ministério de Relações Exteriores e o colocou na Fazenda, junto com os Chicago boys que fizeram o Plano Real: André Lara Rezende, José Roberto Mendonça de Barros.

Até José Serra e Sergio Mota se opuseram, ou queriam tirar os boys da economia, começando por Pedro Malan. Sergio Mota morreu, Serra mudou do vinho para água, água estagnada, ao assumir ser um dos arautos do pensamento único.

A partir daí, a situação ficou bem confusa. Como não havia um projeto nacional nem uma estratégia de desenvolvimento, nem mesmo um plano de governo, a mídia e intelectuais servis fizeram o resto.

A GOVERNABILIDADE IMPOSSÍVEL 77

Os adoradores do deus mercado não saíram da linha e conseguiram manter o controle dos centros de decisão até o presente momento, com perspectiva ou vontade de se perpetuarem.

Os verdadeiros ciclos progressistas

Bolívia

O governo de Evo Morales é resultado de uma revolta popular provocada pela privatização da água de consumo doméstico, entregue a uma empresa francesa, que tentou aumentar seus lucros a custas de explorar o povo boliviano.

Evo assumiu e passou a realizar propostas da Assembleia Nacional Popular (um soviet em terras nuestramericanas) de 1970. Um Estado que busca o bem-estar social, recuperando as riquezas naturais e valorizando a cultura de uma civilização milenar, que tem muitas lições de humanidade para dar.

Evo se mantém até hoje porque sabia quem era o principal inimigo. Expulsou os agentes da DEA e da CIA do país e exigiu de Washington reciprocidade nas representações diplomáticas de ambos os países. O mesmo número de representantes e funcionários na embaixada estadunidense em La Paz que o número de representantes bolivianos na embaixada em Washington.

Isso é muito bom, mas já começa a claudicar. Evo aprovou uma constituição com cláusula de plebiscito revogatório. Convocou, foi reprovado, ou seja, deveria deixar o governo, mudou a lei e ficou. E quer ficar ainda mais, o que está dividindo as forças políticas que o apoiaram até então.

É preciso cuidar do Estado Plurinacional boliviano porque a Bolívia é muito rica e está realmente fora do domínio do capital financeiro e da conspiração fomentada pelos organismos de inteligência dos EUA. Até quando? Essa é a questão. Vizinhos reacionários e conservadores estão apertando o cerco com intenção de sufocar o país, seu povo e seu líder.

Venezuela

A Venezuela também está fora da onda neoliberalizante. E por ser revolucionária bolivariana, querer ser dona de seu próprio destino e de seus vastos recursos em petróleo e minérios raros, está sob fogo cerrado do Império e seus sequazes latino-americanos.

O problema é que Venezuela, tal como Cuba antes da Revolução vitoriosa, era um quintal estadunidense. A Venezuela, com as maiores reservas de petróleo certificadas do mundo, não era dona dessa riqueza. Um ovo e uma alface que chegavam à mesa eram *made in USA*. Caracas era como uma joia da coroa, com bairros de mansões para os ricos, avenidas, parques, universidades, hotéis de luxo... e o povo, nas favelas.

A Revolução Bolivariana recuperou não só a dignidade para a população, como assumiu com independência o comando da nação e colocou as riquezas minerais para financiar o desenvolvimento. Por isso é o mais demonizado dos governos na atualidade latino-americana. Os Estados Unidos querem voltar a ser o senhor de tudo. E o pior, é que têm aliados entre os espúrios governos dos países vizinhos.

Veja que maus vizinhos tem a Venezuela. Todos com governos ilegítimos e representando o capital financeiro e dispostos a fazer tudo o que seu mestre (EUA) mandar.

IV

Formação dos partidos políticos

Introdução necessária

Sou um velho comunista sem partido, assim como partidos ditos comunistas estão sem comunistas. O Brasil é assim. A maioria dos partidos legais que estão nas disputas eleitorais não têm nada a ver com o que seus nomes sugerem. Na sequência, darei elementos para que as pessoas entendam que sem um rompimento institucional o Brasil continuará a caminho do abismo em que o colocaram. Quem colocou? Para quê? Como colocaram? Como evitar que despenque? Muitas são as perguntas que pairam no ar. Conhecer um pouco da história ajuda a entender o presente.

Getúlio Vargas, por mais que isso contrarie alguns acadêmicos paulistas, pelo bem, ou pelo mau, foi o grande estadista (se não o único) que com visão estratégica plantou um modelo de desenvolvimento para o país. Procurou cercar-se de homens capazes de realizar seus sonhos e planos. Nem todos foram fiéis, mas muito foi feito e até hoje se colhem resultados. Planejou e executou as obras necessárias para o arranque do processo.

> Escolas para todos – o primeiro passo foi semear o país de Escolas, em todos os níveis, e formar os quadros necessários para o desenvolvimento;

Energia – Eletrobras para a produção e distribuição de energia hidroelétrica; Petrobras para o combustível fóssil e a petroquímica; A Nuclebrás para a energia nuclear;

Matéria Prima Mineral – A Vale do Rio Doce para mapear as jazidas, extrair e processar minimamente o minério para a Indústria de Base;

Siderurgia – A Companhia Siderúrgica Nacional (CSN) para transformar o minério no ferro e aço necessário para suprir a industrialização em todos os setores;

Logística – Com o Departamento Nacional de Estradas de Rodagem, as estradas para o suprimento e escoamento da produção; armazéns e silos; estaleiros para construção da Frota Nacional de Cabotagem; a Fábrica Nacional de Motores para produzir caminhões e veículos pesados requeridos.

Bom, isso é o básico.

Havia também a necessidade de reorganizar o Estado e a Política desestruturadas com a ruptura institucional de 1930 que liquidou com a hegemonia das oligarquias agrário-exportadoras. Para isso era necessária a organização dos partidos políticos. Liberou, então, em 1945, para que as forças políticas se organizassem de acordo com seus interesses, sem descuidar de que tinha que criar a organização que daria continuidade a seu Projeto Nacional.

O Partido Trabalhista Brasileiro é uma criação de Vargas, que contou com Alberto Pasqualini, e outros, para formalizar a ideia. Que ideia? Algo parecido com a socialdemocracia inglesa, cujo Labour Party (Partido Trabalhista) tinha como objetivo levar os trabalhadores organizados ao poder, distanciados do comunismo. Mistura do pensamento do peruano Haya de la Torre e sua Aliança

A GOVERNABILIDADE IMPOSSÍVEL 83

Popular Revolucionária Americana (Apra), de 1924; das Revoluções Liberais, do Porto (Portugal, 100 anos antes), no Brasil de 1842, dos tenentes de 1924 que, com Luiz Carlos Prestes e Miguel Costa, protagonizaram a Coluna guerrilheira que cruzou o país inteiro. Interessante que muitos dos integrantes da Coluna ocuparam postos de governo e, quando se dispersaram, houve quem se voltou contra a criatura, viraram golpistas. Mas esta é outra história.

Vargas orientou também a criação do Partido Social Democrático (PSD), que não tinha nenhum socialdemocrata em suas filas, mas, talvez com a intenção de torná-lo coadjuvante de sua ideia de trabalhismo. Tanto é que o que dava governabilidade a seu projeto era precisamente o PSD. Marota sabedoria do gaúcho dos pampas.

Vargas também esteve por trás da criação da União Democrática Nacional (UDN). Parece estranho quando se recorda que a UDN fazia a mais violenta oposição aos governos petebo--pessedistas (aliança PTB-PSD). Mas isso também é outra história, que tem que ver com ansiedade pelo poder e cumplicidade com interesses estrangeiros. O leitor perceberá isso no transcorrer da leitura deste livro.

V

Os partidos da República Nova de 1946

Partido Social Democrático (PSD): de socialdemocrata tinha nada. Comandado por latifundiários e políticos profissionais, se tornou logo o grande partido dos poderosos com apoio de massa, reorganizando nos municípios o que servira antes de 1930 de base eleitoral dos Republicanos. Desenvolveu-se como o grande articulador do centro que garantiu a governabilidade nos sucessivos governos eleitos. Na eleição de 1945, conseguiu eleger o general Eurico Gaspar Dutra[1] como presidente porque Vargas quis e instruiu para que os trabalhistas e os varguistas de várias índoles votassem nele.

O que houve de importante no governo Dutra foi ele ter conseguido acabar com as reservas que o Brasil acumulara durante a guerra e ter também iniciado a submissão do Estado Nacional aos interesses dos Estados Unidos. Assessores ianques ajudaram a reorganizar as forças armadas e os serviços de inteligência das três armas.

Partido Trabalhista Brasileiro (PTB): Criado por Vargas para ser o partido socialdemocrata. Um partido pêndulo que se

---

1 Eurico Gaspar Dutra (1983 – 1974) governou o país de 1946 a 1951.

inclinava à direita e à esquerda conforme o andar da carruagem. Mas um partido que tinha um projeto de nação e que, em aliança com o PSD, avançou na construção desse projeto que era uma continuidade do desenvolvimentismo nacionalista idealizado por Vargas no Estado Novo. Era o partido das reformas de base, que teve como missão desenvolver o projeto de Vargas, tendo o Estado como principal indutor e financiador.

Não se pode esquecer que Vargas criou as bases físicas e intelectuais para que se pudesse construir uma nação industrializada e de pleno emprego. Não pode vencer a oposição e suicidou-se antes de que fosse deposto. Mais tarde, ao radicalizar nas propostas reformistas, durante o governo de João Goulart, provocou a ira nas oligarquias e no comando dos Estados Unidos. Com a força de ambos, derrubaram o governo para entregar o Estado às grandes corporações transnacionais.

Partido Comunista Brasileiro (PCB): Desde 1922, o PCB, liderado pelo Cavaleiro da Esperança, Luiz Carlos Prestes, herói nacional por ter se rebelado e liderado o movimento tenentista contra os governos oligárquicos e autoritários, tinha grande presença na organização sindical dos operários e reunia intelectuais marxistas. A célula militar do PCB no Exército brasileiro era a maior da América Latina. Um partido que viveu mais na clandestinidade que à luz do dia, mas participava ativamente na política com seus quadros infiltrados em outros Partidos.

Na linha marxista leninista que levou os bolcheviques à vitória da Revolução Russa de 1917, o PCB realizou intenso e produtivo trabalho de organização da classe trabalhadora, através de sindicatos e comitês de fábrica. Realizou também os primeiros trabalhos de organização e sindicalização de trabalhadores agrícolas. Ajudava posseiros no enfrentamento com os grileiros e latifundiários na expansão das fronteiras agrícolas. Realizou o primeiro Congresso

A GOVERNABILIDADE IMPOSSÍVEL

Nacional de Trabalhadores Agrícolas, em 1961, que resultou na fundação da Confederação dos Trabalhadores Agrícolas, até hoje a maior organização brasileira.

Como a maior parte de sua vida passou na clandestinidade, tinha quadros militando em outros partidos, a maioria no PTB de Vargas e Goulart, dando apoio às Reformas de Base, defendendo a soberania sobre o território nacional, lutando pela consolidação da democracia e do estado de direito.

Em 1961, o PCB teve seu primeiro grande racha. Quadros que não concordavam com a linha conciliadora do Comitê Central fundaram o Partido Comunista do Brasil (PCdoB), ressuscitando a sigla original do partido criado em 1922.

A partir de 1966, véspera de seu VI Congresso, resultado de intensa luta ideológica, o PCB sofreu outro grande abalo que resultou na criação do Partido Comunista Brasileiro Revolucionário, liderado por Apolônio de Carvalho, e na Ação Libertadora Nacional (ALN), liderada por Carlos Marighella, que junto com outras organizações adotou a luta armada para enfrentar a ditadura.

A maioria das organizações armadas, dizimadas pela repressão, foram extintas. Considerando que o Partido Comunista era a célula mãe de toda oposição ao regime, os militares assassinaram o que sobrou da direção. Um verdadeiro genocídio.

Concluída a obra, dizimaram também a direção do PCdoB. Estes, fundidos com a Ação Católica (AP), também pegaram em armas para combater a ditadura e protagonizaram a Guerrilha do Araguaia, um punhado de homens e mulheres exterminados por contingentes das três armas da República.

União Democrática Nacional (UDN): era o partido das vivandeiras que, não tendo voto, batiam às portas dos quartéis para apelar por golpes de Estado. Partido de classe média ilustrada, alguns intelectuais brilhantes, dos principais centros urbanos e

PAULO CANNABRAVA FILHO

de oligarcas feudais do Norte e Nordeste. Obsessivamente anti-getulista, era uma frente heterogênea agitando bandeiras contra corrupção sob as quais escondiam seus malfeitos. O que de bom havia na UDN formou dentro do partido a dissidência Esquerda Democrática, que, na sequência, saiu para fundar o Partido Socialista Brasileiro (PSB). O que sobrou de ruim esteve na frente de todas as conspirações golpistas e regressivas. Quando do golpe de 1º de Abril de 1964, hordas de udenistas queimaram o prédio da União Nacional dos Estudantes (UNE) e depredaram o jornal *Última Hora*, no Rio e em São Paulo. Hoje, a UDN já não existe, mas é o espírito udenista que comanda agremiações como o PSDB e o próprio PT.

O Partido Socialista Brasileiro (PSB): nasceu da Esquerda Democrática da UDN. Teve em seu início e durante alguns momentos de sua história a presença de socialistas autênticos, como João Mangabeira, Sérgio Buarque de Holanda, Antônio Cândido, Fúlvio Abramo, entre outros intelectuais de renome. Na década de 1960, o partido radicalizou-se apoiando as reformas de base propostas pelo governo trabalhista de João Goulart. O golpe de 1º de abril de 1964 acabou com a festa de todo espectro da esquerda brasileira. Hoje, o PSB é um partido majoritariamente de classe média, com alguns oligarcas, onde ninguém se entende, e poderá chegar à extinção. Em São Paulo, apoiam o homem da Opus Dei que agora pretende ser presidente da República, o quatro vezes governador Geraldo Alckmin.[2]

2　Geraldo Alckmin (1952 -) foi vice-governador de Mário Covas por um mandato completo e parte do segundo, já que Covas morreu em decorrência de um câncer na bexiga em 2001. Alckmin assume o governo e, em 2002, vence as eleições. Em 2006, disputa a eleição presidencial pela primeira vez, sendo derrotado por Lula. Em 2010, vence nova eleição para o governo do

Eleições de 1945

Na refundação do país, após o término da 2ª Grande Guerra, foram realizadas eleições gerais – para o Congresso Nacional, que assumiu poder Constituinte – que gerou a Constituição de 1946 –, e os Poderes Executivos estaduais e federal. Reformaram-se também os partidos políticos para as disputas eleitorais num regime com legislativo bicameral, no âmbito da União, e unicameral nos estados e municípios, e eleição também para o poder executivo, de prefeitos, governadores e presidente. Eleições a cada quatro anos, com o vice-presidente eleito separadamente. Não mexeram com o poder judiciário, que continuou com sua hierarquia sendo nomeada para assegurar o status quo.

Foi uma eleição sui generis, que não conseguiu se libertar da bipolarização entre liberais e conservadores, herdada da República Velha, que por sua vez a herdou do Império de Pedro II, quando havia o Partido Conservador (1836) e o Partido Liberal (1837).

A partir de 1830, havia um Partido Republicano forte nas regiões em que a oligarquia agrária controlava o poder: PRP dos paulista, criado em 1870, PRM dos mineiros, Republicano Histórico do Rio Grande do Sul, e outros tão conservadores como o próprio Partido Conservador, que permanecia atuante.

O Partido Liberal levava a tradição das lutas contra o imperador com as ideias de modernização que emanavam da Europa e dos Estados Unidos. Ele deu origem, nas primeiras décadas do século 20, à Aliança Liberal, que vai ser protagonista na Revolução de 1930.

Dessa mesma época, surgem o Bloco Operário e Camponês, o Partido Comunista Brasileiro em 1922 e a Ação Integralista (fascista) em 1932.

Estado. Em 2014 concorre à reeleiçãocom sucesso. Em 2018 deixou o cargo para disputar novamente a presidência da República.

Todos esses partidos foram extintos com o advento do Estado Novo em 1937, até que, em 1945, Vargas libera a fundação de novos partidos.

Ocorre então que o Partido Republicano, hegemônico, e a Aliança Liberal, ou melhor, os quadros advindos desses partidos vão atuar na formação dos novos partidos. Claro que já não era o mesmo cenário, mas não se pode negar que foi o início da recomposição do poder oligárquico.

Foi diferente porque teve a participação de muita gente que ascendeu à política servindo ao Estado Novo, ou seja, interventores nomeados por Vargas nos estados e uma juventude aguerrida querendo participar, além, claro, das velhas raposas do poder oligárquico destronado em 1930.

Depois de 1945, surgem os dois partidos destinados a ser hegemônicos: o Partido Social Democrático PSD e a União Democrática Nacional UDN, e, das mãos de Vargas, nasce o PTB para ser o partido dos trabalhadores, das grandes massas.

A República Nova de 1946

O resultado das eleições gerais de 1945 mostra claramente a tendência de polarização entre forças de propostas idênticas que se aliam para evitar a possibilidade de que partidos não conservadores ascendessem ao poder. Juntos, obtiveram mais de 80% dos votos. A UDN, tendo o brigadeiro Eduardo Gomes como candidato, teve 34% dos votos. Perdeu para o PSD, com o general Eurico Gaspar Dutra, com 55,38% dos votos, que não teria se não fosse o apoio explícito de Vargas.

Com a clara intenção de ajudar na construção do PTB, Vargas se candidatou a senador e foi eleito em dois estados, São Paulo e Rio Grande do Sul. Luiz Carlos Prestes, do PCB, também foi eleito pelo Distrito Federal, na época no Rio de Janeiro, sendo o senador mais votado da história.

O PTB e o PCB disputavam, não sem certa harmonia, a liderança no movimento sindical, o que garantia posicionamento classista nas lutas operárias. Por isso mesmo, foram o alvo principal nesse início da guerra-fria, que de fria só tinha o nome, cuja intenção era estender a hegemonia dos EUA na economia mundial. Contudo, apesar da furibunda campanha anticomunista e antitrabalhista, o PTB já aparecia como uma terceira força ascendente. Na eleição para a Câmara Federal, o PTB e o PCB tiveram juntos mais de 12% dos votos. Participaram dessa disputa um Partido Agrário Nacional, além do Partido Republicano, PPS, PDC, PRP, PL.

Eleições de 1950

O panorama fica bem mais complexo com a candidatura do próprio Vargas à Presidência pelo PTB e o surgimento de inúmeras novas legendas, algumas com muita força em seus redutos eleitorais, como o Partido Social Progressista (PSP), criado pelo ex-interventor e logo governador de São Paulo, Adhemar de Barros.[3] O PSP venceu o pleito para vice-presidente e Getúlio teve que governar tendo o pessepista Café Filho[4] conspirando a seu lado.

Vargas venceu o brigadeiro Eduardo Gomes, já eterno presidenciável da UDN, por mais de um milhão de votos: 3.849.040

---

3 Adhemar de Barros (1901 – 1969) foi interventor federal em São Paulo entre 1938 e 1941 e prefeito da cidade entre 1957 e 1961. Entre 1947 e 1951 exerce o cargo de governador do estado, retornando à função em 1963, na qual permanece até 1966.

4 Café Filho (1899 – 1970) foi vice-presidente da República entre 1951 e 1954. Com o suicídio de Vargas assume a presidência até ser deposto por meio de um impedimento votado pelo Congresso na madrugada de 22 de novembro.

ou 48,73%, contra 2.342.384, ou 29,66%. O PSD disputou com Cristiano Machado e, no correr da campanha, decidiu que o melhor caminho era apoiar Vargas. Mesmo assim, o partido teve 1.6971.93 de votos (21,49%). O PSB também disputou a presidência com João Mangabeira, que obteve 0,12% dos votos.

Vale lembrar que dessa eleição surgiu o termo "cristianizar" um candidato, ou seja, lançar um candidato com a finalidade de dividir o campo político e garantir a vitória de um terceiro, neste caso, garantir a vitória de Vargas e propiciar-lhe governabilidade.

Na eleição para a Câmara, o PSD conseguiu 112 cadeiras, a UDN, 81; o PTB, 51; o PSP, 24; o PR, 11; o PST, 9; o PL, 5 e o PTN também 5.

Vargas não concluiu seu mandato tal a pressão midiática e de forças externas, mas deixou assentadas as bases para seu projeto de industrialização do país. Criou a Petrobrás, Nuclebrás, Eletrobrás, estaleiros, petroquímica e as sementes para a indústria automobilística e de armamentos. Vargas deu todo apoio para que João Goulart desenvolvesse o PTB, partido com a missão de levar a cabo esse projeto.

Um golpe estava sendo articulado pela UDN com militares golpistas para depor Vargas. O presidente suicidou-se em 24 de agosto de 1954, conseguiu com isso parar o golpe e assegurar a continuidade de seu projeto. Depois de um governo provisório, foram marcadas as eleições gerais para 1955.

Eleições de 1955

Com a morte de Vargas, Café Filho assumiu a Presidência até a Novembrada de 1955. Oficiais das três armas, estimulados pela

A GOVERNABILIDADE IMPOSSÍVEL

UDN, frustrada pelo fracasso na tentativa de formar uma frente de direita, tentaram impedir a posse de Juscelino Kubitschek.[5]

Juscelino Kubitschek fez campanha anunciando a realização de 50 anos de desenvolvimento em cinco de mandato. Tinha um projeto nacional e uma estratégia de governo que era a continuidade do projeto de Vargas. Foi eleito com 3.077.411 votos (35,68%), derrotando o Juarez Távora, um udenista que foi lançado pelo Partido Democrata Cristão e teve 2.610.462 (30,27%), seguido de Adhemar de Barros, pelo PSP, com 2.222.725 (25,77%) e por Plínio Salgado, pelo Partido de Representação Popular, fascista, 714.379 (8,28%).

JK governou tendo como vice-presidente João Goulart, que foi eleito com (44,25%) dos votos, ou 3.591.409, pouco distante do segundo lugar, que era o candidato oficial da chapa de JK, Milton Campos, da UDN, com 41,70% dos votos, ou 3.384.739. Goulart aproveitou seus anos de mandato para fortalecer o movimento sindical e o PTB.

Nessas eleições, o PSD se consolidou como Centro, tendo o desequilíbrio da UDN à direita e do PTB à esquerda. E são essas duas forças, de centro e de esquerda, que vão impulsionar o projeto de modernização do capitalismo, tendo a industrialização e a infraestrutura como carros-chefes. A UDN, sem perder o caráter conspirativo, dependendo da ocasião, se dividia para aprovar os projetos estratégicos de interesse nacional. Para dar um só exemplo, foi o voto da UDN que garantiu o monopólio estatal sobre o petróleo com a aprovação da Lei 2004 em 1953 que criou a Petrobras. Hoje esse espírito patriótico desapareceu na maioria dos partidos.

---

5   Juscelino Kubitschek (1902 – 1976) foi presidente de 1956 a 1961. No seu governo foi construída a nova capital do país, Brasília.

Eleições de 1958

JK pôde terminar seu mandato com folgada governabilidade, pois as eleições parlamentares, na metade do mandato, asseguraram a maioria governista. As eleições foram realizadas para eleger 11 governadores, 1/3 do Senado Federal, deputados à Câmara Federal e Assembleias estaduais.

Foram muito importante porque consolidaram o PTB como terceira força em ascensão. O partido elegeu cinco governadores, seis senadores. Na Câmara, elegeu 66 deputados, quase empatando com a UDN, que ocupou 70 cadeiras, e longe do PSD, com 115. O PSP se coloca em quarto lugar, com 25 cadeiras, seguido do velho Partido Republicano, com 17, e por PDC e PTN, ambos com sete.

Surgiram nesse lapso e vão disputar as eleições seguintes o Partido de Representação Popular (PRP), fascista, liderado por Plínio Salgado, o Partido Democrata Cristão (PDC), o Partido Republicano (PR) e o Partido Socialista Brasileiro (PSB).

Registre-se que o PDC, na época era democrata cristão, com líderes como Franco Montoro, Plínio de Arruda Sampaio e outros, que apoiavam as reformas propostas pelos trabalhistas. A partir da redemocratização, a sigla foi apropriada por estranhos ao ninho.

Eleições de 1960

Jânio Quadros vinha de uma carreira meteórica desde que se lançou na política, em 1945, quando foi suplente de vereador, depois o deputado estadual mais votado. Elegeu-se prefeito de São Paulo, em 1953, por uma enorme coligação partidária (PSP, PPSD, UDN, PTB, PRP, PR e PL) e até os comunistas se dividiram entre janistas e contrários.

Em 1955, foi eleito governador derrotando Adhemar de Barros, que desde a década de 1930 vinha construindo o PSP com declarados propósitos de chegar à Presidência. O slogan da campanha de

A GOVERNABILIDADE IMPOSSÍVEL

Jânio era "o tostão contra o milhão", os pobres contra os ricos. Em seguida, candidato à Presidência, tinha como símbolo da campanha uma vassoura e a música carnavalesca "varre-varre, vassourinha", com que varreria da face da terra todos os corruptos e corruptores. A campanha pela moralidade entusiasmou a UDN, que viu chegar sua hora de ganhar uma eleição. Porém, Jânio se filiou a uma sigla nova, Partido Trabalhista Nacional, com a intenção de navegar pelos mares trabalhistas e ser candidato à presidência com apoio da coligação (PTN, PDC, UDN, PR, PL), convenhamos, partidos sem base nem capacidade para governar.

O PTB ficou dividido entre as candidaturas de Jânio e do marechal Henrique Teixeira Lott, lançado pelo PSD. Adhemar de Barros lançou-se pelo PSP crente de que era o momento para um terceiro. E teve realmente bastante votos: 2.195.709 (18,79%), perdendo para Lott, com 3.846.825 (32,94%), e para Jânio, que bateu o recorde de votos de todas as eleições anteriores, vencendo com 5.636.623 (48,26%).

Para vice-presidente, venceu de novo João Goulart, com 4.547.010 (41,63%), derrotando Milton Campos, da UDN, coligada ao Jânio, com 4.237.719 (38,80%) e Fernando Ferrari, pelo Movimento Trabalhista Renovador, já uma divisão do Trabalhismo de Vargas, com 2.137.382 (18,57%).

Em agosto de 1961, Jânio renuncia abruptamente, generalizando um caos premeditado, com intenção de dar um golpe de estado. Percebendo que a composição do Congresso Nacional não lhe daria a governabilidade desejada, renunciou com a intenção de voltar ao poder nos braços do povo e amparado pelas forças armadas. Em resumidas palavras, queria ser ditador. O que frustrou sua estratégia foram os oficiais generais que entenderam que, já que havia uma ruptura, por que não assumir o poder. "Por que Jânio se pode ser um de nós?"

Então perpetraram um autêntico golpe jurídico-parlamentar-midiático para levar os militares ao poder. Por que isso? Por que João Goulart, líder trabalhista, tinha sido eleito vice-presidente, derrotado nas urnas o candidato de Jânio, o udenista Milton Campos.

A tentativa de os militares assumirem o poder foi frustrada porque a população se sublevou em defesa da legalidade, os militares se dividiram e João Goulart, do PTB, vice-presidente eleito, pode assumir como mandava a Constituição. Houve a tentativa de implantar o Parlamentarismo para diluir o poder de Goulart. Durou pouco, derrubado por plebiscito unânime. O governo, nitidamente reformista, não chegou a terminar o mandato, interrompido pelo Golpe de 1º de abril de 1964. Essa história não precisa ser repetida aqui. Há farta literatura e, no site da revista *Diálogos do Sul*, encontram-se análises objetivas sobre como entregaram o Estado às transnacionais.

Vargas, trabalhismo, Jango e Brizola

O Partido Trabalhista, criado por Vargas para ser o partido da socialdemocracia e levar os sindicatos ao poder, sucumbiu em 1964 sob o rolo compressor do poder oligárquico-militar e a ajuda estadunidense. Aliás, em todas as fases desta história há os cordões do império manejando suas marionetes. Goulart foi deposto e morreu antes de realizar seu sonho. Leonel Brizola, quinze anos depois, se empenhou com todas suas forças na tentativa de fazer ressurgir o trabalhismo com suas bandeiras nacionalista e desenvolvimentista. Sucumbiu também prematuramente.

É bom lembrar que, apavorado com a vinda do Brizola, o general Golbery do Couto e Silva armou para que ele não ficasse com o PTB e para que nem os comunistas nem os trabalhistas retomassem a condução do movimento sindical.

A GOVERNABILIDADE IMPOSSÍVEL 99

Não esquecer que o PTB morreu em 1964. Quem o refundou (ou reafundou) em 1979 foi o general Golbery do Couto e Silva, ex-presidente da Dow Chemical. Recordem que Golbery era estrategista da Escola Superior de Guerra (ESG), apelidada de Sorbonne.[6]

Foi Golbery quem, em 1961, com grandes empresários como Antônio Gallotti, da Light, Augusto Trajano de Azevedo Antunes, da holding de mineradoras Caemi, entre tantos, organizou o Instituto de Pesquisas e Estudos Sociais (Ipes). A instituição recrutava quadros em todos os estamentos da sociedade, com ênfases nos militares e dirigentes de empresas. Para se ter uma ideia do que era isso, a estrutura e as fichas do Ipes serviram para Golbery, na década seguinte, organizar o Serviço Nacional de Informações (SNI), obviamente com ajuda estadunidense.

Paralelo ao Ipes, em 1959, surgiu o Instituto Brasileiro de Ação Democrática (Ibad), dirigido por Ivan Hasslocher, com o objetivo de combater o comunismo no país. O Ibad criou, financiou e geriu a Ação Democrática Popular (Adep). Controlando ou com a ajuda de grandes agências de publicidade, engendraram uma poderosa campanha contra o governo de Goulart.

Na eleição de 1962, a Adep/Ibad[7] elegeu 100 deputados federais, tal como tinha planejado. Esses parlamentares foram

---

6 Sorbonne é a mais tradicional universidade de Paris. Chamava-se, a ESG de Sorbonne para dar a impressão de que era um ninho de intelectuais dentro das forças armadas.

7 "A participação do Ibad-Adep na campanha eleitoral de 1962 foi tão ostensiva – teriam sido gastos cerca de cinco bilhões de cruzeiros antigos no favorecimento de candidatos oposicionistas – que despertou a atenção de parte considerável do Congresso. Partindo do princípio de que o empresariado brasileiro dificilmente conseguiria reunir soma tão elevada num período de grave crise econômica como a do início da década de 1960, os parlamentares decidiram averiguar a origem desses recursos"

100 PAULO CANNABRAVA FILHO

decisivos na oposição às reformas de base propostas por Goulart e na armação do golpe de 1964.

Refletir sobre esses fatos do século passado ajuda a entender o que está ocorrendo hoje. Houve uma CPI, em 1963, que constatou que essas entidades recebiam dinheiro de fora, mas, não aconteceu nada. Eles tinham muita criatividade e muita gente trabalhando. Mandavam editoriais e notícias prontas para os jornais, programas gravados para as rádios e filmes para as televisões. Tudo como fizeram durante os governos do PT até conseguir derrubá-los. Só mudam alguns nomes e cenários, pois até os sobrenomes dos oligarcas envolvidos são os mesmos. Quem assegura que não estejam atuando, hoje mesmo, para garantir candidatos afinados nas próximas eleições?

A ordem era acabar com a Era Vargas

Note-se que o PDT já era filiado à Internacional Socialista antes mesmo de concorrer às eleições e tinha como projeto dar continuidade ao desenvolvimentismo-nacionalista iniciado por Vargas. Nenhum outro político brasileiro foi demonizado como Brizola. O velho Roberto Marinho confessou que fez e faria tudo para evitar que Brizola ascendesse ao poder. Ordens de Washington que nunca o perdoou por desapropriar a companhia de eletricidade estadunidense Bond And Share e a ITT[8] quando governador do Rio Grande do Sul. Sabiam que, se eleito, Brizola faria uma revolução como fez em solos gaúchos e cariocas.

Tanto os comunistas, como Brizola e os trabalhistas foram derrotados no esforço de colocar o movimento sindical como instrumento da luta dos trabalhadores pela independência, soberania,

---

(FGV CPDOC disponível em http://www.fgv.br/cpdoc/acervo/dicionarios/verbete-tematico/instituto-brasileiro-de-acao-democratica-ibad).

8 AT&T, empresa estadunidense de telecomunicações.

A GOVERNABILIDADE IMPOSSÍVEL   101

desenvolvimento econômico-social autônomo. Perderam para um sindicalismo de resultado, levado por una nova força treinada e financiada pela Federação Americana do Trabalho e Congresso de Organizações Industriais (AFL-CIO) e grandes corporações transnacionais.

Lula anunciou, certo dia, que iria a São Borja visitar a tumba de Vargas e de Brizola, vestiu-se de maragato (lenço vermelho no pescoço) e foi. Recebeu vaia, houve tumulto, tiveram que chamar a PM pra reprimir. Também, o que é que queriam? Lula e FHC fizeram suas carreiras pregando o sepultamento da Era Vargas. Não se pode ir contra a história. Você só pode tecer um projeto nacional com o fio da história. Negá-la é o mesmo que negar a pátria, e pátria não existe sem projeto nacional. Será que o Lula entendeu isso?

Lula agora está preso e anda falando muito de Vargas. Lula é o líder incontestе do PT, que, com dois milhões de filiados, sem dúvida continua sendo o maior partido brasileiro. Mas, daí, para ser herdeiro de Vargas, falta muito por merecer. Não obstante, qualquer pessoa de bom senso concordará que eleição sem Lula será uma farsa. Como farsa foram as eleições anteriores. Logo se verá.

VI

1965 a 1978 - Bipartidarismo e eleições na ditadura

Essas coisas só poderiam mesmo acontecer no Brasil. Diante da pressão internacional pelas questões de direitos humanos, da expansão da hegemonia estadunidense e de uma ampla rede de alianças de países "democráticos", o governo militar dizia que havia tomado o poder para restaurar a democracia ameaçada pelo comunismo internacional.

É importante lembrar que as décadas anteriores foram realmente décadas de idealização e construção do país, governadas e impulsionadas pela criatividade deste povo. Foi a época em que o Centro Popular de Cultura levava teatro aos camponeses, em que estudantes ajudavam na alfabetização do povo, que teatro, cinema e televisão eram sinônimos de invenção.

Período dos mais fecundos da gente brasileira. Época em que se reinventou a música e da universidade saíram os que souberam planejar o desenvolvimento do país. O grande salto tecnológico na energia hidroelétrica e o domínio da energia nuclear. Era o Brasil a quarta potência industrial do planeta. É realmente incrível como tudo isso foi desperdiçado.

O medo permanente do voto popular

Havia antes do golpe de 1964 uns 14 partidos mais ativos no cenário político. Dado o golpe, deposto o governo, fecharam o Congresso, no dia 9 de abril. Com o primeiro Ato Institucional (AI-1), a junta militar se assume como poder constituinte, suspende todas as garantias constitucionais, estabelece eleição indireta para a Presidência da República e, no dia seguinte, decreta a cassação dos direitos políticos de 108 pessoas, entre as quais 41 deputados federais, líderes partidários e sindicais, bem como professores e funcionários qualificados que passaram a ser perseguidos, presos, torturados e asilados.

Em 27 de outubro de 1965, em resposta ao rechaço à ditadura demonstrado nas eleições estaduais, com o AI-2 a junta militar extingue todos os partidos políticos, e intervém até no judiciário, colocando a Justiça Militar sobre o sistema judiciário civil e decretando novas cassações de políticos e líderes populares.

O AI-2 é o que autoriza a formação de dois partidos, um governista, a Aliança Renovadora Nacional (Arena), e outro de oposição (mas não tanto), o Movimento Democrático Brasileiro (MDB).

Não satisfeitos, em 5 de fevereiro de 1966 os militares, com o AI-3, dispõem eleições indiretas para o Executivo em todos os níveis: federal, estadual e municipal, ressalvando casos em que a junta nomeia a seu bel prazer.

Em 1965, pelo calendário oficial, deveriam ser realizadas eleições gerais. Uma das razões para o golpe de 1964 foi o medo de uma vitória estrondosa da esquerda trabalhista. Em novembro de 1965, as eleições já haviam sido decididas nos quartéis impondo à nação o general Castelo Branco[1] como governante, que inaugurou uma noite tenebrosa para a civilização brasileira.

---

1 Humberto de Alencar Castelo Branco (1897 -1967) foi ditador no Brasil entre 1964 e 1967.

A GOVERNABILIDADE IMPOSSÍVEL 107

Eleições gerais de 1966

Em 1966 houve eleições gerais só com os dois partidos. Para a Presidência, foi escolhido indiretamente o general Costa e Silva,[2] tendo como vice o senador da Arena Pedro Aleixo.

Nas eleições para a Câmara Federal, de um total de 22.387.251 eleitores, compareceram às urnas pouco mais de 17 milhões, ou seja, o interesse da população pelas eleições foi tão grande que o "Senhor Ninguém" foi o campeão de votos. Confira:

Arena: 8.731.638 (54.20%), 277 cadeiras

MDB: 4.105.470 (30.51%), 132 cadeiras

Brancos: 2.461.523 (14,24%)

Nulos: 1.176.925 (6.81%)

Abstenção: 5.187.251

Senhor Ninguém (brancos + nulos + abstenção): 8.825.699;

Foi uma derrota para a oposição, mas não um massacre, ainda mais considerando que 8.825.699 pessoas votaram nulo, branco ou se abstiveram. Somadas estas aos votos no MDB pode-se considerar que uns 13 milhões de votantes demonstraram insatisfação com a situação.

Esse resultado mais ou menos se repetiu nas eleições para as Assembleias Legislativas nos Estados. A Arena elegeu 731 deputados estaduais, com 55,82% (9.005.277). e o MDB elegeu 345, com 31,23% (5.038.765). Os coeficientes de brancos, nulos e abstenções não diferem do ocorrido no Legislativo federal.

---

2   Artur da Costa e Silva (1899-1969) foi ditador do Brasil entre 1967 e 1969.

Eleição de governadores

Houve eleição para governador só em 11 Estados. Os demais governadores foram escolhidos pelo regime. Para melhor compreensão deste trabalho, colocamos a qual partido extinto o eleito pertencia.

Estado	partido/coligação	governador	%
Alagoas	PSP	Sebastião Marinho - não tomou posse	43.90
Goiás	UDN-PTB-PDC	Otavio Lage e Osiris Teixeira	50.58
Guanabara	PSD-PTB	Negrão de Lima e Rubens Berardo	52.68
Maranhão	UDN-PSP-PTN	José Sarney e Jorge Dino	53.63
Mato Grosso	PSD	Pio Soares e Alacid da Silva	55.65
Minas Gerais	PSD	Israel Pinheiro e Pio Soares	53,21
Pará	UDN-PTB-PDC--PTN-PR	Alacid da Silva e João Renato	70.89
Paraíba	PDC-UDN	João Agripino e Severino Bezerra	50.44
Paraná	PTN	Paulo Pimentel e Plínio Ferreira	53,05
R. Grande do Norte	PTN	Walfredo Gurgel e Clovis Moura	54,94
Santa Catarina	PSD-PTB	Ivo Silveira e Roberto Dall'Igna	51,85

Em setembro de 1966 são realizadas eleições indiretas e são colocados governadores nos demais estados:

Acre	Jorge Kalume
Alagoas	Antônio Simeão
Amazonas	Danilo Duarte Mattos Areosa

Bahia	Luiz Vianna Filho
Ceará	Plácido Castelo
Espírito Santo	Cristiano Dias Lopes Filho
Pernambuco	Nilo Coelho
Piauí	Helvidio Nunes
Rio de Janeiro	Jeremias Fontes
R. Grande do Sul	Walter Perachi Barcelos
São Paulo	Roberto de Abreu Sodré
Sergipe	Lourival Batista

UDN e PTB, adversários acérrimos em São Paulo e Rio, estão "coligados" em Goiás e no Pará. A governabilidade no âmbito federal era dada pela aliança PSD, PTB e UDN, mas isso não funcionava nos estados.

Em São Paulo, por exemplo, o grande eleitor de Vargas era o PSP do Adhemar de Barros, que, em 1964, foi o fator decisivo para a derrubada de João Goulart, do PTB, ao comprar o apoio do comandante do II Exército general Amaury Kruel ao golpe de 1º de Abril.

No Maranhão vê-se uma aliança do PSP com a UDN (ferozes inimigos em São Paulo e Rio) para eleger Sarney e Dino. Essa eleição foi uma festa, pois depois de muita luta e sacrifício se conseguiu derrotar eleitoralmente o clã de Vitorino Freire, que havia 40 anos ocupava o poder. Interessante que essa alegria durou pouco, pois seria o clã Sarney que ficaria mais 40 anos no poder e seria derrotado eleitoralmente por Flavio Dino,[3] filho do outro Dino vitorioso em 1965.

---

3 Flávio Dino de Castro e Costa (1968 -) foi eleito governador do Maranhão pelo PCdoB em 2015 no primeiro turno, com 63,5% dos votos válidos, derrotando Lobão Filho (PMDB).

Eleições de 1970 – evidente rechaço popular à ditadura

O governo do general Emilio Garrastazu Médici,[4] o mais feroz dos ditadores, se apresentava como amante do futebol e, por baixo do pano, manejava os cordões da Operação Condor. Mas, pra inglês ver, aqui se realizavam eleições, portanto, "havia democracia".

Cumprindo o calendário eleitoral, em novembro de 1970 foram realizadas eleições para dois terços do Senado e renovação da Câmara dos Deputados, além da escolha dos governadores. Com base nos altos índices de abstenções, votos nulos e brancos das eleições anteriores, a oposição popular, distante dos partidos, fez campanha pelo voto nulo pra derrotar a ditadura.

A população do país encostava nos 95 milhões, mas estavam aptos para votar apenas 30%, algo perto dos 29 milhões, dos quais compareceram às urnas pouco mais de 22 milhões, quase um quarto da população.

Dos 22 estados, só o Estado da Guanabara (antigo DF) teve um governador do MDB, os 21 restantes eram da Arena. Ocorre, porém, que se tratava de Chagas Freitas, que nunca foi oposição a coisa alguma e deixou um rastro de corrupção em seu governo.

Em São Paulo, o ungido foi Laudo Natel, da diretoria do Bradesco, em Minas Gerais, Rondon Pacheco, fundador da UDN, junto com o banqueiro Magalhães Pinto.

Eleição para o Senado

Para o Senado, onde a eleição é majoritária, assim como para governador, os números são significativos. Evidente desprestígio certamente era motivo de preocupação para os usurpadores

---

4   Emilio Garrastazu Médici (1969-1974) foi ditador do Brasil entre 1969 e 1974.

A GOVERNABILIDADE IMPOSSÍVEL 111

do poder e um estímulo para a resistência. De um eleitorado de 29 milhões, compareceram às urnas 22 milhões. O Sr. Ninguém, com 19 milhões, quase empatou com a Arena. Somando os votos do Sr. Ninguém com os do MDB, a Arena perdeu feio. Em números redondos:

20 milhões para a Arena, com 40 cadeiras

13 milhões para o MDB, ou 6 cadeiras

10 milhões brancos

2 milhões nulos

7 milhões de abstenções

19 milhões Sr. Ninguém (brancos + nulos + abstenções)

Em Minas, a Arena elegeu o banqueiro Magalhães Pinto e Gustavo Capanema,[5] duas figuras que fizeram história. O banqueiro, como conspirador e golpista, o segundo, como protagonista de uma verdadeira revolução no Brasil ao semear escola públicas em todos os graus por todo o país.

O MDB só fez seis senadores: na Guanabara, as três vagas em disputa; e no Rio, em São Paulo e no Rio Grande do Sul, elegeu um senador.

---

5 Gustavo Capanema (1900 – 1985) governou Minas Gerais entre setembro e dezembro de 1933. Integrante da Aliança Liberal que levou Vargas ao poder com a Revolução de 1930, foi durante 11 anos ministro da Educação de Vargas, entre 1934 e 1945. Cercado de intelectuais, no Ministério deu espaço para o movimento da Escola Nova (escolanovista), que reunia educadores como Fernando Azevedo e Darcy Ribeiro que, conduzidos por Anísio Teixeira, desenvolveram o sistema educacional brasileiro que vigorou até o golpe de 1964. Foi eleito e reeleito deputado federal pelo PSD e foi líder do governo de Vargas (1951-1954). Em 1961 voltou à Câmara, em 1966 foi reeleito pela Arena e em 1970 foi eleito senador.

Em São Paulo, o maior colégio eleitoral, com 6,6 milhões de votantes, compareceram às urnas 5,4 milhões, ou seja, uma abstenção de mais de um milhão de eleitores (1,2 milhão).

O senador mais votado foi André Franco Montoro, do MDB, que quase empatou com o segundo senador eleito, Orlando Zancaner, da Arena: 1.953.868 para o primeiro e 1.944.646 para o segundo e 1,2 milhão entre nulos e brancos, um total de 2,4 milhões de votos para o Senhor Ninguém. O terceiro mais votado foi também do MDB, o senador Lino de Mattos, com 1,8 milhão de votos.

Para a Câmara Federal

11 milhões para a Arena, com 223 cadeiras

4,5 milhões para o MDB, com 87 cadeiras

4 milhões brancos

2 milhões nulos e

6 milhões de abstenções

12 milhões para o Sr. Ninguém (brancos + nulos + abstenções)

São 12 milhões contrários ao regime. Essa mesma situação, com ligeiras diferenças, se repete nos resultados das eleições para as Assembleias Legislativas.

Vale destacar que em Minas Gerais o candidato mais votado do MDB foi Tancredo Neves,[6] que anos depois seria o primeiro civil a ser eleito presidente, após 21 anos de ditadura dos militares.

---

6   Tancredo de Almeida Neves (1910-1985). Foi Senador por Minas Gerais entre 1979 e 1983, sendo eleito em 1982 governador do Estado. Entre 1961 e 1962 foi primeiro-ministro do Brasil, durante o governo de João Goulart. Em 1985 foi eleito, pelo Colégio Eleitoral, em eleições indiretas, presidente do país pelo PMDB, quando venceu Paulo Maluf, do PDS. Morreu no mesmo ano sem assumir o cargo.

A GOVERNABILIDADE IMPOSSÍVEL 113

No Paraná, nas eleições legislativas, o número de votos em branco e nulos somados às abstenções foi de 796 mil eleitores, maior que a votação do MDB, que teve pouco mais de 254 mil votos.

No geral dos Estados a média das abstenções girou em torno de 30%. No Rio Grande do Sul, os 775 mil de não votos (nulos, brancos e abstenções) quase empatou com os de votos dados à Arena, 889 mil e ao MDB, 739 mil.

Contudo, o poder continua exercido hegemonicamente pelos militares com governabilidade total nas duas casas legislativas e apoio unânime dos governadores.

E o restante da população?

Interessante registrar sumariamente o crescimento quase exponencial do eleitorado:

Ano	1945	1950	1955	1960	1966	1970	1974
Eleitores (em milhões)	7,5	11,5	15,3	15,6	22,4	29	36
Abstenção (%)	16,88	27,94	40,32	19,03	22,79	22,64	19,06

Eleições de 1974

Nas eleições gerais de 1974, já tínhamos em torno de 36 milhões de eleitores para uma população chegando aos 95 milhões, o que significa que estavam aptos para votar 37,89% da população. Desses 36 milhões de eleitores, votaram 29 milhões, uma abstenção de quase sete milhões. Mas os números já são mais adversos para os militares ditadores e civis apoiadores, e o MDB vai se firmando como uma grande frente de oposição.

Eleição para o Senado

Na eleição para renovar um terço do Senado (30 cadeiras), o quadro geral foi o seguinte:

10.007.790 para Arena, com 22 cadeiras

14.480.252 para o MDB com 8 cadeiras

2,1 milhões brancos

1,5 milhão nulos

7 milhões de abstenções

10,6 milhões para o Sr. Ninguém (brancos + nulos + abstenção)

Das 30 cadeiras a serem renovadas, a Arena ficou com 22 e o MDB com oito, assim distribuídos: Acre, Amazonas, Ceará, Espírito Santo e Goiás com uma cadeira cada e na Guanabara ficou com as três.

Significativa é a derrota em número de votos da Arena e a vitória do MDB para o Senado. Mais significativo ainda são os votos do Sr. Ninguém (soma das abstenções com os nulos e brancos): 10,6 milhões. Somados aos eleitores do MDB, mostra 25,1 milhões de insatisfeitos.

Eleições para Câmara federal e Assembleias estaduais

Houve uma melhora sensível no desempenho do MDB na eleição para Câmara dos Deputados, onde quase empatou com a Arena.

Registrados 35 milhões de eleitores, compareceram 29 milhões, que votaram assim:

12 milhões para Arena (204 cadeiras)

11 milhões o MDB (160 cadeiras)

7 milhões de Nulos e brancos

6 milhões de abstenções

13 milhões para o Sr. Ninguém (brancos + nulos + abstenção)

A GOVERNABILIDADE IMPOSSÍVEL   115

O MDB tem maioria nos maiores e mais politizados colégios eleitorais: Guanabara, Minas Gerais, Rio Grande do Sul e São Paulo, onde a diferença a favor da oposição é de mais de um milhão de votos.

Votação nos Estados

No quadro geral dos votos para as Assembleias Legislativas estaduais, compareceram 29 milhões, que deram 12,1 milhões de votos para a Arena e 11,2 para o MDB, com 5,4 milhões de nulos e brancos. A Arena elegeu 457 deputados estaduais, e o MDB, 330. Entre brancos e nulos, 5,4 milhões de eleitores.

No Rio de Janeiro, para o legislativo estadual, foram 557.061 votos para Arena e 796.561 para o MDB. No Rio grande do Sul, o desempenho da oposição foi bem melhor, tendo a Arena recebido 920.274 votos e o MDB, 1.302.097; e, em São Paulo, foram 2.040.600 para a Arena e 3.580.684 para o MDB.

Interessante o comparativo dos votos para Câmara dos Deputados entre 1970 e 1974 (em milhões).

Partido	1970	1974
Arena	10,9	12
MDB	4,8	11
Brancos	4,7	4,1
Nulos	2,1	2,1
Comparecimento	22,4	28,9
Abstenção	6,3	6,9
Sr. Ninguém (branco + nulo + Abstenção)	10,4	13,1

Desempenho comparativo dos partidos nos mais significativos colégios eleitorais				
Câmara dos Deputados	Arena		MDB	
UF	1970	1974	1970	1974
Bahia	745.552	973.482	125.241	247.450
Ceará	66.186	689.026	140.527	176.656
Guanabara	387.991	410.406	765.928	1.160.813
Minas Gerais	1.317.600	1.618.409	334.669	1.007.163
Paraná	936.367	847.272	239.406	817.963
Pernambuco	507.657	669.3981	163.519	291.796
Rio Grande do Sul	889.265	908.859	739.113	1.289.314
Rio de Janeiro	501.639	530.634	362.110	772.988
Santa Catarina	494.053	512.113	203.122	437.835
São Paulo	2.627.422	2.028.581	902.713	3.413.359

Eleições gerais de 1978

Regida pelo general Ernesto Geisel,[7] que iniciou o governo anunciando que promoveria uma abertura lenta, gradual e segura, em novembro, cumprindo o calendário eleitoral, foram convocadas eleições para escolher 23 senadores e 430 deputados federais.

O Geisel da abertura e do "milagre", com uma canetada transformada em lei,[8] em dezembro de 1979, acabou com o

---

7 Ernesto Beckmann Geisel (1907 – 1996) foi ditador no Brasil entre 1974 e 1979.

8 A lei n° 6.767, de 1979 reestabeleceu o multipartidarismo, mas proibia "coligações com outros partidos para as eleições à Câmara dos Deputados, às Assembleias Legislativas e Câmaras Municipais" e a "arregimentação de filiados ou adeptos, com base em credos religiosos ou sentimentos de raça ou classe".

A GOVERNABILIDADE IMPOSSÍVEL

bipartidarismo e surgiram as novas legendas formadas pelos movimentos políticos de resistência e por quadros dos partidos que haviam sido extintos pelas lideranças políticas da ditadura.

Nessas eleições também seriam nomeados 22 senadores biônicos para assegurar maioria governista, ou seja, da Arena, fruto do Pacote de Abril de 1977,[9] que criou essa categoria de senadores e mudou o cálculo para a proporção, que deixou de ser baseada na porcentagem do eleitorado para ter como base a população dos estados.[10] Com isso, as cadeiras na Câmara aumentam de 364 para 420.

Para atrapalhar mais ainda o crescimento do MDB, haviam sido inventadas as sublegendas, um casuísmo que permitia a cada partido lançar um candidato em cada uma. Assim, por exemplo, a Arena lançou três candidatos para o Senado em São Paulo: um pela legenda, dois pelas sublegendas. No compito final, somava-se os votos dos três e assumia o mais votado entre eles. Na realidade dos fatos, se em São Paulo, fosse mantido o critério anterior, o MDB teria feito dois senadores.

Dessa forma, os governadores foram eleitos indiretamente e sob a pressão do governo central. Assim, em 22 estados, a Arena só perdeu no Rio de Janeiro, onde o MDB foi majoritário em tudo.

---

9   Conjunto de medidas impostas por Geisel alterando as regras para as eleições de 1978 com o objetivo de impedir o crescimento do MDB. O pacote de decretos determinou:
Fechamento do Congresso Nacional (por 14 dias);
Indicação de 1/3 dos senadores "biônicos" pelo presidente da República;
Extensão do mandato presidencial de cinco para seis anos;
Eleições indiretas para prefeitos, governadores e presidente;
Maioria simples para aprovação de emendas constitucionais;
Aumento de cadeiras no Congresso para estados menores.

10   Neste momento, o voto não era permitido às pessoas não alfabetizadas.

Nas eleições para o Senado, o MDB conseguiu eleger um senador em Goiás, Minas Gerais, Paraíba, Paraná, Rio Grande do Sul, Santa Catarina e São Paulo e dois no Rio de Janeiro.

Deputados federais

Para a Câmara Federal, a Arena elegeu 231 deputados e o MDB, 189, de um total de 420. Nas Assembleias Legislativas, a Arena elegeu 489 deputados estaduais e o MDB, 357.

Nesse universo, os eleitos sem formação superior foram 38% da Arena e 22% do MDB; os demais cobrem diversas profissões, sendo Advogados, 58% na Arena e 68,3% no MDB; médicos, 9,3% e 7,8% respectivamente; economia e administração, 8,8% e 6,6%. Não há dúvida de que era um plenário ilustrado. Profissionais, geralmente a serviço de poderes maiores, como agronegócio, bancos, finanças e grandes empresas. Essa amostra se repete retroativamente até as eleições de 1950. A faixa etária está mais ou menos equilibrada entre os menores de 45 anos e os com mais de 46 anos.

O bipartidarismo não desmanchou o pluripartidarismo

Ajuda a entender o mau funcionamento e qualidade da partidocracia brasileira quando se observa a força dos velhos partidos no seio do bipartidarismo.

O que poderia julgar como de direita ou esquerda estão distribuídos em ambos os partidos. Oriundos do PTB, eram 16 na Arena e 36 do MDB; do PSD, 60 na Arena e 37 no MDB; da UDN, 70 na Arena e 13 no MDB; do PSP 9 e 7, respectivamente; PDC, 14 e 8. Há uma certa lógica, é certo, mas não se pode deixar de considerar que as lideranças realmente de esquerda, trabalhistas e progressistas, foram cassadas. E foram cassados também os parlamentares que se comportaram "mal" depois de 1967.

Na volta ao pluripartidarismo, essa mesma correlação de forças continuará presente.

VII

Os filhotes da Arena

Com a extinção dos partidos políticos em 1965, era de se esperar que, em 1967, os remanescentes dos partidos extintos fossem chamados ou se animassem a atender o chamado do governo dos militares (ditadura) para organizar o bipartidarismo, com a Aliança Renovadora Nacional (Arena), situacionista, ou seja, dos que apoiariam o governo, e o Movimento Democrático Brasileiro (MDB), para ser o partido da oposição, porém, sem o direito de dizer não.

A Arena se dizia o maior partido do ocidente no comando de um governo. De fato foi. Governou por doze anos, de 1966 até 1979. Tinha a força de 14 senadores, 231 deputados federais e 487 deputados estaduais. Tentem formar uma ideia do que foi a armação entre políticos, empresários nacionais e, principalmente, das transnacionais. Armação para ganhar dinheiro, acumular. Grandes obras como a Hidroelétrica de Itaipu, a Ponte Rio Niterói e a Transamazônica foram igualmente grandes esquemas de corrupção.

O MDB se dizia democrático e foi. Novas lideranças foram se aglutinando, principalmente nos grandes centros urbanos, e também quadros que militavam antes do golpe e viram no partido uma via de luta pela democracia. Rapidamente, o MDB se transformou numa grande frente de resistência contra a ditadura e de luta pela democracia. Essa atitude pode ter animado a setores da sociedade civil a se organizarem para lutar pela democracia, contra o arbítrio, contra a carestia, pela anistia e por eleições diretas.

O bipartidarismo nasceu liberal e todos os seus filhotes são neoliberais (com raríssimas exceções). E são muitos esses filhotes. Em 1985, aprovaram a emenda constitucional que liquidou com a fidelidade partidária, liberando geral para o surgimento de miríades de partidos que tornaram o país ingovernável. Com assento na Câmara federal, hoje temos 35 partidos, mas, formados com registro no TSE ou em formação e aguardando reconhecimento, são mais de 70. A maioria deles teria assento certo na Arena ou na velha UDN.

PDS – Partido da Democracia Social

O primogênito: com o fim do partidarismo proclamado pelo general Ernesto Geisel (penúltimo dos ditadores militares) em seu projeto de abertura lenta, gradual e segura, surgiu o PDS.

Herdeiro direto da Arena, foi inaugurado em 1980 para abrigar os ministros e outros que serviram à ditadura. Militares como Golbery do Couto e Silva e Jarbas Passarinho e civis como Antônio Delfim Neto, Ibrahin Abi-Ackel e, inclusive, o senador José Sarney,[1] que presidia o partido. Contava com a maioria dos governadores e a maior bancada no Congresso, com 42 senadores e 222 deputados, além de nove governadores, como Antônio Carlos Magalhães, da Bahia, Paulo Maluf, em São Paulo, e Jorge Bornhausen, em Santa Catariana.

---

1   José Sarney de Araujo Costa (1930-). Foi Governador do Maranhão de 1966 a 1970; senador pelo Maranhão de 1971 a 1985; senador pelo Amapá de 1991 a 2015; vice-presidente do Brasil de 15 de março de 1985 a 21 de abril de 1985 e presidente do Brasil de 1985 a 1990 pelo PMDB.

A GOVERNABILIDADE IMPOSSÍVEL

Com essa força, derrubou a emenda Dante de Oliveira, que estabelecia eleições diretas. A proposta recebeu o voto favorável de 298 deputados contra 65 votos contrários e três abstenções. Porém, a ausência de 112 parlamentares impediu que os 22 votos restantes necessários para a apreciação pelo Senado Federal fossem alcançados.

Imagine que o partido em seu manifesto propunha construir uma "democracia social". Pode?

Na eleição de 1982, confirmaram sua força elegendo 235 deputados (49%) e 15 senadores, porém, com tanta disputa interna, já estava em declínio, o que ganhou velocidade depois de ter apoiado a eleição de Fernando Collor. Assim, em 1990 elegeu apenas 29 deputados. Em 1993, fundiu-se com o Partido Democrata Cristão (PDC), resultando na formação da terceira maior bancada no Congresso, com a sigla PPR (Partido Progressista Renovador). Foi renomeado para Partido Progressista Brasileiro (PPB) e, finalmente, Partido Progressista (PP).

PPR – Partido Progressista Reformador

Fundado em abril de 1993 por Paulo Maluf, quando prefeito de São Paulo, depois da saída dos liberais do PDS, fundiu-se com o PDC. Deu resultado. Em 1995, fundiu-se mais uma vez com o PP e o PRP, dando origem ao Partido Progressista Brasileiro (PPB). Tutti buona gente... malufistas, arenistas, falsos cristãos e o que mais?

O objetivo era construir um partido forte pra disputar as eleições de 1998. Fez oposição ao governo de Itamar Franco e, em 1994, lançou a candidatura de Esperidião Amil pra Presidência da República, tendo Gardênia Gonçalves como vice. Obteve 2,75% dos votos. Elegeu três governadores, dois senadores, 51 deputados federais e 113 deputados estaduais.

PFL – Partido da Frente Liberal

A briga interna por hegemonia entre velhos udenistas (UDN) e pessedistas (PSD), entre liberais e liberais mas não tanto, levou à formação, em 1985, de uma dissidência, a Frente Liberal, sob a liderança do senador Jorge Bornhausen, que logo se transformou em partido. Essa Frente Liberal integrou a Aliança Democrática com o PMDB para eleger Tancredo Neves, com 480 votos (166 do PDS), derrotando Paulo Maluf, apoiado pelo general Figueiredo, o último ditador militar, com 180 votos.

O PFL é mais honesto com relação ao nome, pois não se diz democrático. Surgiu com a força de três governadores 10 senadores e 60 deputados, dos quais cerca de 50% eram do Nordeste. Na eleição de 1994, o PFL se aliou ao PSDB para eleger Fernando Henrique Cardoso.

Em 1997 houve um grande troca-troca de partidos com vistas à eleição de 1998 que beneficiou os dois partidos governistas que conseguiram reeleger FHC em primeiro turno, tendo o pernambucano pefelista Marco Maciel como vice. O PFL, com 114 deputados, mais 95 do PSDB, garantiu tranquila governabilidade ao governo tucano.

Na eleição seguinte, 2002, o PFL desiste da aliança com o PSDB e lança Roseane Sarney candidata. Deu o maior azar, ou melhor, escândalo, quando descobriram uma mala de dinheiro com a filha de José Sarney.

Em 2006, se aliou de novo com o PSDB na campanha derrotada para eleger Geraldo Alckmin. Já enfraquecido e preocupado com o desgaste da legenda, em 2007 muda o nome para Democratas (DEM).

DEM – Democratas

É membro da Internacional Democrática e da União Internacional Democrática, instituições que reúnem "republicanos" dos Estados Unidos, da França e da Alemanha, todos fiéis ao neoliberalismo.

Nas eleições municipais de 2008, o partido fez a façanha de derrotar a candidata Marta Suplicy,[2] então no PT, que aparecia como preferida, colocando Gilberto Kassab[3] na Prefeitura de São Paulo. O governo da cidade com o maior PIB e população do país foi totalmente entregue à indústria imobiliária.

Na eleição presidencial de 2010, integrou a coalisão de cinco partidos na campanha para eleger José Serra, que perdeu para Dilma Rousseff, lançada por Lula, do PT.

Continua sendo um partido grande, com 2.900 vereadores, 267 prefeitos, três senadores, 43 deputados estaduais e 39 deputados federais. Na eleição de 2014, de novo se compôs com oito partidos (PSDB, PTB, SD, PTdoB, PMN, PTN, PEN), para apoiar o tucano mineiro Aécio Neves, neto de Tancredo Neves, na disputa presidencial contra Dilma, que foi reeleita com 51,6% dos votos.

---

2   Marta Teresa Smith de Vasconcellos Suplicy (1945-) foi deputada Federal por São Paulo de 1995 a 1999; ministra do Turismo de 2007 a 2008; ministra da Cultura de 2012 a 2014; prefeita de São Paulo de 2001 a 2005 e senadora de São Paulo de 2011 até a atualidade.

3   Gilberto Kassab (1960-) foi deputado federal por São Paulo de 1999 a 2005, vice-prefeito de José Serra (PSDB) de 2005 a 2006 e prefeito de 2006 a 2013. Em 2015 assumiu o ministério das Cidades durante o governo Dilma e desde 2016 é ministro da Ciência Tecnologia, Inovações e Comunicações de Temer.

Lançamento e retirada da candidatura de Rodrigo Maia

Estando na presidência do partido, Rodrigo Maia,[4] em março de 2018, lançou-se pré-candidato à Presidência República. Ele está em seu quinto mandato como deputado federal pelo Rio de Janeiro e hoje exerce o segundo mandato como presidente da Câmara.

Percebeu que sua candidatura não decolaria, desistiu para tentar se reeleger deputado. Melhor o certo do que o duvidoso, não é?

É filho do economista César Maia,[5] ex-preso e asilado político que, de volta ao país em 1981, no PDT, ajudou a eleger Leonel Brizola governador do Rio de Janeiro. Foi quem primeiro percebeu a trapaça montada pela Globo e a pela Proconsult para tentar fraudar o resultado da eleição nos sistemas de contagem de votos.[6]

Rodrigo Maia tem cacife eleitoral e o apoio da família Maia ajudará a quem a ele se aliar. O DEM, sem candidato, anunciou que vai apoiar a candidatura de Geraldo Alckmin (PSDB).

Preocupado com o mau desempenho nas pesquisas eleitorais, o DEM procurou o apresentador da TV Bandeirantes José Luís

---

4   Rodrigo Felinto Ibarra Epitácio Maia (1970-) foi eleito e reeleito deputado Federal pelo Rio de Janeiro desde 1999 e é presidente da Câmara dos Deputados do Brasil desde 2016.

5   César Epitácio Maia (1945-) foi exilado político durante a ditadura. Conquistou a Prefeitura do Rio de Janeiro, em 1992. Na eleição seguinte, já no PFL, elegeu Luís Paulo Conde, que fora seu secretário de Urbanismo. Disputou e perdeu a eleição para governador do Estado. Na eleição municipal seguinte, foi eleito para um segundo mandato pelo PTB, derrotando, em 2000, Conde, do PFL. De volta ao PFL, se reelege para um terceiro mandato (2004-2008). Desde 2013 é vereador na cidade do Rio de Janeiro, eleito pelo DEM.

6   Mais informações em http://www.jb.com.br/pais/noticias/2012/11/27/ha-30-anos-jb-revelou-escandalo-do-proconsult-e-derrubou-fraude-na-eleicao/

A GOVERNABILIDADE IMPOSSÍVEL 129

Datena para ser candidato ao Senado. Picado pela mosca azul, ele aceitou. Engraçado esse Datena... Poucos dias depois renunciou à candidatura para logo em seguida tornar a aceitar até que, faltando menos de 100 dias para as eleições, renunciou de vez.

Por que será? Mais importante é perguntar: quem ele atrapalha? Quem deu um chega-pra-lá para ele cair fora? Importante é saber essas respostas.

PTB – Partido Trabalhista Brasileiro

Está é a sigla do partido fundado por Vargas para levar os trabalhadores ao poder. Só a sigla. Esse novo petebê é cria direta da Inteligência Militar, que se aproveitou da ambição de poder da deputada Ivete Vargas que o presidiu até sua morte, em 1984.

Obra do Golbery do Couto e Silva, fundador do Serviço Nacional de Informação (SNI), não só com o objetivo de não deixar espaço para o ressurgimento do trabalhismo que eles derrubaram do poder em 1º de Abril de 1964, como para aumentar a base de apoio do general Figueiredo, que estava precisando, com o prestígio na presidência em rápido declínio.

É fácil entender a esperteza do Golbery.

País de iletrados, com jornais historicamente anti-trabalhistas, televisão idem, muita gente apoiaria a sigla por seu histórico não pelos objetivos do momento.

Em 1981 esse partido recebeu a adesão do presidente fujão[7] Jânio da Silva Quadros, com o propósito confesso de erguer a

---

7   Jânio Quadros deu um golpe que foi abortado pelos militares. Para não ser preso, embarcou num navio para Londres. Tampouco resultou o pretendido golpe militar, frustrado pelo levante popular liderado por Brizola.

130 PAULO CANNABRAVA FILHO

bandeira trabalhista. E de Sandra Cavalcanti, udenista fanática lacerdista (apoiadora de Carlos Lacerda).[8]

Em 1983, já tinha a terceira bancada na Câmara Federal, com 14 cadeiras, e dois senadores que contribuíram para a eleição indireta de Tancredo/Sarney e, em 1985, Jânio Quadros derrotou Fernando Henrique Cardoso na disputa pela prefeitura da capital de São Paulo.

Na eleição para governadores, em 1986, lançou em São Paulo a candidatura do megaempresário Antônio Ermírio de Moraes, que perdeu a eleição para Orestes Quércia, do PMDB, e logo depois deixou o partido.

Na Constituinte, esse partido rejeitou a proposta de reforma agrária. Na eleição presidencial de 1989, não chegou a 2% no primeiro turno e, no segundo, apoiou Fernando Collor. Mais adiante, votou a favor da deposição do alagoano Fernando Collor da presidência.

Criado para ser situacionista, na eleição presidencial seguinte entrou na coligação como PFL e o PSDB que elegeu Fernando Henrique Cardoso e na reeleição de FHC manteve o apoio.

Em 2000, elegeu quase 400 prefeitos, entre eles César Maia, no Rio de Janeiro. Usou a sigla, como fazem muitos, porque não lhe deram outra. Eleito, logo se filiou ao PFL.

Em 2002, o partido foi contra Lula, mas compôs a base de apoio do novo presidente.

O atual presidente do partido é o ex-deputado Roberto Jefferson, cassado e preso a partir do episódio do Mensalão. Na

---

8   Carlos Frederico Werneck de Lacerda (1914-1977) era da UDN e esteve presente em todas as conspirações contra governos que não fossem da UDN. Foi um dos principais protagonistas na campanha pra derrubar Getúlio Vargas em 1954.

A GOVERNABILIDADE IMPOSSÍVEL   131

eleição de 2018 já fechou apoio a Geraldo Alckmin, candidato do PSDB, junto com outros partidos do chamado Centrão.

PDC – Partido Democrata Cristão

Este partido também tem duas vidas bem diferenciadas. A primeira, iniciada em 1945, quando fundado pelo professor Antonio Ferreira Cesarino Junior. Era um partido de centro-esquerda que apoiou firmemente as propostas de reformas de base do governo de João Goulart. Participou do Congresso Constituinte de 1946, tinha a presença de figuras expressivas como Carlos Alberto Alves de Carvalho Pinto e Franco Montoro, que foram governadores de São Paulo, do deputado federal Plínio de Arruda São Paulo, que foi relator do projeto de Reforma Agrária do governo de Goulart. Este partido foi extinto pelo AI-1, assim que os militares se instalaram no poder.

Era filiado à Internacional Democrata Cristã. Um braço desta, a Organização Democrata Cristã da América, agrega partidos com a denominação PDC e várias outras legendas a ela filiadas, talvez para parecer ao público que são cristãs. É o caso do Partido Justicialista (peronista) da Argentina, o DEM brasileiro, partido golpista.

Refundação do PDC

Depois de várias tentativas frustradas de reviver a legenda, o atual partido foi fundado em 1985 com alguns personagens históricos importantes, como o ex governador de Goiás Mauro Borges, e presença em 13 estados.

O partido rachou nas presidenciais de 1989, quando Mauro Borges quis apoiar Leonel Brizola, do PDT, e os demais preferiram Fernando Collor.[9] Em São Paulo, foi reorganizado por José Maria

---

9   Atenção: Mauro Borges do PDC, rachou o partido para apoiar Brizola do PDT na eleição presidencial daquele ano que elegeu o Collor. Quando Brizola sublevou a população em defesa da legalidade, em agosto de 1961,

Eymael, que com afastamento dos quadros se fez dono da legenda com a qual disputou quatro vezes a Presidência da República: 1998; 2006; 2010 e 2014.

Em 1993, fundiu-se com o PPR de Maluf. Com a extinção do partido, Eymael criou, em 1997, o Partido Social Democrata Cristão (PSDC), atualmente designado Democracia Cristã (DC). Eymael é novamente candidato em 2018. Um bom negócio, sem dúvida.

PPR – Partido Progressista Reformador

Foi fundado em março de 1993 por Paulo Maluf enquanto prefeito da cidade de São Paulo, com vistas às eleições de 1994. Resultou da fusão do PDS com o PDC. Em 1995, fundiu-se com o PP e o PRP, dando origem ao Partido Progressista Brasileiro (PPB).

Era sonho do Maluf igualar-se ao velho Partido Social Progressista (PSP) fundado por Adhemar de Barros, ex- interventor, ex-prefeito e ex-governador de São Paulo e eterno candidato a Presidência.

O PSP era o maior partido no Estado de São Paulo, muito bem organizado e estruturado na maioria dos municípios e distritos. Não tinha a mesma força no âmbito nacional, apenas bases fortes no Maranhão, Rio Grande do Norte, Rio de Janeiro e Rio Grande do Sul. Era quem garantia os votos a Vargas em São Paulo.

Em São Paulo, de certa forma, Maluf contava com o apoio dessa força administrada pelo filho mais novo do fundador, Adhemar de Barros Filho. Registre-se que Maluf, quando eleito para qualquer cargo, o foi devido à vontade do ex-PSP.

Em 1994, Maluf pretendia lançar-se candidato à Presidência, mas desistiu considerado o baixo desempenho nas pesquisas.

Mauro Borges era governador de Goiás e apoiou a luta pela legalidade. Em 1964 foi cassado por causa disso.

A GOVERNABILIDADE IMPOSSÍVEL

Lançaram então a candidatura do catarinense Esperidião Amin, o que dividiu o partido, já que muitos resolveram apoiar FHC, candidato do PSDB.

Veja se faz algum sentido: no âmbito federal, entre FHC e Amin; no Rio de Janeiro, lançou a candidatura do general Newton Cruz (famigerado torturador durante a ditadura); em São Paulo, apoiou o sindicalista da Central Geral dos Trabalhadores (CGT), Luís Antônio Medeiros, do PP.

Ao perceber estar a sigla em declínio, tratou de agregar outras. Em 1995, PPR, PP e PRP se fundiram, formando a quarta bancada no Congresso com a nova sigla: PPB.

PPB – Partido Progressista Brasileiro

Formado em 1995 pela fusão do Partido Progressista Reformador (PPR) com o Partido Progressista (PP) e o Partido Republicano Progressista (PRP), com o dinheiro do Paulo Maluf. O PPB nasceu com 85 deputados e oito senadores, a quarta maior bancada do Congresso Nacional, atrás do Partido do Movimento Democrático Brasileiro (PMDB), do Partido da Frente Liberal (PFL) e do Partido da Social Democracia Brasileira (PSDB).

No governo de FHC esse partido impediu que uma CPI fosse criada para investigar o programa de ajuda financeira aos bancos. Também apoiou a reforma da Previdência proposta por Michel Temer em 2016.

Entre Maluf e FHC fazia sua feira. Houve um escândalo midiático quando descobriram, numa CPI relatada por Roberto Requião, os desvios de recursos nas gestões de Maluf e seu sucessor, Celso Pitta, na Prefeitura de São Paulo.

Em 1998, aliou-se ao PSDB para a eleição de FHC e, em São Paulo, lançou a candidatura de Paulo Maluf contra o tucano Mário Covas, que, por sinal, ganhou a eleição. Depois das eleições de 2002, elegeu 38 deputados federais e, no ano seguinte, presidido pelo senador catarinense Esperidião Amin,[10] voltou a assumir a sigla PP (Partido Progressista).

PDCdoB – Partido da Democracia Cristã do Brasil

Este teve vida realmente curta. Criado para lançar a candidatura de Manuel Horta pra presidente na eleição de 1989, teve só 0,1% dos votos, tentou fusão com o PPB, não conseguiu, acabou.

PST - Partido Social Trabalhista

Tem suas origens no Partido Proletário do Brasil (PPB) fundado em 1946 por dissidência do PTB de Vargas e por dissidentes do PSD para disputar a eleição de 1947. Era um partido regional do Maranhão. Vitorino Freire, do clã dono do Maranhão antes do clã Sarney, patrocinou a fusão do PSD local com esse PPB, dando origem ao PST.

Fundado em 1983, foi legalizado em 1989. Em 1992, funde-se com o Partido Trabalhista Renovador (PTR) dando origem ao PSTR (Partido Social Trabalhista Renovador). No ano seguinte, formam o Partido Progressista (PP), que durou de 1993 a 1995, sob o comando do ex-governador do Paraná Álvaro Dias.[11]

---

10 Esperidião Amin Helou Filho (1947-) foi prefeito de Florianópolis de 1975 a 1978 e de 1989 a 1990; senador por Santa Catarina de 1991 a 1999; governador de do estado de 1983 a 1987 e de 1999 à 2003. Desde 2011 é deputado federal pelo PP.

11 Álvaro Fernandes Dias (1944 -) foi Vereador de Londrina de 1969 a 1971, deputado estadual do Paraná de 1971 a 1975; deputado federal do Paraná de 1975 a 1983; governador do Paraná de 1987 a 1991 e senador pelo Estado de 1983 a 1987 e de 1999 até a atualidade. Canditato a presidente em 2018 pelo Podemos.

A GOVERNABILIDADE IMPOSSÍVEL 135

Em 1996 a legenda foi recriada e apoiou Maluf em São Paulo. A origem remota desse partido, não pode ser esquecida, o PTR.

PP – Partido Popular

Esse novo PP nasce em 1993 da fusão do Partido Social Trabalhista (PST) e o Partido Progressista Renovador (PTR). Aproveitou políticos do PP extinto, tirou muita gente do PMDB e poucos em cada estado.

Na eleição de 1994, ajudou a eleger Fernando Henrique Cardoso e fez uma grande bancada, tanto na Câmara como no Senado. Em novos desentendimentos, ganha a adesão do PRP do Maluff e, em 1995 surge o Partido Progressista Brasileiro (PPB) com a quarta bancada no Congresso (84 deputados e nove senadores).

PPB – Partido do Povo Brasileiro

Seu dono, António dos Santos Pereira o fundou em maio de 1985 para apoiar Moreira Franco no Rio de Janeiro nas eleições de 1986. Na eleição seguinte, 1989, serviu para lançar seu fundador candidato à Presidência. Ele obteve 0,1% dos votos, o último entre os 21 postulantes.

PP – Partido do Povo

Foi criado em 1989, pelo empresário mineiro Paulo Gontijo, para lançar sua candidatura a Presidência, teve míseros 0,24% dos votos e desapareceu.

PTdoB – Partido Trabalhista do Brasil

Surgiu em novembro de 1989 de uma dissidência, liderada pelo deputado federal Leonel Júlio, do PTB do Golbery de São

Paulo, por não concordarem com o "conservadorismo" do líder Roberto Jefferson do mesmo PTB do Rio de Janeiro.

Seu manifesto anunciava que seguiria a linha trabalhista de Alberto Pasqualini, um dos fundadores do PTB de Vargas. Na eleição de 1990 não elegeu ninguém. Nas eleições seguintes elegeu uma centena de vereadores, uma dezena de prefeitos e sete deputados estaduais. Fez oposição a Fernando Henrique Cardoso e, na eleição seguinte, elegeu um deputado federal pelo Rio de Janeiro; no pleito de 2008 elegeu só oito prefeitos.

PNTB – Partido Nacionalista dos Trabalhadores Brasileiro

Nome pomposo! Dissidência do Partido Nacionalista dos Trabalhadores (PNT), conseguiu registro provisório em 1991, participou das eleições de 1992 e, diante do fracasso total, fundiu-se com o PTdoB.

PSL – Partido do Solidarismo Libertador

Criado em setembro de 1989 com registro provisório para participar da eleição, quando pediu reconhecimento, o TSE negou. Em 1995, conseguiu novo registro provisório e recebeu o deputado federal Robson Tuma, eleito pelo PFL, filho do delegado Romeu Tuma.[12] Nas eleições seguintes, mesmo coligado com partidos congêneres, não conseguiu mais que 1% do votos. Se extinguiu em 1992.

---

12 Romeu Tuma (1931-2010) foi senador por São de Paulo de 1995 a 2010. Foi diretor geral do Departamento de Ordem Política e Social (DOPS) paulista de 1977 a 1982. Participou na ocultação de cadáveres de militantes políticos assassinados sob tortura durante a ditadura, como indica investigação conduzida pelo Ministério Público Federal (MPF).

PSC – Partido Social Cristão

Criado em 1985 foi quem primeiro lançou a candidatura do capitão do Exército Jair Bolsonaro. Em novembro de 1985, concorreu pela primeira vez a uma eleição majoritária com a candidatura de seu presidente e organizador, Vítor Jorge Abdalla Nousseis, à Prefeitura de Belo Horizonte, mas não teve êxito.

Contudo, Paulo Rabello de Castro, presidente do BNDES, diz que deixaria o banco para ser candidato à Presidência pelo PSC. O que ele fez no banco para se julgar cacifado para voos tão altos? Fez nada mais do que paralisar o crédito para o setor industrial. Desviou completamente a finalidade precípua do banco de desenvolvimento para favorecer a plutocracia da agroindústria. Rabello desistiu da candidatura à Presidência e passou a negociar uma possível chapa de vice. Não deu certo.

PSD – Partido Social Democrático

Fundado em março de 2011 por Gilberto Kassab, homem do mercado imobiliário, foi secretário de Planejamento da Prefeitura de SP em 1997 na gestão do malufista Celso Pitta. Em 1999 assumiu como deputado federal. Foi reeleito e em 2005 assumiu como vice-prefeito de José Serra. Com a saída deste, assumiu a prefeitura e se reelegeu em 2008.

Em 2015, foi Ministro da Cidade no governo de Dilma Rousseff; com a saída desta, foi ser ministro da Ciência, Tecnologia, Inovações e Comunicações no governo ilegítimo de Temer.

Henrique Meirelles, ministro da Fazenda, queria sair candidato por esta legenda, mas o Kassab vetou. Saiu pelo MDB.

PP – Partido Popular

Criado em dezembro de 1979, logo da liquidação do bipartidarismo, por arenistas e emedebistas para ser um partido de centro. Juntou liberais moderados e democratas dos dois partidos. Em 1980 era a terceira força no Congresso.

Sua figura mais importante foi o senador Tancredo Neves, que se destacou na luta pela redemocratização e eleições diretas.

Em 1981, uma convenção do PP decidiu fundir-se com o PMDB, filhote do MDB, o que foi efetivado no ano seguinte. Claro que com a oposição de velhos udenistas, por coincidência, três banqueiros: Olavo Setúbal, Magalhães Pinto e Herbert Levy. Os dissidentes foram para o Partido Democrático Social (PDS).

Tancredo foi eleito indiretamente Presidente da República com o compromisso de realizar eleições diretas e Constituinte. Morreu (ou foi morto?) antes de tomar posse.

Tancredo cresceu politicamente ao lado de Vargas, de quem foi ministro da Justiça. Foi primeiro-ministro no curto episódio parlamentarista, apoiou as reformas de base, foi governador de Minas Gerais.

Via-se nele, um estadista. Com sua morte prematura, assumiu a presidência o vice eleito, o maranhense José Sarney.

Sarnei iniciou na política filiado ao Partido Social Democrático (PSD, extinto em 1965) com o qual disputou mas não se elegeu deputado federal. Bandeou-se para a UDN e, na eleição seguinte, de 1958, conseguiu se eleger para a Câmara Federal. Em 1965 foi eleito governador do Maranhão por uma grande frente formada para derrotar o clã de Vitorino Freire, que por 40 anos dominara o estado.

Em 1970, já na vigência do bipartidarismo, candidatou-se ao Senado pela Arena. Foi eleito e assumiu a presidência da Arena.

Em 1991 foi eleito senador pelo Amapá (1991-2015) pelo PMDB e presidiu o Senado em 2009.

Não confundir o PP de Tancredo com o PP de Maluf.

Os novíssimos partidos da direita

Confirmando a tradição de dispersão das forças políticas, a partir dos anos 1990, tanto à direita como à esquerda, surgiram novos agrupamentos, alguns, também seguindo a tradição de oportunismo, apenas para negociar apoio, outros, a minoria, com propostas sérias e real chance de se desenvolverem como alternativa às velhas siglas comandadas por caciques regionais e nacionais.

Podemos

Fundado em 1995 com a denominação de Partido Trabalhista Nacional (PTN), sob a liderança de Dorival Masci de Abreu[13], antigo dirigente do PTB de Vargas em São Paulo, desde 1960 quando fundou a Rádio Marconi na capital paulista, cassada pela ditadura militar em 1974.

Com a morte de Dorival em 2004, assumiu a direção do partido seu irmão José Masci de Abreu e, em 2016, sob o comando de Renata Abreu, rebatizou-se como Podemos (Brasil). Na atual legislatura, o Podemos conta com cinco senadores e 20 deputados federais.

---

13 Dorival Masci de Abreu (1933-2004) era empresário e como tal criou outras emissoras de rádio na capital e no litoral de São Paulo, foi executivo nas siderúrgicas Sidelpa e Eletroaço Marconi. Com a anistia de 1979, filiou-se ao PMDB e, em 1982, disputou um mandato para a Câmara federal, mas conseguiu apenas uma suplência. Em 1986, recriou o PTN e assumiu a direção do partido. Foi candidato a prefeito de São Paulo em 1996 e cogitou disputar a presidência, mas desistiu.

Em 2010, o PTN integrou a coligação que elegeu Dilma e, em 2014, juntou-se ao bloco em torno da candidatura derrotada de Aécio Neves.

Radio Marconi

Radialista desde muito jovem, Dorival de Abreu fez-se jornalista e criou a Rádio Marconi de São Paulo, a única emissora na história do Brasil que fez oposição à ditadura militar desde o primeiro dia de abril de 1964.

Com um projeto de programação e jornalismo diferenciado, criado pelos jornalistas João Adolfo da Costa Pinto e Paulo Cannabrava Filho, a Marconi logo foi reconhecida pelos trabalhadores e conquistou o primeiro lugar na audiência na área metropolitana da capital de São Paulo.

Com a institucionalização do bipartidarismo, trabalhistas, progressistas, comunistas em liberdade se juntaram ao MDB. Afinal, não fora criado para ser oposição? O poder dessa rádio era tamanho que nas eleições de novembro 1966 elegeu três deputados federais, o próprio Dorival de Abreu, David Lerer, ambos por São Paulo, e Gastoni Righi, por Santos, além do deputado estadual Fernando Perroni. Todos esses parlamentares compuseram uma lista de mais de uma centena de políticos que tiveram seus mandatos e os direitos políticos cassados com o AI-5 de dezembro de 1968, que também calou a voz da Marconi.

Candidatura de Álvaro Dias

Álvaro Dias é o senador mais votado do Paraná (77% dos votos, realmente um recorde).

Iniciou na política em 1968, elegendo-se vereador em Londrina (1969-1971), no Norte do Paraná, pelo MDB; em 1970 foi eleito para a Assembleia Legislativa do Paraná (1971-1975), e em 1974 deputado federal reeleito em 1978 (1975-1983),

A GOVERNABILIDADE IMPOSSÍVEL

conquistando recorde de votos, e na eleição seguinte repetiu a façanha de ser o candidato mais votado na história do Paraná. Com a extinção do bipartidarismo, filiou-se ao PMDB. Em 1982 disputou vaga para o Senado e derrotou o candidato da ditadura, coronel Nei Braga.

Em 1986, foi eleito governador do estado do Paraná (1987-1991), derrotando poderosas e tradicionais forças políticas. Nesse pleito, o PMDB elegeu governadores em 23 estados.

Em 1989 disputou na Convenção para ser indicado candidato a presidente, perdendo para Ulysses Guimarães. Ato seguido, apoiou a candidatura de Mário Covas do PSDB, uma manobra para tentar barrar a ida de Lula, do PT, para o segundo turno.

Em 1990, ajudou a eleger seu companheiro de partido, Roberto Requião, então prefeito de Curitiba, governador do Estado. Em 1991 desligou-se do partido, então comandado por Orestes Quércia, por não concordar com o lançamento da candidatura do paulista à Presidência e foi para o Partido Social Trabalhista (PST). Dirigiu esse partido até 1993, quando ajudou a fundar o Partido Progressista (PP), fruto da fusão do PTR com o PST.

Na eleição para governador do Paraná de 1994, candidatou-se pela coligação PP-PMDB e foi derrotado por Jaime Lerner, do PDT.

Confrontado na direção do PP, quando este fundiu-se com o PPR para dar origem ao PPB, transladou-se para o PSDB. Não queria juntar-se a Paulo Maluf.

Em 1998 foi eleito senador pelo PSDB com 65,17% dos votos. No início do mandato apoiou, junto com seu irmão Osmar Dias, do PDT, a instalação de uma CPI para investigar os crimes de corrupção do governo de Fernando Henrique Cardoso. Foi, por isso, expulso do partido. Ingressou então no PDT para tentar voltar ao governo do Paraná, mas foi derrotado por Roberto Requião (PMDB).

Não demorou muito voltou ao PSDB e, em 2006 reelegeu-se pela terceira vez senador pelo Paraná.

No senado liderou a oposição ao governo de Lula e combateu os movimentos sociais engajados na luta pela reforma agrária, como o MST.

Líder nas intenções de voto dos paranaenses, Álvaro Dias tem realmente um currículo consistente e densidade eleitoral, mas é pouco conhecido nesse enorme interior brasileiro. Levou Romário para o partido pra ver se alcança densidade eleitoral nacionalmente.

Seu irmão, ex senador Osmar Dias, do PDT, é candidato ao governo do Paraná. Confusão em família?

Tem como conselheiro para ser o comandante da economia o ex-ministro da Fazenda Pedro Malan. Lembram dele? Nas pesquisas ainda não ultrapassou a barreira dos 4%. É mais do mesmo.

PN – Partido Novo

Fundado em 2011 por um grupo de profissionais oriundos de vários estados sob a liderança de João Dionísio Amoêdo, apresentando no TSE quase 500 mil assinaturas.

O objetivo anunciado é o de repetir no Brasil o que fez Emmanuel Macron,[14] na França. Oriundo do Partido Socialista (PS), se apresentou como novo, não vinculado à velha politicagem e, numa campanha meteórica e bilionária, venceu as eleições presidenciais de 2017.

O feito de Macron empolgou políticos à esquerda e à direita. Todo mundo quer ser Macron. Na velha Inglaterra, os liberais

---

14 Emmanuel Jean-Michel Frédéric Macron (1977-), personagem do sistema financeiro, sócio do banco Rothschild, entrou no PS e foi secretário do presidente François Hollande, que governou entre 2012 e 2017, e, em seguida, ministro da Economia (2014-2016). Em 2016 saiu, criou o movimento En Marche (Em Marcha), logo transformado em partido. Percorreu todo o país e foi eleito em 2017 com 66% dos votos.

A GOVERNABILIDADE IMPOSSÍVEL

lançaram um movimento contra o Brexit, o Renew (Renova), para tentar repetir a façanha eleitoral com que Macron chegou ao poder. Amoêdo admitiu publicamente pretender emular o personagem francês. Apareceu no cenário político para "combater os políticos" gabando-se de que não utilizará dinheiro dos fundos Partidário e Eleitoral para a campanha. Utilizará unicamente doações, diz.

É, não precisa mesmo. O partido que foi criado com dinheiro dos maiores bancos do país está treinando e financiando 150 jovens (apolíticos?) para disputar as eleições parlamentares.

Podem ter certeza de que não faltará dinheiro nessa campanha, pois somente um dos bancos, o Santander, teve seu maior lucro da história em 2017. Lucro líquido de R$ 9,953 bilhões, 35,6% a mais do que no ano anterior.

A força eleitoral deles está no dinheiro e na classe média mal informada que acha que o novo é a salvação do país e o caminho para acabar com a corrupção dos velhos políticos.

Na eleição de 2016 elegeu quatro vereadores: em São Paulo, Janaína Lima; no Rio de Janeiro, Leandro Lyra; em Belo Horizonte, Mateus Simões e em Porto Alegre, Felipe Camozzato.

Candidatura de João Amoêdo

João Dionísio Filgueira Barreto Amoêdo, engenheiro de formação, ajudou na formação do Banco BBA-Creditansalt, de onde saiu para fazer a gestão financeira da Fináustria CFI e Keasubg (leasing), da qual logo ficou sócio. Quando a financeira foi comprada pelo Itaú por R$3,3 bilhões, em 2003, ele assumiu a vice-presidência do Unibanco.

É membro do Instituto de Estudos de Política Econômica/ Casa das Garças, um think thank tucano-neoliberal já descrito no capítulo dedicado ao PSDB. É bom saber que essa Casa das Garças, vinculada ao Instituto Milenium, tem mais tucanos que garças.

Ele diz que deixou o mundo das finanças para dedicar-se à política e nega ser o candidato do mercado financeiro.

Será?

Em 2018 João Amoêdo deixou o comando do partido, para Moisés Jardim para lançar-se candidato à Presidência junto com 22 candidatos em 13 estados onde já implantou o partido para formar uma base com prefeitos, vereadores, governadores, deputados estaduais. Pretende eleger uma boa bancada federal.

A Presidência da República é projeto para o futuro. Para alcançar o objetivo traçado, o Novo está submetendo a treinamento cerca de 500 quadros para disputar cargos legislativos na eleição de outubro. Dinheiro é o que não falta pra essa gente. Se houver surpresa nessa eleição, virá daí. Seu apoio está reservado a quem pensa como ele, claro. O mais do mesmo.

Partido da República – PR

Fundado e homologado em outubro de 2006, fruto da fusão do Partido Liberal (PL) e o Partido de Reedificação da Ordem Nacional (Prona). Fundiram para não desaparecerem. Vale lembrar que o PL, fundado em 1985, assimilou o Partido Geral dos Trabalhadores (PGT) e do Partido Social Trabalhista (PST).

O PR integrou a coligação que elegeu e reelegeu a presidenta Dilma Rousseff em 2010 e 2014.

O PL, por sua vez, é fruto da fusão do PGT com o PST ocorrida em 1985 e em 1989 e lançou a candidatura de Guilherme Afif Domingos à presidência em coligação com o PDC. Apoiou a eleição do tucano FHC e elegeu Romeu Tuma senador por São Paulo. Em 2005, quando estourou o escândalo do Mensalão, era

A GOVERNABILIDADE IMPOSSÍVEL

presidido por Valdemar Costa Neto, o próprio protagonista das denúncias de compra de voto.

O Prona foi criado em 1989 para ser o partido de combate a corrupção e lançar a candidatura de Enéas Carneiro,[15] aquele cujo único slogan de campanha era o grito: "Meu Nome é Enéas!"

Candidatura de Josué Gomes

Josué Gomes era do PMDB, como seu pai, o ex-vice-presidente José Alencar. Trocou de partido em abril para lança-se candidato à Presidência da República.

O partido encomendou pesquisa para avaliar suas possibilidades e ele desistiu da candidatura. Assim que Josué Gomes se filiou ao PR, provocou uma grande agitação. E maior ainda quando ele desistiu, ao constatar que dificilmente ultrapassaria os 2%. Quase todos os partidos que lançaram candidatos a presidente o queriam para vice. Entre os mais fortes, o PT de Lula, o PDT de Ciro Gomes e o PSDB de Alckmin.

Herdou de seu pai a Coteminas, uma das maiores tecelagem do país. O PR é cobiçado também porque leva junto um campeão de votos: o artista circense Tiririca — Francisco Everardo Oliveira Silva — o deputado federal mais votado no Brasil nas eleições de 2010, com 1.348.295 votos. Mundo louco esse nosso. Antes dele o recordista foi Enéas Carneiro, com 1.537.642. Tiririca havia

---

15 Enéas Ferreira Carneiro (1938-2007) foi sargento do Serviço Militar de 1959 a 1965. Médico cardiologista, foi deputado federal por São Paulo de 2003 a 2007. Candidatou-se á presidência da República em 1989 e de novo em 1994, quando ficou em terceiro lugar com mais de 4 milhões de votos. Em 1998 não conseguiu repetir o desempenho da eleição anterior e teve pouco mais de um milhão de votos. Em 2000 candidatou-se à prefeitura de São Paulo e perdeu, mas em 2002 obteve 1,5 milhão de votos para deputado federal, um recorde histórico. Em 2006, foi reeleito com um terço do obtido em 2002. Acometido de grave enfermidade, não concluiu o mandato.

anunciado que abandonaria a política, mas pouco depois desistiu de desistir para euforia dos sem votos do PR.

O pai de Josué, mesmo ausente, agrega.

José Alencar[16] entrou na política para ajudar a eleger Juscelino Kubitschek. Em 1964 apoiou o golpe com que os militares depuseram o presidente João Goulart, que era vice de JK. Disputou o governo de Minas em 1994 e perdeu.

Em 1998, integrou a chapa majoritária do PMDB como candidato a senador ao lado do ex-presidente Itamar Franco, candidato ao governo do estado. Ambos foram eleitos. Saiu do PMDB e foi para o PL para integrar a chapa com que Lula disputaria pela quarta vez a Presidência da República.

A dupla Lula-Itamar foi eleita pela coligação que reuniu cinco partidos: PT, PL, PCdoB, PMN e PCB, com 61,27% dos votos.

Patriota (Brasil) – PATRI

O Patri é o novo nome do Partido Ecológico Nacional (PEN), que teve o registro sancionado pelo TSE em 2012, fundado por Adilson Barroso, mas é produto da igreja a que pertence, a evangélica pentecostal Assembleia de Deus, liderada pelo pastor José Wellington Costa.

Barroso foi eleito deputado estadual em São Paulo pelo Prona (já extinto). Em 2004 estava no PSC e assumiu a direção paulista da agremiação. Em 2010 foi novamente candidato ao governo do estado, desta vez pelo PSL. Em 2012 fundou o PEN, que em 2017 foi rebatizado para Patriota.

---

16 José Alencar Gomes da Silva (1931-2011) foi dono de uma das maiores empresas têxteis do Brasil. Mineiro de Muriaé, foi senador (1999-2002) e vice-presidente de Lula nos dois mandatos (2003-2011). Como vice, acumulou o cargo de ministro da Defesa entre 2004 e 2006.

A GOVERNABILIDADE IMPOSSÍVEL

Na eleição passada, integrou a coalisão formada pelo PSDB para a candidatura do tucano mineiro Aécio Neves. Elegeu dois deputados federais e 15 estaduais.

Para a eleição de outubro de 2018 está lançando candidatos ao governo estadual e para o Senado em importantes unidades da federação.

Um saco de gatos que brigou com o capitão Bolsonaro, tem militares filiados por todo o país e prega a "intervenção das Forças Armadas, Já!"

Adilson Barroso, presidente do partido, pertence à igreja pentecostal Assembleia de Deus. Tem tudo a ver com a legenda "O Brasil acima de todos. Deus acima de tudo". Lembram da TFP (Tradição Família e Propriedade)?

PHS – Partido Humanista da Solidariedade

Foi fundado em setembro de 1995 como Partido da Solidariedade Nacional (PSN). O registro definitivo só foi obtido em 20 de março de 1997. Seu primeiro presidente foi Phillipe Guedon.

A nova denominação foi adotada em convenção realizada em janeiro de 2000.

PTC – Partido Trabalhista Cristão

Legalizado em 2000, é o Partido da Reconstrução Nacional (PRN), rebatizado por seu fundador e presidente. Na eleição de 2002 lançou mais de 200 candidatos a diferentes cargos em vários estados e só elegeu um deputado estadual no Espírito Santo. Nas municipais de 2004 elegeu 16 prefeitos, a maioria na Bahia. Em 2006, dobrou o número de candidatos a vários cargos e elegeu, em São Paulo, o estilista e apresentador de TV Clodovil Hernandez, que evidentemente bateu recorde de votos, seguramente, não pelo prestígio da legenda.

Candidatura de Fernando Collor de Mello

É ele mesmo, o ex-presidente da República, entre 1990 e 1992, eleito pela mídia e deposto por um golpe midiático-parlamentar-judicial, com apoio da mesma mídia que o elegeu.

Na época, Leonel Brizola foi o único que teve a coragem de denunciar que foi um golpe, um ato político à margem da justiça. Não havia provas, porém, quem é que pode contra um linchamento midiático?

Em abril de 2014 o STF absolveu Fernando Collor de Mello do crime de peculato (desvio de dinheiro público), falsidade ideológica e corrupção passiva por falta de provas.

Então, Brizola tinha razão, foi um golpe jurídico-parlamentar-midiático na mais pura tradição udenista, usado contra Getúlio Vargas, tentado contra Juscelino Kubitschek, usado contra Jânio Quadros e, na sequência contra João Goulart e, finalmente, contra o governo do PT. Dizer que esta é uma técnica nova é ignorar nossa história.

Há uma história tenebrosa por trás desse personagem. Sua chance de repetir a performance de 1989 é nula. A mídia não come o mesmo veneno duas vezes. Já tem outro candidato e ele sabe disso.

Lançou-se candidato a presidente em 2018 com o objetivo de ajudar eleitoralmente a candidatura de parentes e amigos em Alagoas, mas, em finais de julho, anunciou oficialmente sua retirada do páreo, certamente para evitar o vexame de não ultrapassar a barreira do 1%.

A GOVERNABILIDADE IMPOSSÍVEL 149

PSC – Partido Social Cristão

Saiu do Partido Democrático Republicano (PDR). Everardo Pereira, o Pastor Everaldo, foi candidato a Presidência em 2014. Em 1986, a legenda em São Paulo, presidida pelo banqueiro e dono da *Gazeta Mercantil*,[17] Herbert Levy (1911-2002), elegeu a filha de Jânio Quadros, Dirce Tutu Quadros, deputada federal constituinte. Esta, depois de assumir o mandato, cumprindo instruções de seu pai, se transferiu para o PTB.

Herbert Levy, de longa trajetória, na República Velha era do PRP e lutou contra Vargas na contrarrevolução paulista de 1932. Na República Nova, ajudou a fundar a UDN pela qual foi deputado federal por dez mandatos (1947-1987). Sobreviveu a todos os golpes e contragolpes, até sua morte em 1987. Com a extinção da UDN pelos militares, nem se abalou, foi direto para a Arena e ajudou a fundar o PP. Foi, na sequência, do PDS, PFL e PSC. Em 1992, para disputar a Prefeitura de São Paulo, fundou o Partido Cívico de Desenvolvimento Nacional (PCDN), não se elegeu e extinguiu a legenda. Dono de grandes extensões de terra, foi sócio do Banco da América, antecessor do Itaú, hoje Itaú/Unibanco.

Na eleição de 1989, depois de ter cedido todo o seu tempo de televisão para a campanha de Collor (PRN), o partido compôs a base de sustentação do governo. Em 1996, ajudou na eleição derrotada de Sérgio Cabral Filho, do PSDB, para a prefeitura do Rio de Janeiro.

Na eleição presidencial de 1998 lançou Sérgio Bueno como candidato próprio que conseguiu 0,18%. Em 2002 não disputou

---

17 *Gazeta Mercantil*, fundada em 1920, adquirida por Herbert Levy, continuada por seu filho Luiz Fernando Levy. Foi o primeiro diário especializado em economia e cobertura geral. Paralelamente editava boletins e livros da especialidade. Tinha edições simultâneas em São Paulo (sede), Brasília, Rio de Janeiro e Curitiba. o jornal foi extinto em maio de 2009.

150   PAULO CANNABRAVA FILHO

e no ano seguinte agregou ao partido à turma do carioca Anthony Garotinho.[18]

Na eleição de 2010, aliou-se ao PT para eleger Dilma Rousseff. Em 2014 não apoiou a reeleição, mas lançou candidato próprio, o pastor Everaldo Pereira, que teve 0,75% dos votos. No segundo turno, apoiou o tucano Aécio Neves.

Candidatura de Paulo Rabello de Castro

Para a eleição de outubro de 2018 o PSC lançou a pré-candidatura de Paulo Roberto de Castro, ex-presidente do IBGE e do BNDES. Luís Nassif lhe deu o crédito de ter salvado o BNDES da extinção pretendida por Meirelles e seu grupo. Renunciou achando que tinha prestígio (ou dinheiro) suficiente para candidatar-se à Presidência da República. Ou seria para escapar da condenação, uma vez que está indiciado pela Polícia Federal?

Sem chance eleitoral, foi anunciado vice de Álvaro Dias, do Podemos.

PTR – Partido Trabalhista Renovador

Fundado em julho 1985, aliado de Moreira Franco[19] (PMDB) no Rio de Janeiro, em 1989 fez campanha para eleger

---

18   Anthony William Matheus de Oliveira (1960-) foi Secretário de Agricultura e Interior do Rio de Janeiro de 1992 a 1993, prefeito de Campos de Goytacazes de 1989 a 1992 e de 1997 a 1998; secretário de Segurança Pública do Rio de Janeiro de 2003 a 2004; deputado Federal pelo Rio e Janeiro de 2011 a 2015 e Governador do Rio de Janeiro de 1999 a 2002.

19   Wellington Moreira Franco, nascido em 19 de outubro de 1944 em Teresina/PI, foi prefeito de Niterói de 1977 a 1982, deputado federal pelo Rio de Janeiro de 1975 a 1977, de 1995 a 1999, de 2003 a 2007, governador do Rio de Janeiro de 1987 a 1991, Ministro-Chefe da Secretaria de Assuntos Estratégicos da Presidência da República do Brasil de 2011 a 2013, Ministro Chefe da Secretaria de Aviação Civil do Brasil de 2013 a 2014, Secretário do

o Fernando Collor (PRN). Em 1993 funde-se com o PST, dando origem ao PP.

Em outubro de 1992, o PTR e o PST, partido que tinha então no ex-governador paranaense Álvaro Dias sua maior liderança, oficializaram a formação de um bloco parlamentar no Congresso, primeiro passo para a fusão das duas legendas em uma nova agremiação, provisoriamente batizada de Partido Social Trabalhista Renovador (PSTR). O novo bloco, que manifestou apoio ao recém-empossado presidente Itamar Franco, reunia os 18 deputados então filiados ao PTR e os nove parlamentares do PST. A fusão dos partidos se efetivou em fevereiro de 1993, dando origem ao PP, nacionalmente presidido por Álvaro Dias.

PRTB – Partido Renovador Trabalhista Brasileiro

Legalizado desde fevereiro de 1997, é presidido por Levy Fidélix. Em 2012, disputou pela quarta vez a presidência. O partido se apresenta como continuidade do trabalhismo brasileiro, mas na verdade é também um filhote da Arena, ou seja, um desdobramento do PSD.

Candidatura de Levy Fidelix

Eterno candidato sem qualquer proposta séria. Sua propaganda é sempre a mesma, monotemática, com o projeto de um aerotrem imaginário. Na sua segunda candidatura teve 0,46% dos votos. Mesmo assim, é candidato. Para quê? Nunca ninguém lhe

---

Programa de Parcerias de Investimento do Brasil de 2016 a 2017, Ministro-Chefe da Secretaria-Geral da Presidência do Brasil de 2017 a 6 de abril de 2018 e Ministro de Minas e Energia do Brasil de 2018 até a atualidade.

perguntou isso. Ele não é nem mais nem menos da mesmice em vigor, ou seja, nada.

PGT – Partido Geral dos Trabalhadores

Foi um partido político brasileiro criado em 1995 por dirigentes da CGT (Confederação Geral dos Trabalhadores). Inicialmente foi presidido por Francisco Canindé Pegado, mas não conseguiu resultados expressivos. Mais tarde, foi incorporado ao Partido Liberal (PL), em 2003, como resultado das discussões de uma reforma no sistema partidário brasileiro que até o momento não teve grandes avanços.

PSL – Partido Social Liberal

Fundado por Luciano Caldas Bivar, em 1994, só obteve reconhecimento do TSE em 1998, depois de ter participado das eleições municipais de 1996 e, a partir daí, de todas as eleições até 2000. Bivar era um candidato de discurso único: a criação do Imposto Único Federal.

O partido elegeu um deputado federal em 1998, o próprio Bivar, por Pernambuco, e um em 2002, Lincoln Diniz Portela, por Minas Gerais. Entre 1996 e 2004 elegeu 23 deputados estaduais e 62 prefeitos.

Em 2015 o partido passou por grandes transformações, estatutárias e programáticas, em que adotou a linha libertária do Livres, que tem como guru o cientista político Fábio Ostermann, até que em janeiro de 2018 Bivar aceitou a filiação do deputado federal Jair Bolsonaro, candidato à Presidência.

O Livres era como um grupo de estudos dentro do PSL que pregava um liberalismo de grande amplitude, que ia do livre mercado e desregulamentação à liberação da maconha, liberdades

A GOVERNABILIDADE IMPOSSÍVEL 153

individuais como casamento do mesmo sexo, etc. Com a entrada de Bolsonaro esse grupo se desprendeu.

A candidatura de Jair Bolsonaro

Jair Bolsonaro,[20] capitão do Exército, sete vezes eleito deputado federal pelo Rio de Janeiro ingressou no PSL este ano para se candidatar à Presidência. Quando retirava-se o nome de Lula nas pesquisas, aparecia em primeiro lugar, oscilando entre 15% e 17% nas intenções de votos.

Com discurso racista, homofóbico, exaltador do estupro e da tortura, é um fenômeno para ser bem estudado, para não se deixar levar por avaliações inconsistentes. Voto dos fascistas? Não, estes não têm essa dimensão.

Uma vez os paulistanos elegeram uma rinoceronte chamada Cacareco como vereadora da cidade, por falta de candidatos confiáveis.[21] Seria um voto Cacareco? Provável, mas nem tanto. Tampouco os militares que estão declarando seu voto nele têm densidade para elegê-lo.

Como disseram que Bolsonaro não estava preparado, não sabia nada, ele mesmo confirmou não saber nada e, semanas depois, apareceu como economista Paulo Guedes a seu lado dizendo que ele faria seu plano econômico e seria ministro em seu governo.

---

20 Jair Messias Bolsonaro (1955-) foi vereador da cidade do Rio de Janeiro de de 1989 a 1991 e deputado federal pelo Rio e Janeiro de 1991 até a atualidade. Passou pelos seguintes partidos políticos: PDC; PP; PPR; PPB; PTB; PFL; PP; PSC e agora PSL.

21 O voto protesto foi idealizado pelo jornalista Itaboraí Martins, em 1959, para denunciar a falta de qualidade dos políticos que disputavam o pleito. Cacareco teve cem mil votos, número maior do que todos os 540 candidatos de 12 partidos políticos. Em protesto semelhante, em 1988, 400 mil cariocas votaram no macaco Tião para prefeito.

É muito divertido ficar a interpretar o que levaria Paulo Guedes a uma atitude como essa. Os adoradores do deus mercado, vendo seus áulicos sem densidade eleitoral, impressionados com a performance do capitão, para que não haja surpresas, já colocaram um financista para comandar seu programa econômico.

O economista Paulo Guedes, fervoroso Chicago boy, fez PHD e lá foi professor de Armínio Fraga e Gustavo Franco. Um dos fundadores do Banco Pactual e dono da BR Investimento, ficou sócio de Júlio Bozano, cujo banco, está ligado ao trafico de dólares. Integra também a Bozano Investimentos e faz parte da Adlatem Educacional do Brasil e do Instituto Mileniun.

Guedes, guru da economia do PSL, quer privatizar tudo até conseguir o fim do Estado: Banco do Brasil, Caixa Econômica Federal, Petrobras e, se deixarem, até o Banco Central.

Com esse discurso, confiam que terão o apoio da mídia.

Não foi assim que Collor foi eleito? Esses não são mais do mesmo. São muito piores.

A performance do capitão candidato embriagou muita gente

Como o candidato não abaixa nas pesquisas, o PR já está arrumando as malas para aderir. Trata-se do deputado federal por Goiás, Magda Mofatto (PR), com patrimônio declaro de R$ 21 milhões. Integrante da bancada da bala, quer acabar com o Estatuto do Desarmamento.

Diante do imbróglio jurídico-midiático em torno da libertação de Lula, o capitão foi firme e direto: quer Lula preso, se possível, para sempre. Claro, as últimas pesquisas, divulgadas no início de julho, deixaram a turma da bala entusiasmada. O chefe conseguiu ultrapassar Marina e firmou-se com 19%, primeiro lugar no cenário sem Lula e segundo lugar, com 17% no cenário com Lula.

A GOVERNABILIDADE IMPOSSÍVEL

Os quartéis já o olham como líder

O entusiasmo parece que chegou também às casernas, depois que, em fevereiro de 2018, em entrevistas a jornais e TV, o general Augusto Heleno[22] declarou que votará em Bolsonaro, por conhecê-lo desde quando foi seu cadete. Em uma das primeiras caravanas de campanha, o capitão quis ir para o Araguaia visitar a 23ª Brigada de Infantaria do Exército, e o general Augusto Heleno se prontificou a acompanhá-lo. Essa brigada foi criada após as Forças Armadas terem ocupado essa área para combater o foco guerrilheiro criado pelo PCdoB, nos anos 1970.

As Forças Armadas mobilizaram todo tipo de equipamento de guerra e de inteligência e mais de dois mil oficiais e soldados para dar combate a pouco mais de uma dezena de guerrilheiros. O que houve não foi combate, foi um extermínio do qual não escaparam nem os camponeses nem os posseiros da região que apanharam e morreram sem saber o porquê.

Percorrendo a região de Paraopebas, Bolsonaro disse: "O progresso vai entrar nas terras indígenas e quilombolas". Ele não aceita que se mantenha reservas ambientais ou indígenas.

Dalí foram para Eldorado dos Carajás, local onde, em abril de 1996, houve o massacre de 19 trabalhadores rurais pela Polícia Militar do Pará. O coronel Mário Pantoja, que comandou a execução, está preso, condenado a 228 anos. O capitão candidato à Presidência da República defendeu a ação da PM, afirmando que "quem tinha que estar preso era o pessoal do MST, gente canalha e vagabunda".

---

22 General Augusto Heleno Ribeiro Pereira (1947-), retirado desde 2011, foi comandante militar na Amazônia e comandou as tropas da ONU no Haiti (2004-2005).

Para o capitão, "os policiais reagiram para não morrer". É, foi por isso então que cada um dos camponeses foi encontrado com mais de nove tiros no corpo.

Depois, em reunião com os grileiros da região, ouviu pedido para que, quando presidente, "acabe com a Funai, Ibama, Ministério Público" ...essa gente que não respeita a propriedade privada.

Propriedade privada de quem, cara pálida? São terras da União, ou seja, terras de toda a Nação brasileira, que precisam ser protegidas para garantir a sobrevivência das futuras gerações.

O general de pijama (retirado) Augusto Heleno Ribeiro Pereira, perene defensor dos militares que assaltaram o poder em 1964 e estabeleceram uma ditadura regressiva que durou duas décadas, foi comandante do Exército na Amazônia e gostaria de ser vice na chapa do capitão. Chama a atenção essa inversão de hierarquia. Capitão manda em general? Nem se a vaca tossir!

O general Heleno tem histórico e fama. Mesmo retirado circula entre a oficialidade maior. Foi ele o primeiro comandante das tropas da Missão das Nações Unidas para a Estabilização no Haiti (Minustah), integrada por 6.250 efetivos de 13 países, sete latino-americanos. As táticas aprendidas lá dos oficiais e assessores estadunidense foi, em seguida, aplicada nas favelas do Rio de Janeiro.

O que está por trás disso? No dia 18 de julho o general desistiu. O partido começou a sondar a musa do impeachment (golpe) Janaína Paschoal, que se filiou ao partido, para compor a chapa. Bolsonaro acabou escolhendo outro general para o posto, Hamilton Mourão, do PRTB.

VIII

Os Filhotes do MDB

O bipartidarismo imposto à nação em 1965 foi um grande engano para mascarar a ditadura de fato. Esta, elegeu deputados que assumiram poder constituinte sem que tivessem sido eleitos para isso.

O golpe de 1º de abril de 1964 liquidou com todos os partidos porque eles estavam levando o processo à realização de reformas substanciais que resultariam na perda da hegemonia que essas elites estavam tentando consolidar desde a restauração do poder oligárquico em 1946.

Com um Congresso funcionando, mesmo com um partido do sim e outro do amém, os militares "provavam" ao mundo e à própria opinião pública nacional que esse negócio de dizer que aqui havia ditadura era coisa dos comunistas que foram desalojados do poder. E assim as coisas funcionavam, havia poder legislativo e judiciário funcionando, jornais, rádio, televisão, tudo na "mais perfeita ordem".

Mas eis que, no transcorrer do processo, o partido do dizer amém, ou seja, oposição que era consentida desde que não aborrecesse, começou a se politizar e a crescer, e se transformou numa grande frente de luta pela democracia. O MDB começou a fazer oposição de fato no Congresso e a eleger prefeitos e governadores, vereadores, deputados estaduais e federais.

O MDB se engajou nos movimentos populares por eleições diretas, pela anistia, nos protestos contra o arbítrio aos prisioneiros políticos, ao apelo das mães pelos filhos desaparecidos, pela soltura dos presos e a volta dos asilados.

O mais grave, do ponto de vista da ditadura, foram as vitórias cada vez mais amplas e retumbantes dessa frente democrática, que levava a sigla MDB. Fez-se necessário acabar com a festa. A melhor maneira sempre foi armar confusão. E nisso os assessores estadunidenses eram cheios de sabedoria e experiência.

A atomização do MDB não foi tão rápida nem tão extensa como a produzida na Arena. Não obstante, até agora já produziu pelo menos uma dúzia de filhotes.

Num primeiro momento, entre 1979 e 1980, surgiram os seguintes partidos: Partido do Movimento Democrático Brasileiro (PMDB), Partido Democrático Trabalhista (PDT), Partido dos Trabalhadores (PT), Partido Popular (PP) e Partido Trabalhista Brasileiro (PTB do Golbery). Mais tarde, em 1988, o Partido da Socialdemocracia Brasileira (PSDB), este como uma dissidência do MDB. Rapidamente, com a vocação autofágica que tem caracterizado os partidos brasileiros, vão surgindo as legendas de nova geração.

Partido do Movimento Democrático Brasileiro – PMDB

O MDB, criado em 1965 e extinto em 1979, se dizia democrático, e foi. Novas lideranças foram se aglutinando, principalmente nos grandes centros urbanos, e também quadros que militavam antes do golpe e viram no partido uma via de luta pela democracia.

Em 1979, com a explosão do bipartidarismo, uma boa parte dos líderes rebatizam o espaço político para Partido do

A GOVERNABILIDADE IMPOSSÍVEL 161

Movimento Democrático Brasileiro (PMDB), oficializado em junho de 1981, que vai se manter como o partido que mais espaço ocupa em todos os estados da Federação, e que também terá o maior número de dissidências.

PMDB de Tancredo e Ulysses

Este era o PMDB de Tancredo Neves e Ulysses Guimarães, apelidado de "Sr. Diretas", que se transformou numa grande frente político-democrática que colocou em cheque a ditadura.

O PMDB, apesar de ser o maior partido, em número de governadores, senadores, deputados federais e estaduais, vereadores e prefeitos, ter participado das grandes campanhas nacionais por eleições diretas e ter figuras expressivas atuando na política, em toda sua trajetória não conseguiu eleger sequer um presidente da República. Quando elegeu um vice, se viu tão perto, não aguentou e tramou o golpe contra a presidenta Dilma.

Na eleição parlamentar que gerou um congresso constituinte, já havia vários partidos disputando cargos em todos os níveis, o que fez aumentar também as dissidências.

O partido pensou que facilmente elegeria Ulysses, no auge de seu prestígio como Sr. Diretas e condutor da Constituinte Cidadã, mas na eleição de 1989, primeira eleição direta desde 1964, obteve só 4% dos votos

Este livro traz quadros de resultados eleitorais que mostram a grande performance do PMDB. Nenhum presidente da República conseguiria governar sem seu apoio ou concordância. Utilizou isso sempre como moeda de troca para garantir governabilidade. Lembrando ser uma continuidade do MDB, entre 1966 e 1986, foi o período de maior crescimento e expressão e, entre 1994 e 1998, perdeu mais de 50% de suas bancadas na Câmara Federal.

O PMDB/MDB de Temer

O agrupamento político que concorre às eleições gerais de 2018 utilizando a sigla MDB, nada tem a ver com o MDB do bipartidarismo, nem com o PMDB de Tancredo Neves e Ulysses Guimarães. O atual MDB é o PMDB travestido.

Desprestigiado pelos escândalos de corrupção e pelo desgoverno de Temer, que alcançou os mais altos índices de rejeição popular na história nas pesquisas de opinião, tenta com o uso da sigla navegar no prestígio e glórias do antecessor. Contudo, pelo bem ou pelo mal, ainda é o maior partido do país.

Para vergonha do Teotônio Vilela, o MDB/PMDB é grande, mas é também um saco de gatos. Tem gente bacana como o senador Roberto Requião[1] (até quando?), mas é o partido da traição. Teotônio Vilela (1917-1983), senador por Alagoas (1967-1982), ex UDN e ex Arena, membro da Frente Nacional pela Redemocratização, entrou no MDB para lutar pela democracia e direitos humanos. Foi homenageado por Milton Nascimento e Fernando Brant com "O menestrel das Alagoas", música cantada por Fafá de Belém. O apelido pegou.

Elegeu o vice-presidente da República em aliança com o PT, puxou o tapete da sua presidenta e mudou a linha de governo que tinha como obrigação seguir porque foi aprovada por mais de 53 milhões de votos.

---

1 Roberto Requião de Mello e Silva (1941-) foi deputado estadual pelo Paraná entre 1983 e 1986, prefeito de Curitiba entre 1986 e 1989 e governador do Paraná por três mandatos: de 1991 a 1994, de 2003 a 2006 e de 2007 a 2010. Desde 2011 é senador. Apesar de ser do MDB, foi um grande opositor do processo de impeachment da presidenta Dilma, tendo denunciado também o processo de entrega das riquezas nacionais e de desmonte das políticas públicas realizadas pelo desgoverno de Temer.

A GOVERNABILIDADE IMPOSSÍVEL 163

Para sentir vergonha do MDB atual e dos demais partidos que formam a base do governo Temer, basta assistir de novo as gravações do que foram as sessões parlamentares que decidiram pelas deposição da presidenta Dilma Rousseff.

Há que reconhecer a grande habilidade de Temer e sua capacidade de manejar seus pares nos legislativo e o baixo clero. Fez por merecer. Iniciou sua carreira política na Procuradoria Geral do Estado de São Paulo de 1983 a 1984, quando assumiu a Secretaria de Segurança Pública. Em 1986, quis ser deputado federal por São Paulo, mas só conseguiu suplência. Eleito em 1994, assumiu na Câmara, de onde saiu para compor chapa com o PT. Como deputado, presidiu por duas vezes a Casa e também o partido.

Então precisa ficar bem claro que essa legenda, MDB, tem uma história tripartite. Começa como MDB, no bipartidarismo, e se transforma na grande frente democrática na luta por eleições diretas. Com o fim do bipartidarismo, rebatizada em 1979 de PMDB, continuará atuando como aglutinador das forças democráticas, na continuidade da luta por eleições diretas, no trabalho constituinte. Projetou grandes lideranças nacionais enquanto presidido por Ulysses Guimarães.

E há o PMDB da vergonha e da traição. O partido que utiliza sua dimensão não para resolver os problemas do país, mas como garantidor da governabilidade por troca de cargos, favores, obras sem utilidade. O MDB/PMDB da traição, que foi eleito vice para cumprir com uma linha de governo, traiu seus pares articulando derrubar Dilma. É o partido da traição que comanda a sangria desatada das riquezas nacionais.

A hora e a vez do MDB (PMDB)

É natural, portanto, que o MDB ache que chegou sua vez. "Basta de apoiar os outros. Vamos agora assumir diretamente o poder para continuar a obra iniciada pelo grande líder", teriam raciocinado os estrategistas do partido.

Contudo, o MDB é vítima das maldades que praticou e da própria judicialização da política que, na sua santa ingenuidade, ajudou a criar. Temer, Renan Calleiros[2] e toda a entourage, principalmente Temer, sabem que estão com o fio da navalha no pescoço. Qualquer deslize afloram dez mil processos contra eles. Por isso precisam do poder pra sobreviver.

A candidatura de Henrique Meirelles

O MDB, claro, pensa que chegou sua vez. Continua sendo o maior partido e o que mais elegeu nas últimas eleições. Derrubou a presidenta Dilma Rousseff e está fazendo direitinho a lição de casa no Planalto. E está gostando de mandar.

Michel Temer pretendia lançar-se à reeleição, seguramente entusiasmado com o sucesso com que vem praticando todas as maldades contra o Estado e a Nação. Porém, o ilegítimo bateu todos os recordes históricos em reprovação e rejeição: 80% a 90%. Contudo, Temer é o que menos importa. O que é que vamos colocar no lugar dele?

Abriu caminho, então, para seu ministro da Fazenda, Henrique Meirelles. Este é da escola (ou turma) do FHC, serviu aos dois governos do PT.

Candidato mais que sedutor

Meirelles, hoje dono de imensa fortuna, disse que vai desembolsar R$ 70 milhões para gastar em sua campanha. Ele é assim de

---

2   José Renan Vasconcelos Calheiros (1955 -) deputado estadual (1979 a 1983); deputado federal de 1983 a 1991, ministro da Justiça de FHC de 1998 a 1999 e desde 1995 é senador por Alagoas. Assumiu a presidência do Senado de 2005 a 2007 e de 2013 a 2017.

rico e nem banqueiro é. Foi executivo de grandes bancos, entre eles o Banco de Boston nos anos 1990. Não precisa do fundo partidário de R$ 300 milhões que poderá ser gasto integralmente pelo partido nas campanhas dos demais candidatos. Sedutor.

O MDB também contava com o apoio do PTB e do SD que, para isso, ganharam do ilegítimo Temer o Ministério do Trabalho. Roubaram tanto que tiveram que ser demitidos. E agora? Continuarão dando apoio depois de todo esse escândalo? Sim, continuaram.

O MDB seguirá a sina traçada pelo PMDB? só exercer o poder apoiando os vitoriosos? O último candidato lançado para eleição presidencial foi Orestes Quércia, em 1994. que perdeu para FHC. Ainda não foram eleitos para governar o país. Mas estiveram em todos os governos assegurando governabilidade com suas bancadas e seus aliados fisiológicos.

Estancado nas pesquisas, está contratando uma equipe de publicidade que já recomendou se aproveitar do fato de ter sido presidente do Banco Central (2003-2010) nos dois mandatos de Lula, certamente tentando se distanciar de Temer e sua enorme rejeição.

É possível duvidar de que, se for eleito, não só fará mais do mesmo como aprofundará a desmontagem do Estado nacional a favor do capital financeiro, seus patrões de toda a vida. Ocorre, no entanto, que ele não tem cancha de estadista.

O partido da Socialdemocracia Brasileira – PSDB

O PSDB foi criado em junho de 1988, oficializado pelo TSE em agosto de 1989. Teve como primeiro presidente o ex-governador Mario Covas, Franco Montoro, Fernando Henrique Cardoso, José Richa e Pimenta da Veiga, que se revezavam no comando da Comissão provisória à espera da aprovação. Passaram também pela direção do partido: Tasso Jereissati, José Serra, Aécio Neves e, o mais recente, o ex-governador Geraldo Alckmin, candidato à Presidência da República.

Assumiu o comando do partido, mas não consegue entusiasmar nem seus correligionários. Ainda que sua candidatura procure se afastar do legado de Temer, vai ser difícil, pois além de ter instrumentalizado o golpe contra o governo do PT, tem dois importantes membros de seu partido auxiliando o ilegítimo Temer (chegou a ter mais). Por ter governado São Paulo por 14 anos, o PSDB paulista pensa que também poderá governar o Brasil. Filiado ao Opus Dei, o conservadorismo do Alckmin está no DNA. Irredutível.

O PSDB não nasceu para ser socialdemocrata, inclusive porque tinha Fernando Henrique Cardoso entre os fundadores. Partido que se diz socialdemocrata e se revelou o mais entreguista da história.

A socialdemocracia nasceu na Europa para levar os sindicatos dos trabalhadores ao poder. Bom, o certo é que, de traição em traição, se transformou no que é hoje, o partido executor do projeto neoliberal. Para impor a hegemonia do capital financeiro, militarizaram os Estados para reprimir com a violência das armas os opositores e desafetos. Muito democrático, muito social, não lhe parece?

Porque socialdemocrata?

O PSDB surgiu quando da liquidação do bipartidarismo, em novembro de 1979, com grupos de intelectuais e empresários e políticos oriundos do MDB, órfãos que já eram de uma grande frente de oposição e luta pela democracia.

Ficou claro no transcorrer da história a intenção de se contrapor (como verdade) ao PDT, que surgiu já filiado à Internacional Socialista (IS), e ao PT, cujos quadros socialistas presentes em sua fundação também pretendiam, num futuro, filiar-se à IS.

A GOVERNABILIDADE IMPOSSÍVEL

No início, tinha gente bacana como Mário Covas, excelente deputado da oposição, líder do MDB na Câmara Federal em tempos duros de roer.

As últimas informações registravam 96 mil filiados e 43 mil militantes, mas é a terceira bancada na Câmara Federal, com 49 deputados, e 12 senadores. Continua não sendo um partido de massas, más já não é o partido de quadros como gostava de se apresentar. Sujeiras varridas para baixo do tapete é que não faltam. Pra início de conversa, foram eles que inventaram a prática do Mensalão para garantir governabilidade, e a compra de votos cada vez que precisam fazer alguma manobra mais complexa.[3]

A corrupção é intrínseca ao capitalismo. Como dela escapar?

A corrupção é intrínseca às concessionárias de obras públicas. Como já dissemos aqui, isso vem desde os tempos de D. João VI. Por exemplo: por que será que o povo, que sabe tudo, apelidou o Anel Viário Rodoanel de "Rouba Anel"?

Mário Covas foi quem, em 1998, iniciou as obras do Anel Viário que hoje leva seu nome. Ele poderia ter um título de alta nobreza na corte do "príncipe da privataria", pois tal como Fernando Henrique Cardoso desencadeou violenta onda de venda dos bens públicos.

Covas privatizou o Banespa, um crime de lesa pátria, pois era o terceiro maior banco público do país (perdia para o Banco do Brasil e a Caixa Econômica Federal), e o Baneser, banco de investimento. Só aí deixou mais de quatro mil desempregados.

---

3   Mário Covas Júnior (1930-2001), deputado federal por três legislatura (1966-1983), prefeito da capital de São Paulo (1983-1986), senador por São Paulo (1987-1995) e, finalmente, governador do Estado(1995-2001). Sua morte prematura, levou Geraldo Alckmin, que era seu vice a governo do estado.

Privatizou serviços de energia, botando na rua mais de 10 mil trabalhadores. Privatizou a Sabesp, fornecedora de água potável para a população, que por isso paga uma das mais altas taxas do mundo para o consumo de água, e as principais rodovias.

No conjunto, as gestões de Mário Covas, Geraldo Alckmin e José Serra, entre 1997 e 2010, venderam bens que não lhes pertenciam, pois se era estatal era bem público, e com isso arrecadaram R$ 79,2 bilhões. Onde foi parar esse dinheiro?

Dizem as "boas" línguas que os contratos custavam 30%. Um absurdo, mas como não tinham base popular, o fato é que, precisavam de muito dinheiro para o projeto do PSDB de governar 20 anos.

E o escândalo do Metrô?

Agora estão surgindo as sujeiras escondidas debaixo do tapete. Por que será que não se denunciou o cartel feito pelas sete empreiteiras? O sobrepreço dos trens da CPTM? O Ministério Público Federal estima um superfaturamento de cerca de R$ 600 milhões nos governos tucanos.[4]

Em fevereiro de 2015, a Justiça de São Paulo ordenou o bloqueio de R$ 282 milhões da Alstom, por irregularidade na venda de 16 trens no valor de R$ 828 milhões. O mais grave foi denunciado pela Siemens, ao Conselho Administrativo de Defesa Econômica (Cade), sob a formação de cartel, elidindo a lei de licitação e o código da concorrência,

E o cartel formado para a construção do Metrô? Na tarde de 12 de janeiro de 2007 um enorme buraco se abriu em frente à Estação Pinheiros da Linha 4-Amarela. A cratera tragou caminhões, danificou ruas e residências de 70 famílias e matou 14 pessoas. Tentaram

---

4   Fonte: Valor Econômico - https://www.valor.com.br/politica/5611073/superfaturamento-no-rodoanel-pode-somar-r-600-milhoes-diz-mpf

A GOVERNABILIDADE IMPOSSÍVEL

contrariar a lei da gravidade e não conseguiram, ruiu a obra da estação de Pinheiros expondo o mal feito.

O Consórcio Via Amarela, responsável pela construção desse trecho do metrô, era conformado pelas construtoras CBPO (Grupo Odebrecht), OAS, Queiroz Galvão, Camargo Corrêa e Andrade Gutierrez; e também pela Alston e a Siemens. Em síntese, todas as empresas que deveriam apresentar propostas se juntaram num cartel e violaram a lei de licitação.

E FHC, quem é?

FHC enganou muita gente boa, principalmente entre intelectuais, quando candidato a senador e outra vez quando candidato a presidente. Não admitiam o que registrado estava em livros e em meios alternativos: quem pagava as contas. Faziam questão de ignorar que, tanto no exílio como na sua terra natal, FHC foi financiado e promovido no marco da estratégia de Guerra Cultural travada pelos Estados Unidos

O livro *Dependência e Desenvolvimento na América Latina*, de Fernando Henrique Cardoso e do chileno Enzo Faletto, lançado também em 1969, defende a dependência extrema como modelo de desenvolvimento; tanto a "pesquisa" como a publicação do livro foram financiados pela Fundação Ford, na época um canal da CIA para aplicar dinheiro. Viagens pelo mundo, conferências, badalação pelos meios acríticos, tudo pago pelos aparatos de inteligência dos EUA.

FHC assustou professores da USP com a quantidade de dinheiro que manejou para fundar o Centro Brasileiro de Análise e Planejamento (Cebrap),[5] o *think tank* da dependência. Foi fundado em 1969, mas ganhou força e visibilidade a partir dos anos 1980 e

---

5   Mais referencia sobre ele no capítulo III.

com a campanha eleitoral. Quem é que pode e dá dinheiro a fundo perdido, aquele de que não é necessário prestar contas?

O testemunho da compra de voto
para a reeleição de FHC

"Olavo Setúbal[6] dava bilhetes a parlamentares que acabavam de votar para que se encaminhassem a um doleiro em Brasília e recebessem propinas em dólares americanos",[7] afirmou Pedro Corrêa, ex-presidente do PP, em depoimento aos juízes da Operação Lava Jato, em Curitiba.

Maior escândalo na mídia provocou a revelação do deputado federal do Acre, Ronivon Santiago, do PFL, de que ele e vários deputados receberam R$ 200 mil para votar pela reeleição. Citou os deputados João Maia, Zila Bezerra e Osmir Lima, do PFL, e Chicão Brígido do PMDB.[8] Grandes empresários e governadores se incumbiram das compras Brasil afora. FHC, claro, negou com todas as letras: nem ele nem o PSDB jamais compraram um deputado. Você acredita?

O repórter Fernando Rodrigues denunciou isso à exaustão e nada aconteceu. Quem pagou essa conta? Há um livro com esse nome que prova que veio dinheiro de fora.[9]

---

6 Olavo Egídio de Sousa Aranha Setúbal (1923-2008), um dos acionistas majoritários do Banco Itaú. Foi vinculado a Arena, PP, PMDB e ao antigo PFL. Entre 1975 e 1979 foi prefeito da cidade de São Paulo e entre 1985 e 1986 exerceu a função de ministro das Relações Exteriores.

7 Disponível em https://www1.folha.uol.com.br/poder/2016/03/1754000-ex-presidente-do-pp-cita-ministro-do-tcu-e-politicos-em-delacao-premiada.shtml.

8 Disponível em https://www1.folha.uol.com.br/folha/circulo/pre_mer_voto_1.htm.

9 Neste vídeo no Youtube é possível ver o depoimento (espantoso) de Fernando Rodrigues: https://www.youtube.com/watch?v=ABIGjnjuDCo.

A GOVERNABILIDADE IMPOSSÍVEL   171

O PSDB se veste de sacerdote da luta anticorrupção, mas já não alcança os efeitos eleitorais desejados. Como separar o PSDB do príncipe dos corruptos, dos grandes empresários, das corporações transnacionais, dos interesses de Washington?

Por que não perguntam a Fernando Henrique de onde veio tanto dinheiro, dinheiro a fundo perdido, para sua campanha a senador nas eleições de 1982?[10] E para a eleição à Presidência da República em 1994. Pena que Sergio Mota (o tesoureiro da campanha) não está mais vivo para responder a essas perguntas. As pessoas esquecem que corriam rios de dinheiro.

Os tucanos que se cuidem, pois já começam a levantar as sujeiras de embaixo do tapete. Haja tapete pra esconder tanta podridão.

Os quadros do PSDB, ou melhor, a intelectualidade tucana, constituem essa nova direita que vem sendo construída por empresários e financistas, vinculados a universidades e instituições com sede nos Estados Unidos. Eles integram ou recebem ajuda de importantes instituições de estudos e pesquisas nas várias áreas do conhecimento, notadamente nas ciências econômicas.

FHC não queria Alckmin candidato

Linda trajetória a de Fernando Henrique, de "Príncipe da Sociologia" a "Príncipe da Privataria". Este heráldico título da mais alta nobreza foi-lhe dado pelo jornalista Palmério Doria, autor do livro *O Príncipe da Privataria* (Geração Editorial) 38 capítulos em 400 páginas demolidoras da realeza tucana. Da mesma editora, *A Privataria Tucana* enterra os restos demolidos. Ambos os livros (e há outros) mostram a promiscuidade entre

---

10 Foi eleito para um mandato de 8 anos (1983-1992), Em 1992 deixou o Senado para assumir como Ministro das Relações Exteriores, a convite do presidente Itamar Franco, que no ano seguinte o empossou como ministro da Fazenda.

governantes, empresários, lobistas, representantes de grandes corporações transcionais, além da desnacionalização do parque industrial e entrega as riquezas do subsolo.

O pessoal do PSDB e outros admiradores e seguidores do teórico da dependência chegaram a se preocupar com a indefinição e oscilação do ex-presidente com relação à candidatura presidencial. O certo – dizem – seria apoiar Geraldo Alckmin, governador de seu estado, presidente de seu partido. O que ocorre é que Alckmin não é da turma. É um interiorano em meio aos aristocráticos togados da USP.

De fato, FHC estava bicando em outros ninhos (coisa típica da ave), deixando confusos seus correligionários. Quando, em fevereiro de 2018, o PPS anunciou que lançaria a candidatura do apresentador da TV Globo Luciano Huck à presidência, FHC declarou mais de uma vez à imprensa que Huck era um bom candidato e que o PSDB deveria se abrir à novas opções. Em seu partido e roda de seus amigos houve até quem questionou se ele não estaria gagá.

Não está gagá, não.

Ele foi eleito senador e depois presidente por uma enxurrada de dinheiro; eleito a segunda vez depois de terem comprado meio Congresso pra aprovar a emenda da Reeleição.

Foi uma grande armação que levou Fernando Henrique Cardoso à Presidência. Começou com ele assumindo o Ministério da Fazenda no governo de Itamar Franco, onde os Chicago's boys Pérsio Arida, Francisco Campos, Pedro Malan e outros fizeram o Plano Real.

Além de ter a máquina governamental, a "glória" do Plano Real contou com todo o dinheiro do mundo para sua campanha. Com isso, FHC e Lula, também candidato, derrotaram Leonel Brizola. Este sim o terror para o sistema. Lembram quando

A GOVERNABILIDADE IMPOSSÍVEL

Roberto Marinho falou que faria tudo, até o impossível, para evitar que Brizola ascendesse ao poder?

FHC sabe, por experiência própria, quem é que verdadeiramente manda. Lembram quando ele disse que "é fácil governar; ser presidente é fácil e gosto muito".[11] Claro que é fácil, não é, professor? Basta ver quem é que realmente mandava durante seus mandatos. Fácil? Esperto que é, está na moita esperando a decisão dos que mandam para se posicionar e tentar levar seu partido. Veja que estamos falando do início da campanha do Alckmin, quando havia vários sintomas de que o poder ainda não havia se decidido sobre o coringa para concorrer ao Palácio do Planalto.

Fernando Henrique já percebeu. Como ex-presidente tem alguns privilégios, como carro e segurança, além de acesso a informação privilegiada. E tem a experiência de ter chegado lá, e por duas vezes, a segunda mudando a Constituição.

A candidatura de Geraldo Alckmin

Geraldo Alckmin apostou alto deixando o governo do Estado de São Paulo para lançar-se candidato à Presidência, contrariando inclusive fortes setores de seu próprio partido.

É de tirar o chapéu a grande jogada do Geraldinho de Pindamonhangaba, três vezes governador de São Paulo. É o homem do Opus Dei que foi capaz de derrotar as vestais uspianas do PSDB, a UDN que qual fênix, ou melhor, qual corvo, ressurge das cinzas da história. Lembram do Carlos Lacerda (o Corvo), golpista contumaz que levou Vargas ao suicídio?

---

11 Foi em 1996, provocou rizo até no Sarney, todos os jornais deram e mereceu uma boa crônica do Carlos Heitor Cony publicada pelo *Folha de São Paulo* em 22/4/1996.

O "Picolé de Xuxu", como foi apelidado, liquidou com o "príncipe" Fernando Henrique Cardoso. Por tabela, liquidou também com José Serra, e nem precisava, pois este se condenou aos infernos com Temer.

Quanto ao mineiro Aécio Neves,[12] este não representava perigo, uma carta fora do baralho. Parece que ele percebeu isso. Citado em processos da Lava Jata e em denúncias de envolvimento com o tráfico de drogas, renunciou à presidência do PSDB. No início do ano tinha lançado sua pré-candidatura para reeleger-se ao Senado por Minas Gerais. Em 2 de agosto divulgou uma carta aberta em que anunciou que desistia de ser candidato ao Senado para disputar uma vaga de deputado federal.

Alckmin manobrou e conseguiu impor-se na presidência do PSDB com a finalidade de colocar a máquina a favor de sua candidatura. Difícil são os melindres entre seus pares do Norte e Nordeste, porque já estão fartos com a hegemonia dos paulistas, e também entre estes, porque cada um se julga com direito de ser o candidato ou de conduzir a campanha.

Alckmin marcou seu melhor gol no dia 20 de março. Resolveu o impasse entre São Paulo e o Nordeste, dando ao senador Tasso Jereissati, do Ceará, a coordenação geral da campanha. Podem estar seguros de que isso significa muita coisa. O milionário Tasso Jereissati, que não é candidato a nada, pois está na metade de seu mandato de senador pelo Ceará, não é dos que dão passos impensados ou solitários. Tasso é bom também porque neutraliza a turma de Minas Gerais comandada por Aécio Neves.

---

12 Aécio Neves, de família de políticos, pai deputado estadual, é neto de Tancredo Neves, foi deputado federal por três mandatos(1997-2002), presidente da Câmara (2001-2002)e como governador de Minas Gerais (2003-2010). No final do segundo mandato renunciou para candidatar-se e foi eleito senador. Em 2014 foi candidato à Presidência da República.

Doria, o ludibriador

Houve uma confusão com o lançamento da candidatura do Doria ao governo do Estado, porque Alckmin já havia se comprometido com a candidatura de Márcio França, do PSB, seu vice que assumiu o governo do Estado e disputa a reeleição. Apesar de ter contrariado Doria, que queria ele mesmo ser presidente e abdicou da administração municipal, parece que alguém conseguiu acalmá-lo e as duas campanhas já estão de mãos dadas.

Pra resolver essa confusão e fazer avançar a campanha no Estado, Alckmin conta agora com a ajuda de Bruno Covas, neto do Mário Covas, prefeito em exercício depois da renúncia de Doria. Inclusive, questionaram se isso não iria atrapalhar a administração, ao que ele respondeu que fará a coordenação nas horas vagas e nos sábados, domingos e feriados.

Doria ludibriou seus eleitores e seu partido ao usar a eleição para a Prefeitura de São Paulo como trampolim para novos voos. Contudo, aquilo que Doria pensou que seria um passeio livre de obstáculos tomou outro rumo.

Em maio a convenção do MDB de São Paulo oficializou a candidatura de Paulo Skaf para o governo do Estado. Esse já demonstrou em campanhas anteriores que tem bastante dinheiro para gastar, o que alegrou muito a direção nacional do partido. Em julho, o presidente da Fiesp já aparecia quase empatado com o tucano Doria, com 17% contra 22% (margem de erro pra cima ou pra baixo de 3%), respectivamente. Outra pesquisa, da XP/Ipespe, de 28 de julho, indicou que num segundo turno o embate entre os dois continua no empate técnico, neste caso 37% a 34%. Se a disputa fosse entre Doria e Márcio França (PSB), Doria ganharia de 35% a 26%.

O golaço de placa de Marcondes Perrillo

E Alckmin marcou mais um gol com Marcondes Perillo, governador de Goiás, assumindo a coordenação política. O primeiro passo deste, em meados de julho, foi visitar Meirelles, o candidato do MDB, para convidá-lo a refazer a benfazeja aliança PSDB-MDB, entrando na chapa como vice. Se isso de fato acontecesse, aí sim, seria grande a chance do Geraldinho ser eleito.

Não deu certo com o MDB, mas deu certo com o centrão, o baixo clero do Congresso. Geraldo não leva jeito para esses voos tão altos. Perillo, sábia raposa, saiu da reunião com Meirelles e foi visitar velhas alianças com o centrão e fechou com eles, dando a vaga de vice para Josué Gomes, do PR.

Perrillo saiu de lá cantando loas de vitória. Tirar o PR do Centrão é desarticulá-lo e enfraqueceria a campanha de Meirelles. Só em 26 de julho foi que Josué Gomes informou que desistiu, não será candidato a nada. Interpretando o episódio, o candidato do PDT, Ciro Gomes, disse que "Josué foi enganado e o Centrão se aproveitou dele". É, parece que, novato na política, não soube lidar com as raposas.

Sem Josué, sem o Centrão, os tucanos parecem ter perdido o juízo completamente, ou, como diz o respeitável jornalista Jânio de Freitas, "acabou com a ambiguidade do PSDB", ao escolher, na noite de quinta-feira, 2 de agosto, a senadora gaúcha Ana Amélia Lemos, do PP-RS, para a candidata a vice-presidente.

O que de fato deve ter enlouquecido os tucanos, foi o fato de Bolsonaro não parar de crescer e, na última pesquisa do Datafolha, ter chegado a 22%, contra os míseros 5% do Alckmin.

"É a vice dos meus sonhos", "por ser mulher, a melhor escolha", justificou-se Alckmin. Essa senhora não tem o consenso nem de seu próprio partido e está mais à direita que Bolsonaro. Jornalista de rádio e TV no Rio Grande do Sul, entrou na política

A GOVERNABILIDADE IMPOSSÍVEL

quando seu marido, Otavio Omar Cardoso, foi nomeado senador biônico pelos generais da ditadura.

Como nessa corrida em direção ao Planalto não se pode perder de vista para onde caminham os católicos e os neopentecostais é relevante o fato de que Alckmin tem estreitas ligações com a Opus Dei, organização da direita católica fundamentalista com sede na Espanha. Os neopentecostais, por sua vez, já anunciaram o plano de tentar dobrar o número de representantes nos legislativos, e nos executivos também. São aliados que produzem votos.

Vale lembrar também que não é a primeira vez que Geraldo Alckmin é candidato do PSDB. Em 2006, disputou a Presidência e, no segundo turno, teve 2,4 milhões de votos a menos do que no primeiro turno. Não conseguiu entusiasmar seus próprios correligionários, que sempre o olharam como um caipira fora de lugar. Perdeu para Lula.

Em campanha, Geraldinho flertava com a esquerda e afirmava, com camiseta e banner, que não privatizaria nada se eleito. Hoje, flertando com a direita carcomida, tem afirmado que privatizará tudo, a começar pela Petrobras.

Pesquisa do Datafolha de julho diz que, no cenário com Lula, Alckmin tinha 6%; sem o ex-presidente, subiu para 7%. Mas ninguém parece se desesperar com isso.

De qualquer forma, manter candidatura própria é importante para o PSDB e qualquer outro partido, pois ajudar a eleger legisladores, governadores e prefeitos. Dividido, como estava em junho, o partido sairia menor da eleição. Em julho mudaram de rumo e as coisas começaram a acontecer.

Se eleito, talvez com um sotaque mais caipira, reproduzirá o mandato de FHC. Retrocesso.

Partido dos Trabalhadores – PT

Fundado em fevereiro de 1980, esperou a legalização até fevereiro de 1982. Vale lembrar que, durante a ditadura, a única entidade que manteve contato organizado com o povo, principalmente a população das periferias, foi a Igreja de Roma através das comunidades eclesiais de base. A esse movimento organizado se juntaram os movimentos populares contra a carestia e o movimento pela anistia e pelo fim da ditadura. No final dos anos 1970, esses movimentos empolgavam intelectuais que, juntando-se ao movimento popular, formaram uma maré irresistível, que culminou com a restauração da democracia pretendida.

Paralelamente, nos grandes centros urbanos de São Paulo, Rio e Minas, começam as greves operárias por questões econômicas, mas também com conteúdo político enfrentando a ditadura.

O PT surge no bojo do movimento sindical de São Bernardo do Campo com participação de militantes do PCB, apoio explícito da Igreja e suas comunidades de base e demais organizações populares de luta e com numerosos intelectuais empolgados com esse clima. Uns achando que chegara a hora da revolução socialista; outros certos de que a Democracia Cristã teria seu partido no maior país da cristandade; e outros ainda, oportunisticamente vendo nele um trampolim para galgar o poder.

Era integrando por lideranças sindicais, políticos, dirigentes de movimentos que se opuseram à ditadura, inclusive de grupos armados, intelectuais, artistas, funcionários públicos, militantes de movimentos sociais e católicos do movimento de Comunidades Eclesiais de Base. Não por acaso, foi fundado no Colégio Sion, em São Paulo, e abrigou numerosos monges dominicanos.

Acreditem ou não, a verdade é que o PT nasceu para ser o maior partido da Igreja de Roma no mundo, ou seja, um partido democrata-cristão, como aquele que governou Itália de 1946 a 1992.

A GOVERNABILIDADE IMPOSSÍVEL 179

Sendo na época o maior país católico do mundo, seria o maior partido da Igreja no mundo.

Vale registrar que, no bojo do movimento sindical que agitou a região do ABCD (Santo André, São Bernardo, São Caetano e Diadema, municípios vizinhos à capital) surgiu uma liderança operária formada nas escolas da AFL/CIOS, a central operária de Estados Unidos, sabidamente instrumentada pelo Departamento de Estado e os organismos de inteligência estadunidenses. O objetivo era desenvolver um "Sindicalismo de Resultados", isto é, despolitizado, ou seja, preocupado só com questões salariais.

Na realidade era bem mais que isso, era liquidar com a presença de comunistas, trabalhistas e outras forças políticas que tradicionalmente lideravam o movimento sindical, imprimindo protagonismo político às entidades. Junto veio o "pluralismo", por acordo com a Organização Internacional do Trabalho (OIT). Resultado: mais de 14 centrais sindicais confundem um movimento sindical castrado politicamente. A maior dessas centrais, a Central Única dos Trabalhadores – CUT, conseguiu hegemonia no projeto do PT e indicou muitos dos principais quadros que compõem o governo.

No andar da carruagem, além dos católicos, muitos intelectuais, além de militantes de esquerda e de direita (alguns – os menos informados – enojados pelo Mensalão e o que se seguiu) também saíram do partido. Outros, saíram por se sentirem mal ao descobrirem tratar-se de uma farsa.

Os católicos ficaram dispersos nos mais variados partidos, menos na Democracia Cristã, apropriada que foi por um tal de José Maria Eymael e cujo slogan era "um democrata cristão". Quem é esse cara? Como e por que se apropriou da legenda? Sequer me interessei em perguntar para ele, a quem prestei serviço quando foi candidato pela primeira vez. Os evangélicos também estão espalhados por vários partidos.

Ambos, católicos e evangélicos, formam a grande e poderosa bancada da Bíblia na Câmara Federal, com 145 deputados. A Igreja de Roma perdeu espaço e elegeu 48 deputados. Os evangélicos, que hoje constituem 30% da população, elegeram 95 deputados e três senadores. A Igreja de Roma, inconformada, promete um grande esforço para recuperar o espaço que perdeu no maior país católico do mundo.

Perguntas sem respostas

Muita gente, na sua perplexidade, não encontra respostas a como o PT chegou a essa situação de crise. E também perguntam como o PT sairá desta? Poderá recuperar-se? Como?

Dizem por aí que o PT aposta no fracasso de Michel Temer para voltar ao poder. Temer, o usurpador, fez tantas maldades, violou tantos direitos, que um sucessor seu ou se compromete com a continuidade de seu projeto ou não terá governabilidade.

Assim sendo, o PT se recuperará na oposição. Sempre se deu bem na oposição. Cresceu nela. Mas é uma atitude na defensiva, na retaguarda. O mesmo erro que cometeram desde que Dilma Rousseff assumiu em 2015 e teve início a conspiração para derrubá-la. Diziam: "vamos parar o golpe", mas o golpe já estava consagrado.

O difícil caminho da recuperação

O que pesa na recuperação complica bastante o projeto petista.

Nasceu e cresceu como uma proposta socialista. Abandonou suas origens, cercou-se de incompetentes politicamente, porém ávidos de poder e riqueza, e achou que com os poderosos empreiteiros iria governar por vinte anos ou mais.

A GOVERNABILIDADE IMPOSSÍVEL 181

O PT perdeu a grande chance de entrar para a história quando Lula foi eleito e teve na posse a maior euforia popular jamais vista. Além dessa empolgação de toda a nação, tinha a maior bancada no Congresso. Com o apoio das massas, poderia ter promovido as reformas tão necessárias e postergadas. A secular reforma agrária e a reforma política já teriam dado outra cara ao Brasil.

O PT perdeu também (perdeu ou não era seu propósito?) a chance de quebrar o monopólio hegemônico da rede Globo e criar um grande sistema público e democrático de comunicação. Era a proposta de Leonel Brizola, do PDT, rechaçada pelo PT, que preferiu ou concordou com uma cartilha neoliberal, deixando perplexos seus aliados. Preferiu manter o país sob o comando (ditadura) do capital financeiro e aceitou o jogo das empreiteiras, sonhando com a eternização no poder.

Lula criou o Sistema de Comunicação Nacional, que lhe foi proposto por Franklin Martins, inspirado na Conferência Nacional de Comunicação. Criou, mas não usou. Nem ele nem Dilma e, com isso, perdemos também a batalha da comunicação. Nem progressistas nem democratas temos meios de comunicação. Incrível.

Por incompetência ou intencionalmente, Lula cumpriu o nefasto papel de neutralizar o movimento operário sindical e popular. Bom comunicador, maior enganador. Teve oportunidade de virar a mesa, não virou porque era uma cria do sistema. Mais que vontade política, é preciso ter firmeza ideológica para uma passo dessa dimensão.

Com a mesma desenvoltura com que a mídia ajudou a construir o mito Lula, trata de destruí-lo.

Conseguirá?

A candidatura de Lula

Lula é o candidato que possui mais intenção de votos, maior do que a soma dos demais candidatos e, mesmo preso, insiste em manter a candidatura. Foi preso em 7 de abril. No final de junho, pesquisa Ibope indicava que Lula tinha 33% e Jair Bolsonaro, o segundo colocado, 15%.

Continua preso, mas tem o alento de um acampamento de militantes de vários movimentos populares, nem todos do PT, em frente ao prédio da Polícia Federal, em Curitiba, em vigília cívica solidária. E não cessa a fila de personalidades, nacionais e estrangeiras, para visitá-lo.

Lula argumenta que desistir da candidatura seria aceitar o jogo que a direita quer impor para se manter no poder. E tem toda razão, mas tem quem ache que a candidatura dele atrapalha os que pretendem disputar eleições ou reeleições. Será que atrapalha? Ele já provou que pode ajudar a eleger uma grande bancada.

Mesmo faltando poucos dias para a eleição, com todo imbróglio jurídico e os destaques favoráveis na mídia, os maiores partidos, que deveriam ser os mais fortes adversários do PT, não chegaram sequer a 10% de intenção de voto. Este país é mesmo louco. A soma das intenções de voto dos que estão disputando segundo e terceiro lugar é menor do que o percentual de Lula, que continua firme em torno dos 30%. Na medição de junho do Datafolha, publicada nos diversos jornais,

- Marina da Rede firmou-se em 13%;

- Bolsonaro continua firme com 17%;

- Lula, mesmo preso, 33%. Como negar a legitimidade de sua participação no pleito?

Uma prisão farsesca

Há uma intensa polêmica entre advogados e juristas e as mais altas autoridades do Poder Judicial em torno dos processos armados contra o ex-presidente Lula. Isso só está servindo para aprofundar a já tão grave insegurança jurídica do país. Quem perde com isso é a Nação com seu povo, pois insegurança jurídica não combina com democracia nem com desenvolvimento. Para isso é precico contar com regras claras e estáveis.

Os desmandos do judiciário repercutem no mundo inteiro. Um julgamento e condenação sem provas concretas e sem passar pelas instâncias necessárias. Uma enxurrada de processos, para confundir. E todos os juízes se acham no direito de ajudar a empurrar o réu como se estivesse no patíbulo.

Em julho, a juíza federal Carolina Moura Lebbos, responsável pela execução penal do réu, proibiu Lula de fazer campanha, dar entrevistas e até mesmo de comparecer à convenção do PT. É ilegal porque só o Tribunal Superior Eleitoral é quem pode decidir sobre validar ou não a participação de um candidato.

> Ainda em julho, outra ministra, Laurita Vaz, presidente do STJ, negou 143 pedidos de Habeas Corpus, sob a alegação de que o Poder Judiciário não pode ser utilizado como balcão de reivindicações ou manifestações de natureza política ou ideológico-partidárias. Não é essa sua missão constitucional.[13]

Esse julho foi mesmo dos mais aziagos para a Justiça brasileira. O processo da Operação Lava Jato, levado por Sergio Moro

---

13 Disponível em https://politica.estadao.com.br/blogs/fausto-macedo/judiciario-nao-pode-ser-utilizado-como-balcao-de-reivindicacoes-ideologico-partidarias/

e João Pedro Gebran Neto, corre no TRF-4, em Porto Alegre. No dia 7, três deputados do PT pediram habeas corpus. No dia seguinte, o desembargador de plantão, Rogério Favreto, deu duas horas para que Lula fosse solto.

Moro, mesmo estando de férias, emitiu ordem para manter o encarceramento. O desembargador insistiu em exigir obediência à sua decisão. Gebran Netro, relator do processo que condenou Lula por 12 anos, determinou novamente a prisão. E o caso foi encerrado com manifestação da presidência do TRF-4 mantendo a prisão.

As patacoadas do judiciário e da mídia repercutem no exterior causando perplexidade. Como entender isso: como uma batalha judicial ou uma disputa político-partidária? Não dá mais para esconder que Lula é um preso político ou, como dizem por aí, um candidato sequestrado na tentativa de ganhar a eleição no tapetão.

Por toda parte, ampliam-se as manifestação de solidariedade e de protesto contra esse sistema que não dá para considerar que seja democrático, menos ainda constitucional. Na Itália, o movimento é forte e até em programas de televisão aparecem manifestações de apoio. No Chile, a ex-presidenta Michelle Bachelet[14] subscreveu um manifesto com políticos de várias tendências pedindo a libertação de Lula. O ex-pré-candidato à presidência dos Estados Unidos pelo partido Democratas Bernie Sanders, junto com um grupo de 29 congressistas do país, assinou uma carta ao governo brasileiro denunciando as violações de direitos humanos e ataques à democracia no país, com destaque para a prisão de Lula.[15]

No Rio de Janeiro, no sábado, 28 de julho, sob os Arcos da Lapa, no centro da cidade, mais uma bela e emotiva manifestação

---

14 Verónica Michelle Bachelet Jeria (1951 -), do Partido Socialista do Chile, foi presidenta do Chile de 2006 a 2010 e de 2014 a 2018.

15 Disponível em https://lula.com.br/exclusivo-leia-a-carta-de-bernie-sanders-e-mais-28-parlamentares-dos-eua-que-querem-lula-livre/

A GOVERNABILIDADE IMPOSSÍVEL

185

de solidariedade. O Festival Lula Livre reuniu quase 80 mil pessoas para ver, ouvir e aplaudir mais de 40 músicos, poetas, atores, cineastas, artesãos e dançarinos que se revezaram em 10 horas de programação. E que programação! Terminou na madrugada de domingo com Chico Buarque e Gilberto Gil cantando "Cálice", canção que interpretaram juntos pela última vez há 45 anos, quando foram interrompidos por um censor maluco que tirou o microfone deles. Era 1973, em plena ditadura do general Médici, o mais feroz.

O show de 2018 repercutiu no mundo inteiro: agências de notícias, jornais diários e televisões... afinal, como perder uma apresentação desse nível? É. Saiu no mundo inteiro, menos na Terra Brasilis. A mídia nativa simplesmente ignorou o fato.

Julho acabou sem que o PT tivesse dado sequer uma pista de quem seria o candidato a vice de Lula. Resolveram isso na Convenção do primeiro sábado de agosto, dia 4, aprovando o lançamento da chapa pura (puro PT) com Lula presidente e Fernando Haddad vice. Caso Lula os adversários (ou inimigos?) consigam manter Lula fora, Haddad encabeçará a chapa. Na fila para ser vice está a Manoela D' Ávila, que era candidata a presidente pelo PCdoB até pouco antes.

PDT – Partido Democrático Trabalhista

Fundado em 17 de junho de 1979, oficializado em novembro de 1981.

Não dá pra entender esse novo trabalhismo sem conhecer um pouco da história de seu fundador, Leonel Brizola. Desde o início de seu exílio, ele não passou um dia sem dar combate à ditadura que desalojou o trabalhismo desenvolvimentista e nacionalista do poder.

Brizola representava a ala radical desse trabalhismo caboclo, bem diferente do europeu, porém com objetivos semelhantes, ou seja, levar os trabalhadores organizados em seus sindicatos ao poder.

Brizola era carismático. Apesar de formado em engenharia, era um epistemologista de grande sensibilidade social. Desenvolveu sua liderança no Rio Grande do Sul, onde foi deputado estadual (1947-1955), deputado federal (1955-1956), prefeito de Porto Alegre (1956-1958) e governador do estado (1959-1963).

Como prefeito e governador fez uma verdadeira revolução na educação (nenhuma criança fora da escola) e na produção agrícola, dando terra aos sem-terra e organizando-os em cooperativas.

Depois das eleições gerais de 1960, que elegeu Jânio da Silva Quadros e João Marques Goulart, presidente e vice-presidente da República, respectativamente, houve um episódio que projetou Brizola nacional e internacionalmente. Naquele tempo, votava-se para presidente e vice separadamente.

Jânio Quadros saiu candidato pelo Partido Trabalhista Nacional (PTN), uma dissidência do Partido Trabalhista Brasileiro (PTB), tendo como vice o jurista mineiro Milton Campos, da grande vedete da direita cabocla, a União Democrática Nacional (UDN).

O general Henrique Teixeira Lott, um democrata defensor da legalidade, disputou pelo Partido Social Democrata (PSD), tendo como vice João Goulart, do PTB. Refazendo uma aliança histórica.

Jânio Quadros venceu com quase seis milhões de votos e teve que assumir tendo como vice João Goulart, eleito com pouco mais de 4,5 milhões de votos.

Com a renúncia de Jânio Quadros, em agosto de 1961, numa tentativa frustrada de voltar ao poder como ditador (frustrada porque os militares de quem esperava apoio resolveram ficar eles mesmos no poder). Diante do golpe em marcha, Brizola se sublevou

A GOVERNABILIDADE IMPOSSÍVEL

com o povo gaúcho em armas, formou a Rede da Legalidade, empolgou o povo e lideranças no país inteiro, conseguindo parar o golpe e empossar o vice constitucional.

Dos pampas gaúchos às praias cariocas

Terminado o mandato de governador gaúcho, Brizola mudou--se para o estado da Guanabara e, tal era seu prestígio, foi o deputado federal (1963-1964) mais votado na história. O estado da Guanabara foi criado para dar status de estado à cidade do Rio de Janeiro, após a transferência do Distrito Federal para Brasília. Antes disso, a capital do Rio de Janeiro era Niterói. Com a fusão dos dois estados em 1975, a capital voltou para a cidade do Rio de Janeiro.

Na Câmara e ao lado de Goulart radicalizava a campanha do governo pelas reformas de base. Com o golpe civil-militar, apoiado pelos Estados Unidos, todos os protagonistas e apoiadores do governo foram perseguidos, presos, assassinados e/ou tiveram seus direitos políticos cassados.

Goulart, Brizola, Neiva Moreira, que era o secretário-geral da Frente Parlamentar Nacionalista (e muitos outros), se asilaram no Uruguai. Brizola e Neiva, além das articulações políticas de resistência à ditadura, organizaram os primeiros movimentos armados para combatê-la. O primeiro deles no Rio Grande do Sul e Santa Catarina e, logo, na Serra de Caparaó, na divisa entre Espírito Santo e Minas Gerais, que se dissolveu sem ter combatido.

Bem antes da anistia de 1979, Brizola estava trabalhando para reagrupar os trabalhistas tanto no país como no exterior. Em junho de 1979, realizou o Encontro de Lisboa, que reuniu não só trabalhistas, comunistas de diferentes facções e também de organizações armadas derrotadas, vindos do Brasil e de seus países de exílio.

A Carta de Lisboa é o nascimento simbólico desse novo trabalhismo, que já surge socialdemocrata, vinculado à Internacional Socialista da Europa, presente como observador à reunião.

O registro oficial do partido se dá em 1979, com o fim do bipartidarismo e com quadros oriundos do MDB. Em 1982, elege Brizola governador do Rio de Janeiro, dois senadores (um no RJ e outro no DF) e 24 deputados federais.

Sem dúvida um grande potencial que ascendeu luz vermelha nas oligarquias e nos serviços de inteligência nativos e estrangeiros, notadamente dos Estados Unidos. Vale recordar que, como governador do Rio Grande do Sul, Brizola expropriou duas empesas estadunidense, a *Bond and Share*, de energia, e a ITT, de telefonia.

Após a morte de seus líderes maiores, o PDT perdeu muito de sua proposta original, compondo alianças espúrias, mas, por incrível que pareça, carrega ainda uma certa mística do Brizola como herdeiro do trabalhismo de Vargas e Goulart.

A candidatura de Ciro Gomes

Ciro Gomes está bem apetrechado, apresentando-se como representante de um projeto econômico e financeiro alternativo. Ou seja, diz que há que se livrar da ditadura do capital financeiro e realizar um projeto de industrialização.

Tem se reunido com membros da Associação Keynesiana Brasileira e do Centro de Estudos do Novo Desenvolvimento da Faculdade Getúlio Vargas (FGV), conduzido pelo professor Nelson Marconi, que assegurou que Ciro tem um Projeto para o país.

Ciro Gomes do PDT e Boulos do PSOL são os candidatos que no início da campanha marcaram posição com discursos afiados contra o sistema. Ciro, Lula e Boulos anunciam pretender colocar o Estado como indutor do desenvolvimento e não a serviço do capital financeiro.

Ciro foi candidato à presidência, derrotado em 1988, mas no ano seguinte foi eleito prefeito de Fortaleza. Implantou o IPTU progressivo, teve 77% de aprovação. Com o fim do bipartidarismo,

A GOVERNABILIDADE IMPOSSÍVEL 189

Ciro ajudou a criar o PSDB. Deixou a administração municipal para candidatar-se ao governo do estado e, em 1990, foi eleito no primeiro turno com 56%. Também saiu bem avaliado dessa gestão, com 74% de aprovação.

Foi ministro da Fazenda (1994-1995) no governo de Itamar Franco, não se deu bem, saiu e foi para o PPS.

No governo Lula, foi ministro da Integração Nacional (2003-2006). Quando o PPS abandonou a base de apoio a Lula, Ciro foi para o PSB. Em 2017, entrou para o PDT e assumiu ser candidato à Presidência.

Quem apoiará um embate com o sistema?

O problema é que o PDT faz tempo deixou de ser o partido criado por Leonel Brizola, Darcy Ribeiro, Neiva Moreira... saudades dessa gente. A verdade é que o PDT hoje não tem densidade eleitoral. Ciro sabe disso e buscou, sem sucesso, alianças com outros partidos. Não é fácil nesse arco encontrar quem queira dar sustentação a um embate contra o sistema.

Mangabeira Ungher, filósofo e teórico da Harvard University, colaborou com Brizola na fundação do PDT e na formulação dos projetos de governo, juntou-se à campanha como conselheiro do Ciro. Para Mangabeira, o problema fiscal, que tanto atormenta os economistas, é uma questão de gestão. E Ciro concorda.

O filósofo recomendou que Ciro priorizasse alianças com PSB e PCdoB e também com o DEM, com o argumento de que este "não é um partido da direita". Mangabeira, que é neto de Otávio Mangabeira, fundador do PSB nos anos 1940, aprecia o perfil de empreendedores dos quadros que compõem o DEM, principalmente no interior. Repudia o PSDB por ser um partido de direita comprometido com o receituário do Consenso de Washington, mas se compõe com o DEM, continuidade da Arena dos militares.

Em manifestações na mídia, o Partido Progressista (PP) também ameaçou aderir à coligação do PDT. O PP é o quarto maior partido em número de cadeiras na Câmara Federal. A dificuldade é que o partido tem quatro ministros trabalhando para o governo ilegítimo e Temer tratou de barrar o acordo. Disse que os aliados terão de deixar seus cargos se apoiarem adversários. É duro largar a boquinha, não é?

O PP é presidido pelo senador piauiense Ciro Nogueira Lima, fortuna declarada ao TSE de R$ 40 milhões, um integrante do Centrão que gostaria de apoiar a candidatura do PDT. Acabou fechando com Alckmin, mas declarou, em seguida, que votaria em Lula. Ciro Nogueira também reiterou que preferência não mudaria a aliança com o tucano.

Outro do Centrão, Josué Gomes, do PR, também estava disposto a fazer aliança com o PDT, até que o PSDB interveio para convidá-lo a ser vice de Alckmin. Com toda essa confusão o Centrão está mais para centrinho, com os integrantes dispersos, como quem espera um leilão. O que sobrou, fechou com Alckmin.

Sem o Centrão e sem Josué, Ciro Gomes tucanou, ou melhor, perdeu o juízo e viu oportunidade de também pescar nessas águas revoltas e foi buscar a senadora Katia Abreu, do PDT do Tocantins. Registre-se que ela foi eleita senadora em 2007 pelo PFL, depois de ter abandonado o PPB. Eleita se bandeou para o DEM, em 2011 passou para o PSD, em 2013 para o PMDB e, finalmente, em 2018 ingressou no PDT. Porque? Simplesmente porque seus correligionários ficaram furiosos pelo fato de ela não ter apoiado a deposição da presidenta Dilma Rousseff, de quem foi ministra da Agricultura.

Por seu discurso nacionalista, com um programa de reformas políticas e econômicas, Ciro Gomes foi vaiado num fórum de empresários, certamente porque deu o recado certo no lugar certo.

A GOVERNABILIDADE IMPOSSÍVEL 191

Disse, mais ou menos, que a industrialização do Brasil se fez com a CLT e o país chegou a ser o sétimo parque industrial do planeta, e todos os empresários enriqueceram. Por que agora eles se voltam contra o criador? Estarão satisfeitos com a recessão?

Isso ocorre porque realmente perderam a consciência nacional, deslumbraram-se com o dinheiro fácil que se ganha no cassino global, preferem vender seus ativos e viver de renda do que contribuir para o desenvolvimento. Que outra explicação se poderia dar?

Ciro e o PDT terão toda a mídia a demonizá-los, como fizeram com Brizola. Mas a proposta, ao que parece, é honesta, pelo menos não seria mais do mesmo, abriria caminhos para mudanças.

PMN – Partido da Mobilização Nacional

Criado em abril de 1984 e legalizado em outubro 1985 com um manifesto nacionalista, de rompimento com o FMI, moratória da dívida, política externa independente e reforma agrária, entre outras bondades.

Nasceu em Minas Gerais com o declarado propósito de continuar o processo libertário dos Inconfidentes, tendo Tiradentes como patrono. Celso Teixeira Brant, seu fundador e presidente, eleito deputado em 1958, integrou a Frente Parlamentar Nacionalista, apoiou as Reformas de Base propostas pelo governo do trabalhista João Goulart e teve os direitos políticos cassados pelos militares em 1964.

Em 1979, Brant filiou-se ao PTB do Golbery e, em 1985, criou o PMN. Disputou a primeira eleição presidencial em 1989 e obteve míseros 0,13% dos votos. Na presidencial seguinte, o PMN disputou com o brigadeiro Ivan Moacir da Frota, que tampouco teve sucesso: 0,37% dos votos.

Em 1999, integrou o governo de Itamar Franco, renunciou ao partido que criou e entrou no PTdoB – Partido Trabalhista do Brasil. Daí para frente, parece que se esvaziou. No entanto, o partido tem crescido em número de prefeitos, vereadores e, em 2010, tinha um senador, quatro deputados federais e dois governadores.

PSB – Partido Socialista Brasileiro

O PSB, criado em 1947 com redemocratização do país, foi extinto com a implantação da ditadura em 1964, junto com os demais partidos existentes.

Em 1985 foi fundado um novo PSB, recolhendo a carta de princípios escrita por João Mangabeira para o PSB, que saíra da Esquerda Democrática, uma dissidência da UDN.

Esse novo partido contou com apoio de intelectuais, escritores e juristas e jornalistas de grande expressão nacional. Participou da luta por maior abertura política e por eleições diretas.

Miguel Arraes,[16] ex-governador de Pernambuco, deu grande impulso ao partido, presidindo o mesmo até sua morte. Para sucedê-lo, foi escolhido Eduardo Campos,[17] que logo seria lançado candidato vitorioso ao governo do estado.

Em 1998 Arraes participou da Frente Brasil Popular com PT e PCdoB, para lançar a candidatura de Lula. Repetiu essa

---

16 Miguel Arraes de Alencar (1916-2005) foi govenador de Pernambuco de 1961 a 1964. Foi cassado, preso na isolada ilha de Fernando de Noronha, passou 14 anos de exílio forçado, regressou ao país e, em 1990, foi novamente eleito governador de Pernambuco pelo PMDB. Filiou-se ao PSB no mesmo ano.

17 Eduardo Henrique Accioly Campos (1965-2014) foi deputado estadual de 1991 a 1995; deputado federal de 1995 a 2007; ministro da Ciência e Tecnologia do governo Lula, entre 2004 e 2005, e governador de Pernambuco de 2007 a 2014. Foi candidato presidencial pelo PSB em 2014, tendo como vice Marina Silva. A última pesquisa antes do acidente apontava que tinha 9,2% das intenções de votos.

coligação nas seguintes disputas eleitorais e só a abandonou no segundo mandato de Dilma por discordar da linha do governo.

Em 2014, lançou a candidatura de Eduardo Campos à Presidência da República, tendo Marina Silva (hoje da Rede) como vice. Campos morreu num acidente aéreo, ainda hoje não explicado, e o partido manteve a candidatura de Marina, com o deputado federal pelo Rio Grande do Sul Beto Albuquerque como vice.

Nas eleições municipais de 2016 conseguiu eleger 418 prefeitos e 3.637 vereadores, recorde de crescimento na história do partido.

Em 2018, o PSB conta com quatro governadores — Daniel Pereira (RO); Paulo Câmara (PE); Rodrigo Rollemberg (DF) e Ricardo Coutinho(PB) —, aos quais se somou Márcio França (SP) após renúncia de Geraldo Alckmin para disputar a eleição presidencial. Quatro senadores: SE; BA; AP e Go e 26 deputados federais.

Ex-candidatura de Joaquim Barbosa

Joaquim Barbosa, ex-presidente do STF, apagou o sonho do PSB como quem apaga uma vela e, de fato, deixou o partido próximo do fim do prazo de definição. Nas pesquisas de abril aparecia com 10%, na frente do Alckmin, para desespero dos tucanos. Faz tempo que esse partido vem se esvaziando. Já teve alguma expressão pelos personagens que abrigou. Sobrou quase nada.

Quem era socialista honesto não podia compactuar com o apoio à ditadura do capital financeiro, menos ainda com a venda da legenda. O PSB teve perdas realmente valiosas, como a deputada Luiza Erundina, hoje no PSOL.

Então acharam que com Barbosa poderiam dar prestígio ao partido. Doce ilusão pensar que esse cara deixaria seu escritório, em que na qualidade de ex-supremo-ministro vende pareceres a altíssimos preços. Tampouco deixaria a boa vida entre Miami, onde tem

194 PAULO CANNABRAVA FILHO

residência, e outras praias. O partido, dividido entre apoiadores do PSDB e do PDT, chegará bem fracionado às eleições de outubro.

PCB – Partido Comunista Brasileiro

Fundado março 1922, sob a sigla PCdoB — Partido Comunista do Brasil, filiado à Internacional Comunista, mudou o nome para Partido Comunista Brasileiro (PCB) a partir de 1945 para não parecer um apêndice da União Soviética, como era demonizado pela mídia.

Na eleição de 1945, disputou a presidência tendo Yedo Fiúza como candidato, teve quase 5% dos votos e elegeu 14 deputados federais. Dois anos depois, teve seu registro anulado e foram cassados os mandatos dos parlamentares eleitos, mas o partido continuou ativo na clandestinidade. Com a repressão dos anos de chumbo, liberdade suprimida, ditadura repressiva, a maior parte dos quadros foi morta.

Com a restauração do bipartidarismo, a legenda foi registrada e legalizada por um grupo de sobreviventes, nem todos marxistas leninistas, liderados por Roberto Freire. Este novo PCB participou da Constituinte de 1988 e das eleições subsequentes, ora apoiando um, ora outro candidato, da esquerda ou da direita. Até que Roberto Freire saiu para fundar o Partido Popular Socialista (PPS).

A legenda PCB perdeu ainda mais expressão do que possuía, mas continua ativa, participando de coligações de esquerda nas eleições.

PPS – Partido Popular Socialista

Fundado em 1992 por Roberto Freire com alguns dos que escaparam ao extermínio do velho PCB. Nas eleições de 1998 e de 2002 lançou a candidatura de Ciro Gomes à presidência, nesta última tendo Roberto Freire como vice; na eleição seguinte apoiou a candidatura derrotada de Geraldo Alckmin. Integrou a base de

A GOVERNABILIDADE IMPOSSÍVEL 195

apoio a Lula, mas logo em seguida rompeu e apoiou o golpe contra o governo de Dilma.

PCdoB – Partido Comunista do Brasil

Nascido na clandestinidade como uma dissidência do PCB, em 1961, assumindo uma linha pró-China comunista de Mao Tse Tung e contrária à linha pró-comunismo soviético, dos dirigentes do PCB.

Esse partido, como se viu no primeiro capítulo, protagonizou atos heroicos, como a Guerrilha do Araguaia, que foi massacrada pelas Forças Armadas, logo depois, teve sua direção dizimada no episódio conhecido como Chacina da Lapa, cometida pelos órgãos de repressão na Capital de São Paulo.

Passada essa fase, o partido voltou a fazer política de base e foi legalizado pelo TSE em julho de 1988, e tem participado das eleições em coligação com o PT e integrado funções de governo. Foi durante um tempo o partido que mais crescia e chegou a ser dominante no movimento estudantil.

Na Câmara Federal tem dez deputados em exercício.

Manuela D'Ávila

A ideia inicial da direção do PCdoB era ter candidatura própria para com isso incrementar sua bancada e aumentar suas bases interioranas. A gaúcha Manuela se mostrou indecisa, posto que não conseguia ultrapassar a barreira dos 2% mas pesquisas.

Uma vez pré-candidata, disse que não seria problema retirar a candidatura para apoiar uma frente de esquerda, mas reiterou que não desistia da candidatura. E agora?

O PT, tradicional aliado, esperava o apoio do partido. O PDT e o PSOL também estavam no namoro pra ver se rolava casamento.

O PCdoB acabou por se coligar ao PT, numa chapa tríplice: Lula presidente, Haddad vice, Manuela vice: se Lula ficar até o fim, Manuela ocupa o lugar de Haddad; se Haddad substituí-lo, vira vice do ex-prefeito de São Paulo.

Novos à esquerda

Confirmando a tradição de dispersão das forças políticas, a partir dos anos 1990, tanto à direita como à esquerda, surgiram novos agrupamentos. Alguns também seguindo a tradição de oportunismo, apenas para negociar apoio, outros, a minoria, com propostas sérias e real chance de se desenvolverem como alternativa às velhas siglas comandadas por caciques regionais e nacionais.

PSOL – Partido Socialismo e Liberdade

Fundado em julho 2004, por dissidentes à esquerda do PT, alguns deles expulsos da legenda por não concordarem com a linha do governo Lula. Oficializado no ano seguinte, recebeu apoio de respeitáveis intelectuais, como o jurista Fábio Konder Comparato, o geógrafo Aziz Ab Saber e o filósofo Leandro Konder.

O deputado federal por São Paulo, Ivan Valente, deixou a presidência do partido para tentar reeleger-se. O novo presidente, Juliano Ribeiro, segue a linha alinhada à esquerda do espectro conhecido como esquerda. Faz oposição ao PCdoB na direção da UNE.

Em 2006, lançou a candidatura da senadora Heloísa Helena à Presidência, formando uma Frente de Esquerda com o Partido Socialista dos Trabalhadores Unificados (PSTU) e o PCB.

Mesmo com pouco tempo de existência já possui dois prefeitos, 53 vereadores, 13 deputados estaduais e seis deputados federais. Nas municipais de 2008, com a Frente de Esquerda, disputou a prefeitura em 11 capitais. Nas municipais de 2012, concorreu em mais de 100 municípios.

A GOVERNABILIDADE IMPOSSÍVEL

Nas presidenciais de 2010 disputou tendo Plínio de Arruda Sampaio[18] como cabeça de chapa e o professor baiano Hamilton Assis como vice.

Nas presidenciais de 2014, lançou a candidatura de Luciana Genro e Jorge Paz como vice e elegeu mais cinco deputados federais e 12 estaduais. Há que registrar que elegeu dois deputados estaduais recordistas de voto: Marcelo Freixo (RJ) com 350.308 votos, e Carlos Giannazi (SP), com 164.929 votos.

Desde 2016 conta em seus quadros com Luíza Erundina,[19] que será a aposta do partido em São Paulo para a Câmara Federal de 2018, já que ela é uma grande agregadora de votos. Há que prestar muita atenção a esse partido. É o primeiro a valorizar a comunidade LGBTQI. O carioca Jean Wyllys é o primeiro e até agora o único deputado federal brasileiro publicamente assumido como homossexual. Não contentes com isso, o partido vai lançar a transexual Alexya Salvador, pastora da Igreja da Comunidade Metropolitana (ICM), como candidata a deputada estadual em São Paulo.

A candidatura de Guilherme Boulos

Guilherme Boulos se apresenta como alternativa para aqueles que se desiludiram com o falso discurso ecológico da Marina

---

18 Plínio Soares de Arruda Sampaio Plínio (1930-2014) começou no movimento universitário no início dos anos 1954 como dirigente da Ação Popular (AP). Eleito deputado federal pelo PDC em 1962, apoiou o projeto de reformas de base do governo de João Goulart. Com o golpe de 1º de Abril de 1964 foi cassado, partiu para o exílio. Passou pelo MDB. Com o fim do bipartidarismo ajudou a fundar o PT. Em 2005 deixou o PT para ingressar no PSOL.

19 Luiza Erundina de Sousa (1934-) fez política em São Paulo, iniciando como assistente social nos bairros mais afastados e abandonados. Foi vereadora (1983-1986), a primeira mulher eleita para a Prefeitura de São Paulo, pelo PT (1989-1983); em 1999 foi eleita deputada federal e reeleita sucessivamente. Em 2018 disputará a sexta reeleição.

e o socialista do PT. Sua vice, a corajosa Sônia Guajajara, é indígena e feminista.

Boulos esteve todo momento na oposição a esse regime de governo. Militou no PCB, em 2000 saiu para ingressar no Movimento dos Trabalhadores sem Teto (MTS), do qual hoje integra a coordenação. Em março de 2018 ingressou no PSOL para candidatar-se à Presidência.

Seu programa tem conteúdo nacionalista, desenvolvimentista e voltado a fortalecer a soberania nacional. Na pesquisa de julho do Datafolha, com ou sem Lula, ainda não tinha alcançado 2%.

Partido Verde – PV

O Partido Verde (PV) surgiu como proposta em janeiro de 1987, seguindo uma onda que agitou a Europa durante essa década, de se ligar com a necessidade de preservar as florestas, despoluir o ambiente, questões do aquecimento global, tantas outras relacionadas com a natureza. Com apoio de intelectuais e artistas, teve ampla repercussão na mídia. Gente como Fernando Gabeira, Lúcia Veríssimo, Alfredo Sirkis, Lucélia Santos, Carlos Minc e John Neschling apoiou a iniciativa.

Em 2006, Fernando Gabeira disputou uma cadeira na Câmara pela legenda do PT, pois o PV não conseguira ainda registro no TSE. Nas seguidas eleições, coligou-se com o PT até 1989. Em 1992, elegeu três prefeitos no estado de São Paulo e três vereadores em todo o país. Em 1993, finalmente conseguiu o registro no TSE e, no ano seguinte, elegeu Gabeira deputado federal pelo Rio de Janeiro. Em 1998, lançou a candidatura de Alfredo Sirkis à presidência. Continuou crescendo e, em 2006, elegeu três governadores e, em 2008, 75 prefeitos em todo o país.

Na atual legislatura, o PV conta com quatro deputados federais e um senador por Roraima, com dois puxadores de voto, Ricardo Trípoli (SP) e Sarney Filho (MA).

A GOVERNABILIDADE IMPOSSÍVEL

Em finais de julho, sob intensa paquera de Marina Silva para ter seu apoio, o PV anunciou que não teria candidato nas presidenciais de 2018. Eduardo Jorge virou vice de Marina.

Rede – Rede Sustentabilidade

Entre os mais novos, fundado em 2013, obteve registro em 2015 com muito esforço, pois o TSE indeferia o pedido por não atender a requisitos formais.

Marina Silva,[20] católica e petista, militou ao lado de Chico Mendes na organização de seringueiros no Acre, depois bandeou-se para os neopentecostais da Igreja Bíblica da Graça. Diz ela, por ter sido curada de malária.

Foi a mais jovem senadora da historia e a primeira mestiça de negro e índio candidata à presidência da República. Saiu do PT em 2009 e entrou no PV para sair candidata à Presidência na eleição de 2010. Ficou em terceiro lugar, com quase 20 milhões de votos. Uma surpresa para umaa legenda sem história. Não se entendeu com as velhas lideranças do PV, saiu e desde 2012 vinha trabalhando para fundar e consolidar a Rede Sustentabilidade.

Na eleição de 2014, sem partido e com muita gente achando que ela superaria a façanha da eleição anterior, pois aparecia em segundo lugar nas pesquisas, se filiou ao PSB e foi lançada candidata a vice na chapa do pernambucano Eduardo Campos. Com a morte deste, em agosto, Marina encabeçou a chapa e teve 22 milhões de votos.

---

20 Maria Osmarina Marina Silva Vaz de Lima foi vereadora (1989-1991), deputada estadual (1991-1995), ministra do Meio Ambiente de Lula (2003-2008) e, por fim, senadora (1995-2011), sempre pelo PT. Disputou a presidência em 2010 pelo PV, obtendo 19.636.359 votos (19,33%); em 2014, pelo PSB, devido à morte de Eduardo Campos, obteve 22.154.707 de votos (21,31%); em 2018, sairá por seu partido, Rede.

Insistente, é agora de novo cabeça de chapa na disputa presidencial de 2018. Durante toda sua trajetória, exerceu forte militância nos movimentos de proteção do meio ambiente, tanto no Brasil como no exterior.

Alguns dizem que Marina, junto com Ciro Gomes, é a maior herdeira de Lula. Não é.

Marina está satisfeita com a condenação de Lula, diz que decisão da justiça "não se discute, se cumpre". Pois já não é a mesma Marina. Agora, como evangélica, é contra o aborto, contra casamentos fora dos cânones religiosos e aplaudiu a prisão de Lula, acrescentando que deveriam estar presos também todos os que praticaram malfeitos: Temer etc.

Qual é o petista ou lulista que votará nela depois disso?

Marina já serviu o que tinha que servir às oligarquias. Agora parece que perdeu o apoio dos que a lançaram na vida religiosa e na arena política. Para eles, é carta fora do baralho. No entanto, sua candidatura é necessária para eleger alguns deputados e garantir a sobrevivência de sua Rede.

Faz tempo que ela vem perdendo espaço político. "O mercado quer um candidato de direita, não de centro". Quem disse isso? Uma pesquisa? Não...

Quem disse foi o próprio mercado: Flávio Rocha, dono das lojas Riachuelo, um dos que financiam movimentos como do Brasil 200.[21] Ele já foi deputado federal de 1987 a 1995 e constituinte, e volta à política com mais dinheiro e mais sabedoria de como lutar nessa arena.

---

21 Lançado em janeiro de 2018, pelo empresário Flávio Rocha, o movimento Brasil 200, tem a intenção de contribuir para que o Brasil comemore os 200 anos da independência, totalmente liberal e conservador nos costumes.

A candidatura de Marina Silva

Apesar dos votos que teve em 2014, que a colocou em terceiro lugar na disputa presidencial, a mesma dificuldade que ela vem tendo para formar seu partido está tendo para arquitetar uma aliança. Antes já tinha fracassado na tentativa de liderar o PV.

Houve um tempo em que ela era interessante para os mercadores da fé que a financiaram. Como estes perderam o interesse, esvaíram-se também suas chances. Nas pesquisas sem Lula, ela aparece em terceiro, com 7%, de acordo com a pesquisa Ibope de 26 de junho, atrás do capitão candidato Jair Bolsonaro, com 15%.

Em fevereiro de 2018, Marina conseguiu marcar um "gol de placa", ao receber o apoio de Eduardo Bandeira de Melo. Essa ajuda favorece a Rede. Além de rico, ele tem o potencial de mobilizar a maior torcida do Brasil, pois está no segundo mandato no Flamengo.

Como o sistema já tem seus candidatos, Marina ficará a ver navios. Mas manterá a candidatura, pois isso dá muito dinheiro e ajuda, no médio e longo prazo, a viabilizar o seu projeto de partido. E está fazendo força para isso.

FFB – Frente Favela Brasil

Em agosto de 2017 entrou com pedido de registro no Tribunal Regional Eleitoral com intenção de disputar as eleições como partido dos negros e favelados do Brasil. Segundo seu presidente, *Wanderson Maia,* se apresenta como "nem de esquerda nem de direita", mas seu discurso é abertamente de esquerda e inclusivo. Já anunciou que terá 93 candidatos em vários partidos e entrou em negociação com o PSOL para que acolha seus candidatos na legenda.

IX

1986 a 2000: eleição na nova republica

Democracia ou Plutocracia?

Plutocracia, segundo o Aurélio
1 – Poder da riqueza e do dinheiro
2 – Dominação dos homens ricos
Democracia, no mesmo dicionário
1 – governo em que o povo exerce a soberania, direta ou indiretamente
2 – Partido democrático
3 – O povo (em oposição a aristocracia)

Ditadura, no mesmo dicionário
1 - governo de ditador.
2 – Absorção do poder legislativo pelo poder executivo

Na história do Brasil nunca houve democracia, entendida como hegemonia do povo. Tivemos, ao longo do processo, uma autêntica plutocracia, ou a ditadura dos ricos e poderosos. Pode-se ressalvar que houve algumas fases com processos em direção à democracia, mas que contudo jamais conseguiram se firmar.

A Plutocracia precisa do disfarce de democracia para sobreviver. E cada vez que a ascensão das organizações de massa a ameaçam, perpetram golpe de estado, instalam a tirania repressiva para sobreviver.

A tal democracia representativa? Pura farsa.

As eleições, como nos foram impostas, foram criadas e são manipuladas pelos ricos para assegurar a hegemonia, ou seja, a manutenção do status quo. Eleições, portanto, pura farsa para disfarçar a ditadura da plutocracia. O que temos, como bem define o sábio Boaventura de Sousa Santos, são "regimes autoritários que se disfarçam com um verniz democrático".[1]

Em outubro de 2016, por ocasião das eleições municipais, comprovamos tratar-se de uma farsa. No lugar de confronto de ideias e programas tivemos uma disputa entre especialistas em marketing (mercado) e manipulação das consciências, vendendo candidatos como se vendem produtos de consumo.

Plutocracia sem rumo

Saímos da aristocracia do Reino e do Império para a República dos Coronéis: plutocracia pura. Os coronéis eram os novos ricos e poderosos (não nobres), frutos da expansão da fronteira agrícola. Essa patente, que não é militar, vem desde o Brasil reino e império. Os grandes proprietários tinham grupos armados para proteger sua propriedade e a si próprios. Esses pequenos exércitos paramilitares, em situação de crise, eram incorporados à Guarda Nacional. Daí a patente para um civil.

A chamada República Velha (1889 e 1930), que realmente nasceu velha, manteve a estrutura fundiária e escravagista dos ricos

---

1 Disponível em http://operamundi.uol.com.br/dialogosdosul/a-dificil-reinvencao-da-democracia-frente-ao-fascismo-social/07062017/

A GOVERNABILIDADE IMPOSSÍVEL

fazendeiros, que por sua vez mantiveram seus bandos armados de "jagunços", "bandoleiros", com as mesmas práticas de estender as fronteiras agrícolas matando posseiros, povos ribeirinhos, indígenas e quilombolas.

Essa oligarquia, para manter-se no poder, negou escolas e saúde para a população. Tinha a deseducação como projeto. Hoje, a má escola continua sendo projeto de dominação. Negou também as liberdades fundamentais e mantém, crescentemente, o estado policial.

A Revolução de 1930 rompeu com a institucionalidade e conseguiu semear o país de escolas, boas escolas. Seguiram-se algumas décadas de desenvolvimento econômico e social e de empoderamento das classes populares: dos trabalhadores, através do movimento sindical, das mulheres e principalmente a classe média, pela educação e por meio dos veículos de comunicação e do consumo.

Contudo, esse processo frequentemente tem sido interrompido, seja pela velha aristocracia frustrada ou pela nova plutocracia sem rumo. Isto permanece na raiz da instabilidade do regime.

Não houve, nesse processo, ideologização das classes. Esse vazio facilitou também a ausência de uma consciência de pátria e garantiu a perpetuação do poder plutocrático. Paralelamente, em todo esse processo, houve também a demonização de qualquer pensamento divergente, com foco nas correntes progressistas, sejam trabalhistas, socialistas, comunistas ou mesmo socialdemocratas. A Igreja de Roma teve papel preponderante na demonização das ideias e líderes alternativos, assim como têm hoje os cultos neopentecostais.

A partir dos anos 1990, com o Consenso de Washington,[2] o processo toma rumo bem definido, pois consolidou a ditadura

---

2   Conferir capítulo I

do pensamento único imposta pelo capital financeiro. Uma plutocracia sui generis, com prevalência do deus dinheiro venerado pelos plutocratas de turno. Um deus implacável, que não aceita desobediência.

A pior das servidões: a servidão intelectual

Tudo foi cooptado e dominado: sindicatos, partidos políticos, igrejas, universidades, Forças Armadas, soberania. E, pior, isso tudo facilitado pela inteligência em todos os seus sentidos. Isso nos leva a necessitar, com extrema urgência, de um segundo movimento abolicionista, desta vez para combater a pior das servidões: a servidão intelectual.

Nesse contexto, a tarefa primordial é recuperar o pensamento livre, crítico e criativo. Repensar o país e formular um projeto nacional. É o que vimos preconizando com insistência, não tem por que não repetir exaustivamente.

Não creio que isso possa ter início sem que se rompa com a institucionalidade.

Para que isso ocorra, é preciso a formação de uma grande frente de salvação nacional em torno de um projeto nacional que defina a forma de governar, de organizar o povo e eleger o governo, ou seja, como construir uma democracia autêntica no lugar da atual plutocracia. Um projeto que recupere a soberania nacional e contemple uma estratégia de desenvolvimento integral e sustentável.

Antes que isso aconteça teremos mais do mesmo. Com diferentes nomes e pessoas, porém, mais do mesmo. No entanto, pode-se aplainar o caminho com reformas simples que estão na pauta desde os anos 1960, como as reformas agrária, tributária, bancária e urbana... Pode-se avançar com a simples obediência à Constituição e às leis, refundando os mecanismos de democracia participativa já ensaiados em nosso meio.

A nova plutocracia dá náuseas

O que leva um acadêmico transformar-se em político, a assumir um partido que tem a socialdemocracia no nome e fazer tudo o contrário?

O que leva um político a comprar deputados e senadores para mudar a Constituição e se reeleger? Tendo sido eleito por eleição direta, disse, à época do golpe que derrubou a presidenta Dilma Rousseff, quando as forças progressistas pediam que a população pudesse votar novamente em seu governante, que eleição direta era golpe institucional! Mas depor uma presidenta não foi golpe?

A resposta é simples: o dinheiro.

Para se eleger senador e depois presidente, FHC contou com todo o dinheiro do mundo, vindo das mesmas fontes que financiaram sua carreira como o arauto da política da dependência e que também financiou a implantação do Cebrap. Dinheiro espúrio porque veio do estrangeiro. E com cinismo fala que se deve respeitar a Constituição e as leis.

Entende-se por que apoiou as diatribes do pupilo Aécio Neves, de seu partido, o PSDB, e a deposição da presidenta legitimamente eleita. São as mesmas motivações que o levam a apoiar agora o governo ilegítimo de Temer.

Queria que Temer completasse a lição de casa, as chamadas reformas da Previdência e trabalhista. Terminar o serviço iniciado por ele ao entregar os bancos estaduais, a Vale do Rio Doce (com o mapa da mina), as teles, a segurança nacional. Assim, Temer entregaria o que falta: terras, águas, Amazônia, espaço aéreo e soberania. E conseguiu.

O que leva Aécio, filho da aristocracia mineira, a envolver-se – pelo que sugere o noticiário – com o tráfico de drogas e com lavagem de dinheiro? Que coisa mais feia. Até hoje ninguém sabe o que aconteceu com os 300 quilos de cocaína aprendido no helicóptero de um empresário dono, entre outras coisas, de um grande hotel. Por que os dois milhões dos irmãos Batistas,[3] destinados ao líder mineiro, foram parar nas mãos desse empresário? A resposta é simples: sempre o dinheiro.

Direita burra

Os acadêmicos e a mídia discutem o papel da direita no país e no continente.

Há que perguntar, o que é direita?

Para uns é ser contra o Estado de bem-estar social; ser a favor do neoliberalismo, da desregulamentação total da economia. Em suma, a direita é o poder da plutocracia, o resto é resto.

Sem dúvida, trata-se de uma direita burra, pois, nessa linha, fazendo o jogo do capital financeiro, mantendo uma economia sustentada na agroindústria predadora e exportadora, submeten-do-se aos interesses do Império do norte, essa direita não vai ter país nem povo para governar.

Contudo, na atual conjuntura, todas as ações estão e estarão voltadas a manter-se no poder. Manter o status quo pela força, cla-ro. No Rio de Janeiro vigora pleno Estado de Sítio, com os bairros populares ocupados não só pela Polícia Militar do Estado, mas também pelas Forças Armadas.

Este é apenar um exemplo do Estado Policial, a repressão crescente, a política genocida contra a juventude e contra os po-vos originários.

---

3   Wesley e Joesley Batista, donos da empresa JBS. Foram alvo de investigações na Operação Lava Jato da Polícia Federal por supostos pagamentos de pro-pinas pela empresa ao deputado (cassado) e ex-presidente da Câmara dos Deputados na época do impeachment de Dilma, Eduardo Cunha.

A GOVERNABILIDADE IMPOSSÍVEL

Os contrastes sociais recrudescem a cada dia. São quase 14 milhões de desempregados com carteira segundo o IBGE.[4] O número de desempregados sem carteira somam outros 12 milhões, e os que trabalham por conta própria, uns 23 milhões. Quem são estes? Quanto ganham? Seguramente não são os donos de empresa, porque estes entram em outra pesquisa. Essa conta não computa os que deixaram de procurar emprego e vivem pela imensa capacidade de gerar estratégias de sobrevivência. Dizer que são 40 milhões de brasileiros marginalizados, ou seja, vivendo fora do padrão de dignidade, é pouco.

Sobrevivem os que escapam da política genocida. A cada hora, três jovens morrem assassinados. 59.474 jovens entre 15 e 29 anos foram assassinados em 2015; 60.464, em 2014. Em dez anos, de 2005 a 2015, 318 mil vítimas de homicídio. Média de mais de 30 mil por ano, sendo 53,8% entre 15 e 19 anos, a maioria negros e pobres.

Ao mesmo tempo, recrudescem os conflitos pela posse da terra e os assassinatos de camponeses, indígenas e povos ribeirinhos, os donos tradicionais das terras e que são os responsáveis pela preservação da natureza.

Os excluídos terão que reivindicar seus direitos, haverão de querer um país. Chegará então "la hora de los Hornos":[5] em que os povos se assumirão pela libertação nacional.

Veremos neste capítulo como, de fato, a direita trabalha para consolidar sua hegemonia através de eleições, no marco da chamada democracia representativa.

---

4   Dados do segundo trimestre de 2018 https://agenciadenoticias.ibge.gov.br/agencia-sala-de-imprensa/2013-agencia-de-noticias/releases/21583-pnad-continua-taxa-de-desocupacao-e-de-12-7-no-trimestre-encerrado-em-maio

5   Alusão ao emblemático filme *La Hora de los Hornos* dos argentinos Fernando Solanas e Octavio Getino sobre a revolução na Nossa América.

Eleições Gerais de 1986

A eleição presidencial de 1985, ainda sob o controle dos militares, elegeu indiretamente Tancredo Neves, com esperança generalizada de que ele conduziria o país para uma Constituinte que restabelecesse a democracia pela qual ele, e todo o povo brasileiro, lutaram e continuavam lutando. Deve estar na lembrança de todos as multitudinárias manifestações, em todo o território nacional, pelas eleições diretas.

Tancredo morreu antes da posse, em circunstância ainda não satisfatoriamente esclarecida. Assumiu o vice-presidente José Sarney, oriundo da Arena, para completar seu mandato e presidir a tão ansiada constituinte.

De fato, foram convocadas eleições gerais, a realizar-se em outubro de 1986, para eleger governadores, senadores e deputados federais com poder constituinte. Não foi convocada uma constituinte exclusiva e soberana, e sim uma eleição para eleger legisladores em eleições proporcionais como sempre.

Vitória retumbante da oposição

Dos 23 estados, 22 votaram no PMDB e só um (Sergipe) no PFL, cria dileta da Arena.

Para o Senado da República, o PMDB também elegeu maioria, nada menos que 39. Cinco dos biônicos nomeados pelos militares conseguiram se reeleger; o PFL fez 7 senadores, o PDS, 2 e o PDT, 1.

Para a Câmara Federal, os votos foram mais distribuídos, levando pelo menos 12 partidos, mas confirmando a concentração de votos entre partidos oriundos da Arena e do PMDB para compor esse legislativo que em 1988 assumiu poderes constituinte.

Os resultados dessas eleições é que levaram os centros de decisões a mudar as regras do jogo.

A GOVERNABILIDADE IMPOSSÍVEL

"Não vamos nos dispersar!" Era um apelo à unidade das forças que tornaram possível a queda da ditadura, a grande campanha das diretas, a realização da Constituinte e eleições universais, ou seja, o direito de voto a toda a população e para todos os cargos legislativo e executivo.

Não vamos nos dispersar... no momento seguinte, nada menos que 22 candidaturas, em coligações ou de um só partido, disputaram eleições presidenciais. Um saco de gatos, que se repetirá nas eleições programadas de 2018, com grande número de Cacarecos e de picaretas, concorrendo para se cacifar e vender legenda a quem pague mais no segundo turno.

Eleição para a Câmara dos Deputados

Oriundos do MDB			Oriundos da Arena		
Partido	Nº de Cadeiras	%	Partido	Nº de Cadeiras	%
PMDB	250	53,39	PFL	118	24,23
PDT	24	4,93	PDS	33	6,78
PT	16	3,23	PTB	17	3,49
PCB	3	0,62	PL	6	1,23
PCdoB	3	0,62	PDC	5	1,03
PSB	2	0,20	PSC	1	0,20
Total	298	62	Total	180	36,96

Para a Câmara Federal, os votos foram mais distribuídos, dando lugar a pelo menos 12 partidos, mas confirmando a concentração de votos entre siglas oriundas da Arena e do MDB para compor esse legislativo que assumiu poderes constituintes. Os partidos da oposição, oriundos do MDB fizeram a maioria, com 62% das cadeiras, enquanto a direita oriunda da Arena ocupou 36,96%. A diferença entre os dois principais partidos adversários também foi muito grande, com 53% das cadeiras para o PMDB e 24,3% para o PFL.

Eleição de 1989: "não vamos nos dispersar..."

Eleições de 1989 – Presidencial – elegeu Collor e Itamar

A Constituinte de 1988 restabeleceu as eleições diretas em todos os níveis e com segundo turno, nas eleições majoritárias, caso o vencedor não alcance 50% dos votos mais um. E já no ano seguinte o povo foi chamado para, pela primeira vez desde 1964, eleger seu presidente e vice-presidente da República em chapa única e permitindo coligações partidárias.

Vale assinalar a grande frustração do povo nas eleições presidenciais de 1985, que apesar de ser indireta, tinha a torcida unânime do eleitorado pela candidatura de Tancredo Neves. Um homem fiel a seus ideais trabalhistas, desenvolvimentista desde quando, nos anos 1950, auxiliava Vargas a governar e, nos anos 1960, quando apoiou João Goulart. Com uma longa trajetória de articulação política, acreditávamos ser capaz de colocar o país nos trilhos.

Tancredo morreu antes da posse e assumiu José Sarney, um fraco incapaz de levar adiante a difícil tarefa de criar um projeto nacional. Mas cumpriu com a promessa de Tancredo de devolver ao povo o direito de eleger seu presidente.

Surgiram muitas teorias conspiratórias em torno da morte de Tancredo Neves. Eu estava lá, acompanhado de René Villegas, do setor latino-americano da Reuters, quando o desembarcaram no Instituto do Coração (INCOR do complexo do Hospital das Clínicas da USP). Os médicos não conseguiam esconder a perplexidade e mesmo indignação. As perguntas que ficaram até hoje sem resposta:

• Por que levaram o presidente eleito ao Hospital de Base, o pior de Brasília, quando podiam ter levado a um dos três hospitais

A GOVERNABILIDADE IMPOSSÍVEL   215

das Forças Armadas e/ou mesmo ao HC da Universidade de São Paulo, referencia mundial em excelência?

• Quem e que raio de diagnóstico fizeram que tiveram que submeter o paciente a sete intervenções cirúrgicas, mantendo-o em agonia por 38 dias?

Ficou provado que mentiam o tempo todo quando se descobriu que o médico Élcio Miziara, que retirou parte do intestino para biópsia, declarou que se tratava de tumor benigno. Em São Paulo o desmascararam e ele foi punido pelo Conselho Federal de Medicina. Por que ninguém mais foi punido?

O médico e jornalista Luis Mir[6] revirou prontuários, relatórios, entrevistou 42 médicos envolvidos e concluiu: que ele poderia ter tomado posse.

O momento era o de refundar o país, inclusive com uma Assembleia Constituinte. Contudo, dispersou-se no ar a grande consigna de Tancredo no discurso de posse: "Não vamos nos dispersar!

No momento seguinte, mais uma frustração. No lugar de uma constituinte com soberania popular tivemos a eleição nos moldes tradicionais para eleger um legislativo com poder constituinte. Houve momentos de glória e grande alegria com a participação massiva dos movimentos populares a discutir os pontos nevrálgicos do que seria uma Constituição Cidadã. Não obstante, saiu um texto muito confuso, com muito contrabando de garantias para o poder da plutocracia.

Para uma população de 147,8 milhões, havia 82 milhões de eleitores inscritos, dos quais compareceram pouco mais de 72 milhões. A vitória estrondosa da oposição ao regime militar nas eleições de 1986 levou os centros de decisões a mudar as regras do

---

6   O estudo de Luis Mir está em seu livro *O Paciente*, Editora Cultura, 2010.

jogo. Ameaçados de perder a hegemonia, trataram de criar normas para afastar as possíveis ameaças.

"Não vamos nos dispersar!"

Era o apelo de Tancredo Neves à unidade das forças que tornaram possível a queda da ditadura, a grande campanha das diretas, a realização da Constituinte e eleições universais, ou seja, o direito de voto a toda a população e para todos os cargos legislativos e executivos.

"Não vamos nos dispersar..." e no momento seguinte, nada menos que 22 candidaturas, em coligações ou de um só partido, disputaram as primeiras eleições presidenciais pós-ditadura e eleições indiretas.

1º Turno

População: 147.801.816
Eleitores: 82.074.718
Número de Votantes: 20.611.011

Candidato	número de votos	%
Fernando Collor de Melo	20.611.011	30,47
Luiz Inácio Lula da Silva	11.622.673	17,18
Leonel Brizola	11.168.228	16,51
Mário Covas	7.790.392	11,51
votos brancos	1.176.413	1,63
votos nulos	3.473.484	4,81
abstenções	9.793.809	11,93

Quem levou nesse primeiro turno foi Fernando Collor, com Itamar Franco (PRN, PST, PSC e PTR): 20.611.011 de votos(30.47%). Além dessa multifacetada coligação, teve também o

A GOVERNABILIDADE IMPOSSÍVEL

apoio intensivo e extensivo de todos os conglomerados de comunicação. "Era jovem e novo" na política, era o caçador de Marajás.

Lula, com José Paulo Bisol vice (PT, PCdoB e PSB), teve 11.622.673 de votos (17,18%); Brizola, com Fernando Lira (um só partido, o PDT) 11.168.228 (16,51%), menos de 1% de diferença. O comando da campanha do PDT entendia que os dois juntos, seguramente, se não vencessem, iriam para o 2º turno.

Quanto aos demais candidatos, Mario Covas pelo PSDB teve 11,51% dos votos; Paulo Maluf, 8,85%; Afif Domingos, 4,83%; Ulysses Guimarães, 4,73% e mais 15 candidatos, de um amplo espectro, do PCB ao PSD, ficaram com o restante. Impressionante a taxa de comparecimento, que chegou a 88,07%.

Sete candidatos com grande potencial de votos oriundos do MDB: Ulysses Guimarães, 4,73% (PMDB), Mário Covas, 11,51% (PSDB), Leonel Brizola, 16,51% (PDT), Lula da Silva, 17,18% (PT), Roberto Freire, 1,13% (PCB), Fernando Gabeira, 0,18 (PV) somaram 51,24%. Se unidos numa frente teriam vencido no primeiro turno.

Oriundos da Arena, os demais quinze candidatos: Fernando Collor, 30,47% (PRN), Paulo Maluf, 8,85% (PDS), Guilherme Afif Domingos, 4,83% (PL), Aureliano Chaves, 0,88% (PFL), Ronaldo Caiado, 0,72 (PSD), Affonso Camargo Neto, 0,56% (PTB), Enéas Carneiro 0,53% (Prona), José Marronzinho, 0,33% (PSP), Paulo Gontijo, 0,29% (PP), Zamir José Teizeira, 0,27% (PCN), Lívia Maria Pio, 0,26% (PN), Eudes Oliveira Mattar, 0,24% (PLP), Celso Brant, 0,16% (PMN), Antônio dos Santos Pedreira, 0,12% (PPB), Armando Corrêa, 0,001% (PMB) somaram 47,59%.

Quem consegue entender uma confusão como essa?

Vale observar que os votos em Maluf e Afif somam 13,68%, uma grande surpresa para eles mesmos, que, enquanto Arena ganhavam todas. Para nós a confirmação da tendência à esquerda e à democracia do eleitorado.

A pergunta que se faz: o que leva tanta gente a se candidatar? Será que não percebem que a dispersão de votos faz parte do plano de preservar a hegemonia da direita?

2º Turno

População: 147.801.816
Eleitores: 66.166.362

Candidato	Nº de votos	%
Fernando Collor de Melo	35.089.998	53,03
Luiz Inácio Lula da Silva	31.076.364	46,97
votos brancos	986.446	1,40
votos nulos	3.107.893	4,42
abstenções	11.814.017	14,39
Senhor Ninguém	15.908.356	20,21

Vitória do poder midiático

Collor venceu, no primeiro e no segundo turno, porque era produto de uma ilusão criada pela mídia, notadamente pela Rede Globo e as agências de publicidade. Era o novo, o administrador das Alagoas, moço bonito, o Caçador de Marajás (funcionários públicos que ganham muito sem fazer nada, é o que diziam os meios).

Era nada disso. Era um playboy fichado na polícia de Brasília. Ele e o PC Farias estavam metidos com máfias e tiveram todo o dinheiro do mundo para a campanha, além do empenho da mídia. Sobrou muito dinheiro dessa campanha, o que provocou brigas e assassinatos.

O "Morcego Negro", avião de propriedade de PC Farias foi denunciado como transportador de drogas durante o governo de Collor no estado de Alagoas. Lucas Figueiredo narra em livro toda

A GOVERNABILIDADE IMPOSSÍVEL 219

a promiscuidade entre o coordenador da campanha de Collor e a máfia envolvidos com o tráfico de drogas, lavagem de dinheiro e outras ilegalidades.[7]

Essa eleição foi o primeiro ensaio geral do poder midiático como manipulador do processo eleitoral. Um candidato escolhido e ungido por Roberto Marinho para, a qualquer custo, evitar a vitória de Leonel Brizola. O erro da esquerda foi não compreender que era a proposta dos trabalhistas brizolistas era de fato transformadora. A Globo sabia que essa era a única proposta viável para a esquerda, numa conjuntura mundial favorável.

Afastado Brizola, a disputa ficou entre Collor e Lula, e Lula tampouco interessava Roberto Marinho. Foi o próprio Boni, diretor de programação da Rede Globo, quem confessou ter, por ordem de Roberto Marinho, manipulado, em 14 de dezembro de 1989, o debate televisivo entre Collor e Lula para endeusar um e demonizar outro. Boni revelou a falcatrua na própria Globo, em entrevista ao jornalista Geneton Moraes Neto, na GloboNews.[8] Disse que preparou Collor para atemorizar e constranger o adversário.

Eleição ou farsa?

A vitória de Collor consagrou a eleição como farsa. O que na realidade ocorreu era uma intensa e milionária campanha publicitária. O marketing político transformou a disputa eleitoral numa disputa do mercado, onde quem ganhou foi o que tem a melhor campanha, não o melhor produto. A venda de fantasia no lugar de um projeto de governo compatível com a realidade do país.

---

7   *Morcegos Negros: PC Farias, Collor, Máfias e a Historia que o Brasil não Conheceu* – Editora Record, 2000.

8   Pode-se assistir a entrevista em https://www.youtube.com/watch?v=8697sLQwpbc

Não esquecer que a candidatura de Collor foi uma criação midiática, com todo empenho da rede Globo para elegê-lo. Os mesmos que criaram a cobra armaram pouco depois o golpe de Estado para destituí-lo. Dilma não foi a primeira a ser destituída pelo Congresso juntamente com o Judiciário. Collor tampouco.

Todo esforço, disse o próprio Roberto Marinho, era pouco para barrar a eleição de Brizola. A Globo já tinha demonstrado essa intenção quando tentou fraudar o resultado da eleição para governo do Estado do Rio de Janeiro, manipulando a contagem eletrônica de votos. É famosa a ordem dada por Roberto Marinho a Armando Nogueira, diretor de jornalismo da empresa: "Se Brizola se jogar na linha do trem pra salvar uma criança, a criança sobreviver e Brizola morrer, mesmo assim você precisa me consultar para saber se pode falar no nome dele aqui". Histórias como essa sobre Roberto Marinho e a Globo são contadas pelo jornalista Paulo Henrique Amorim em seu livro *O quarto poder*, lançado em setembro de 2015, pela editora Hedra

A deposição de Collor

Brizola, na hora, não apoiou e denunciou que era um golpe contra Collor. Foi o único pela simples razão de que tinha assistido esse filme mais de uma vez e era ferrenho defensor da democracia e da legalidade. Mais de uma vez deu testemunho de coerência a seus princípios: em 1961, por ocasião da renúncia do presidente Jânio Quadros e tentativa de barrar a posse do vice-presidente João Goulart; e em 1964, defendia as reformas de base e foi cassado e perseguido pela ditadura militar.

A GOVERNABILIDADE IMPOSSÍVEL

Em entrevista com vários jornalistas no programa Roda Viva, da TV Cultura de São Paulo, em 20/7/1994[9] esclarecendo sua posição, que fora tremendamente execrada até por correligionários de seu partido, e integrantes de sua administração, quando foi governador do Rio de Janeiro:

> O que eu desejo? Preservar as nossas liberdades. Eu estou vendo a luta desses brucutus, um quer derrubar o outro só para subir no lugar do outro.
>
> (...)
>
> Nós queremos fazer uma demonstração, um ato público de repúdio a qualquer tipo de golpismo em defesa da legalidade democrática, da intangibilidade da Constituição. Segundo, nós queremos as penas da lei para todos, para todos, não só para alguns, principalmente para os grandões que estão aí. Nós queremos colocar também no banco dos réus o senhor Roberto Marinho. Claro que com todo esse quadro de corrupção e de tráfico de influência que está caracterizando o governo, muito bem, se isso atingir, surgirem, se apresentarem acusações concretas ao presidente.

Com o início do processo, Collor foi afastado e teve que suportar um espetáculo midiático (para não dizer linchamento) que se arrastou por três meses. Renunciou ao cargo durante o julgamento no Senado, e assumiu o vice-presidente Itamar Franco. Passados 22 anos, em abril de 2014, o Supremo Tribunal Federal absolveu Collor, acusado na época de peculato, por falta de provas. Nas eleições de 2014 foi eleito senador por Alagoas com 60% dos votos.

---

9 Pode-se ver a entrevista em https://www.youtube.com/watch?v=D1896PjJMUI

Eleições gerais de 1994

1° turno:
População: 160.260.507
Eleitores: 94.731.410
Número de Votantes: 63.262.331

Candidato	número de votos	%
Fernando Henrique Cardoso	34.314.961	54,24
Luiz Inácio Lula da Silva	17.122.127	27,07
Enéas Carneiro	4.671.457	7,38
Orestes Quércia	2.772.121	4,38
Leonel Brizola	2.015.836	3,19
votos brancos	7.192.116	9,23
votos nulos	7.444.017	9,56
abstenções	16.833.946	17,77

Elegeu Fernando Henrique Cardoso e Álvaro Maciel.

Com uma população de 160,2 milhões e 94,7 milhões de eleitores, compareceram às urnas 66,2 milhões, uma das mais baixas taxas de abstenção da República de 1988: 17,77%. Não obstante, mantiveram-se altas as taxas de brancos (9,23%) e nulos (9,56%). Somando brancos, nulos e abstenções, temos que o Senhor Ninguém atingiu (36,56%), mais de um terço do eleitorado.

A ingerência estrangeira nessa eleição foi denunciada com a liberação de dados do Pentágono e livros de ex-agentes de inteligência, além de inúmeros artigos publicados em jornais.

O governo FHC terminaria com acima de 12% ao ano, com o fechamento de pequenas e médias empresas e tendo recorrido três vezes ao Fundo Monetário Internacional, o mesmo FMI que segurou as taxas de juros e câmbio para mascarar o fracasso do Plano Real. Em consequência também do processo de desindustrialização

A GOVERNABILIDADE IMPOSSÍVEL 223

e desnacionalização do parque industrial, colocou em marcha ascendente a taxa de desemprego: segundo o IBGE,[10] a média anual de desemprego aberto, de 4,0% em 1994, chegou ao pico de 7,3% em 1999 e terminou 2002 em 7,1%.

No contexto internacional os anos 1980 foram guiados pelo que ficou conhecido como Consenso de Washington que foi a implantação de um pensamento único nas escolas de economia, fundado na adoração ao deus mercado, ao dinheiro. Foi aí que o neoliberalismo veio pra ficar. E ficou com a implantação da ditadura do capital financeiro sustentada pelo pensamento único.

Os candidatos

Nessa eleição de 1994, Brizola concorreu tendo Darcy Ribeiro como vice e apoiado pelo PMN. Neiva Moreira, na coordenação da campanha, sabia que havia um rolo compressor pela frente, mas o partido tinha um projeto e entendia a campanha como um meio de comunicação para expor as ideias do trabalhismo, a defesa da soberania e do desenvolvimento. E, para contrapor, toda a mídia destratando violentamente Brizola, como se ele fosse o próprio demônio.

Fernando Henrique, tendo Marco Maciel, do PFL, legítimo sucessor da conspurcada Arena, aliança à qual se integrou também o PTB, agora um partido da mais rançosa e corrupta direita, liderou a coligação que chamaram de União, Trabalho e Progresso. Parece slogan da teologia da prosperidade, não é? Pois é, estavam por trás do pano também os neopentecostais.

---

10 Fonte: IBGE Notícias https://agenciadenoticias.ibge.gov.br/agencia-noticias/2012-agencia-de-noticias/noticias/20995-desemprego-volta-a-crescer-no-primeiro-trimestre-de-2018.

Lula concorreu com a Frente Brasil Popular pela Cidadania (PT, PSB, PPS, e PCdoB ePSTU), tendo Aloízio Mercadante como vice.

Já as campanhas tinham abandonado os comunicadores e eram conduzidas por publicitários, acostumados a fazer a cabeça de consumistas e vender fantasias. A campanha, na realidade, foi uma grande farsa. Lula vendido como se socialista fosse e FHC como o salvador da pátria, autor do Plano Real. Duas grossas mentiras, mas, como a Globo disse e quase todos os jornalistas repetiram à exaustão, pareciam verdades.

Vitória no 1º turno

A vitória de FHC foi no primeiro turno, com 34.314.961 (54.24%) de votos, o dobro do segundo colocado, Lula, com 17.122.127 (27,07%) de votos, 5 milhões mais que na eleição anterior, seguido de Enéas Carneiro (um cacareco), 4.671.457 (7,38%), Orestes Quércia,[11] do PMDB, 2.772.121 (4,38%), e Leonel Brizola do PDT, 2.015.836 (3,19%), os demais três candidatos somaram 2.365.829 (3,7%) de votos.

Pode-se constatar que a demonização de Brizola e a desvalorização do trabalhismo histórico fez efeito, levou pra baixo os votos no PDT. E o engodo em torno do Plano Real, dado como sendo autoria de FHC, derrotou Orestes Quércia (1936-2010), do PMDB, que tinha a máquina do Estado de São Paulo e apoio de amplos setores de esquerda.

A percepção da farsa fez com que a soma dos votos nulos e brancos, 14.642.133, desse mais que a soma dos demais

---

11 Orestes Quércia (1938-2010) foi governador de São Paulo de 1987 a 1990; vice-governador de 1983 a 1986; senador de 1975 a1983; antes tinha sido vereador (1963-1966) e prefeito de Campinas (1969-1973) e, em seguida, deputado estadual (1967-1969).

candidatos: 9.459.414. E as abstenções que quase empataram com os eleitores de Lula: deixaram de votar 16.833.946, o que corresponde a uma impressionante taxa de comparecimento, de 17.77%. Somando-se os nulos e brancos com as abstenções, temos o Senhor Ninguém com expressivos 31.476.078 votos, número que seguirá crescendo nas sucessivas eleições, em quase todos os níveis.

Da teoria à prática da dependência

Esse primeiro mandato deixou explícitas as mentiras de campanha, como a do Plano Real e a do desenvolvimento e a do combate à inflação. Outro engano estava e está na sigla do partido, que se diz socialdemocrata. Fernando Henrique foi fiel, e muito fiel, às doutrinas que pregava, de que o desenvolvimento só seria possível com dependência à grande potência. E continuou a obra iniciada por Collor de vender baratinho as riquezas do país. Foram terríveis esses anos, que costumo chamar de "os 12 anos de fernandato", os mais entreguistas que o país já teve, mas que era aplaudido pela mídia. Ganhou por isso o codinome de "Príncipe da Privataria". Vejamos algumas de suas ações:

• Modificou a Lei de Licitações (Lei 8.666/1993) para facilitar o despojo dos bens nacionais;

• Prometeu privatizar a Petrobrás, e deu os primeiros passos, vendendo ações e reduzindo drasticamente a participação do Estado na empresa. Acabou com o monopólio estatal do petróleo, abrindo mão do controle da pesquisa, extração, refino e exportação do petróleo;

• Comprou os votos para emendar a Constituição e reeleger-se;

• Privatizou a Embratel e seus satélites de comunicação;

• Assinou o tratado de não proliferação de armas nucleares liquidando com as pesquisas acadêmicas na área;

- Impingiu à Nação a farsa do Plano Real;
- Deixou o governo com o Tesouro quebrado, dívida impagável, desindustrializado e entregue aos especuladores financeiros;
- Vendeu a preço de banana o segundo (Banespa) e o terceiro (Banerj) maiores bancos públicos, e prometeu que faria o mesmo com o Banco do Brasil.

A Universidade tem uma grande responsabilidade, para não dizer culpa, pela aceitação desse consenso em torno de um projeto de recolonização do país. Institucionalmente, os únicos que denunciavam eram poucos e, o mais grave, sem repercussão, pois toda a mídia passou a ser porta-voz do pensamento único imposto pelo capital financeiro.

Em torno de Brizola havia um núcleo de intelectuais e políticos muito ativos denunciando as constantes violações da soberania nacional. A lista é grande, mas vale citar os mais ativos. Aprendi muito com todos eles, particularmente com os que mais que companheiros eram amigos de toda uma vida de lutas contra ditaduras aqui e no exterior. Saudades de Theotônio dos Santos, Neiva Moreira, Moniz Bandeira, Darcy Ribeiro, Abdias do Nascimento, Betinho, todos eles vivos na minha memória, indicando caminhos com suas obras e seus exemplos.

Eleições de 1998 – Reeleição comprada

População: 170.516.482
Eleitores: 67.722.565
Número de votantes: 35.936.540

Candidato	número de votos	%
Fernando Henrique Cardoso	35.936.540	53,06
Luiz Inácio Lula da Silva	21.475.218	31,71
Ciro Gomes	7.426.190	10,97
Enéas Carneiro	1.447.090	2,14
Ivan Frota	251.337	0,37
votos brancos	6.688.403	8,03
votos nulos	8.886.895	10,67
abstenções	22.773.983	21,49

Após a escandalosa compra de votos para aprovar a emenda da reeleição, dava pra perceber o rolo compressor que vinha contra a oposição e a esquerda, principalmente contra os seguidores do trabalhismo de Vargas. Apesar disso, o PDT aceitou compor com o PT, tendo Brizola como vice de Lula. Uma jogada mal feita por ambos os partidos. Extemporânea, pois a oportunidade já fora jogada fora na eleição de 1989. Sabia-se que a presença de Brizola provocaria outra malhação de judas. Brizola era esperto. Perdida sua chance, pensou, talvez, que haveria chance de vitória e no governo poderia influenciar com seu traquejo. Não ouviu advertência de amigos e "engoliu o sapo barbudo", como ele mesmo definiu Lula.

Nem assim, com uma aliança mais que formal, integrando a chapa como vice, o PT aceitou durante a campanha as propostas de reformas sugeridas pelo PDT. E não se tratava de fazer revolução, não... simplesmente atitudes compatíveis com o que era na época a socialdemocracia na Europa: nacionalista e anti-imperialista, tendo o Estado como impulsionador do desenvolvimento para construir a sociedade do bem-estar.

As campanhas milionárias feitas por marqueteiros milionários vendeu fantasia e, com exceção de Enéas, o cacareco, todos se apresentaram como representantes da esquerda. E Lula, reforçado com a presença de Brizola, mais à esquerda ainda. O resultado confirmou o esperado.

Contudo, não se pode deixar de considerar que uma parcela considerável dos que votaram tanto em FHC como em Lula estavam convencidos de votar pela esquerda. Então, a vontade do povo se inclinava à esquerda. Isto é de muita importância, porém, foi levado em conta no desenho da estratégia da direita, mas não o foi na esquerda.

Quem era a esquerda?

Eram aqueles que lutavam pela soberania e construção de um projeto nacional. O Império sabia que aí estava o perigo, aí estava o inimigo, e trataram de demonizar a todos eles. Sem espaço, o pensamento e a cultura nacional foi dando lugar ao pensamento único e à alienação massiva conduzida pelos comunicadores do exterior e pela mídia nacional ologopolisada.

FHC com 35.936.540 (53,06%) levou no primeiro turno. Lula e Brizola tiveram 21.475.218 (31,71%); Ciro Gomes, tendo como vice Roberto Freire (PPS, ex PCB), 7.426.190 (10.97%); Enéas, o cacareco do Prona, 1.447.090 (2,14%); outros oito candidatos, 1.437.527 (2,12%).

Reflexo do engajamento total dos meios de comunicação, essa eleição teve o recorde de comparecimento, com taxa 78,54%, tendo contabilizado 22.773.983 abstenções num eleitorado de 106.101.067 pessoas. Porém, continuaram sendo significativos os votos nulos e brancos, que somaram 15.575.298. Olha aí, o senhor

A GOVERNABILIDADE IMPOSSÍVEL

Ninguém alcançando a cada eleição um novo recorde, desta vez obteve a preferência de 38.349.281 eleitores.

X

Lula obtém 52,3 milhões: início de uma nova era

Eleições de 2002 – Euforia popular

Os números são bem reveladores da tendência do eleitorado a favor de candidatos considerados de esquerda. Lula, tendo José Alencar como vice, na coligação Lula Presidente (PT, PL, PMN, PCdoB e PCB), teve 39.455.233, votos, mais do que os 35.936.540 que levaram FHC à presidência na eleição anterior, mas, como alcançou só 46,44%, a decisão ficou para o segundo turno.

José Serra, com Rita Camata de vice pela Grande Aliança, uma coligação de estranha polarização, de um partido menor (PSDB) com o maior partido do país (PMDB). Alcançou nesse primeiro turno 19.705.445, ou 23,19% dos votos. Essa foi, sem dúvida, a maior jogada política, não sei se do PSDB ou do PMDB, que inteligentemente assegurou a continuidade dessa aliança.

Antony Garotinho, lançado na política por Brizola e apoiado pelas igrejas evangélicas, com José Antônio Almeida como vice na coligação Brasil Esperança (PSB, PTC, PGT), teve 15.180.097 ou 17,86% dos votos.

Ciro Gomes, da Frente Trabalhista, que reuniu PPS, PDT e PTB, tendo como vice o sindicalista indicado pelo PDT, Paulo

Pereira da Silva, alcançou 10.170.882 ou 11,97%. Outras duas candidaturas foram registradas: José Maria de Almeida, do PSTU, com 402.236 votos e Rui Costa Pimenta (PCO), com 38.619, ambos levando juntos 440.855 ou 0,51% dos votos.

A taxa de comparecimento se manteve alta, em 82,26%, ou seja, se abstiveram de votar 20.449.987 pessoas, sendo o total de eleitores aptos 115.254.113. Brancos e nulos somaram 9.849.827, menos do que na eleição anterior, mas, somados aos ausentes, deu para o Senhor Ninguém um novo recorde de 30.299.814 votos.

Resultado 1º Turno:

População: 181.045.591
Eleitores: 115.254.113

Canditado	número de votos	%
Luiz Inácio Lula da Silva	39.455.233	46,44
José Serra	19.705.445	23,19
Anthony Garotinho	15.180.097	17,86
Ciro Gomes	10.170.882	11,97
votos brancos	2.873.720	3,03
votos nulos	6.976.107	7,36
abstenções	20.449.987	17,74
Senhor Ninguém	30.299.814	26,29

No segundo turno, Lula foi eleito com folgados 61,27% dos votos, ou 52.793.364, quase 20 milhões a mais que José Serra, que levou os votos de 38,72%, um total de 33.370.379 votos. A taxa de comparecimento baixou, mas ainda se manteve elevada, com 79,53% dos 115.254.113 aptos a votar. Deixaram de votar 23.589.188; somadas as abstenções aos 12.499.898 de votos nulos e brancos, temos 29.089.036 votos para o Senhor Ninguém.

A GOVERNABILIDADE IMPOSSÍVEL

Resultado 2º Turno:

População: 181.045.591
Eleitores: 115.254.113

Canditado	número de votos	%
Luiz Inácio Lula da Silva	52.793.364	61,27
José Serra	33.370.739	38,72
votos brancos	1.727.760	1,89
votos nulos	3.772.138	4,11
abstenções	23.589.138	20,47
Senhor Ninguém	29.089.036	26,47

Eleições parlamentares de 2002 – os caminhos para o poder

Os cientistas políticos caboclos interpretaram a onda de votos oposicionistas como uma maré de racionalidade diante do reconhecimento da necessidade de se dar outro rumo ao modelo responsável pelo desemprego e exclusão social. É por aí que serão encontradas respostas. A mídia não acredita que o PT tenha chegado onde chegou por seus próprios méritos. Manteve a esperança do voto anti-Lula até o último momento. E o clã Marinho, das Organizações Globo, colocou a máquina demolidora de suas redes de rádio e televisão para atuar a todo vapor, como já havia feito em 1989.

Alguns recordes inéditos

Eleições de 2002				
Número de eleitores	115.254.113			
	1o turno	%	2o turno	%
Compareci-mento	94.804.126		91.664.259	
Abstenção	20.449.987	17,74	23.589.188	20,47
Brancos	20.873.720	3,03	1.727.760	1,88
Nulos	6.976.107	7,36	3.772.138	4,12
Senhor Ninguém	48.299.808	28,13	29.089.086	26,47

No âmbito federal, 60% dos congressistas não se reelegeram (um recorde inédito), e o PT fez a maior bancada, com 91 dos 513 deputados federais e 14 entre os 81 senadores. Havia uma grande esperança de que essa renovação favoreceria um programa de mudança. Não obstante, não se pode ignorar que os evangélicos e os ruralistas formaram uma maioria significativa.

Nos estados, o desempenho do PT não foi lá essas coisas. Nas eleições para os governos dos 27 estados da União, o partido só venceu em três, de pequena importância em população e PIB. Disputou e perdeu a eleição no segundo turno no Pará, Rio Grande do Sul, São Paulo, Amapá, Ceará, Sergipe e Distrito Federal (Brasília).

Ainda nas eleições estaduais, o PT conseguiu eleger só 147 deputados estaduais de um total de 1.059. O PSDB, o PFL (que hoje se chama DEM) e o PMDB (atualmente MDB), partidos da aliança que sustentou Fernando Henrique, elegeram governadores em 16 estados, inclusive os mais populosos e de maior peso no PIB nacional, como São Paulo e Minas Gerais.

Pensamento de esquerda domina o eleitorado

O mais significativo dessa eleição é a constatação de um pensamento de esquerda dominante no eleitorado. A percepção dessa atitude levou os candidatos a se apresentarem dizendo-se de esquerda e socialistas, mas o que se vendeu, na realidade, foi fantasia, ilusão, portanto, uma grande farsa midiática-eleitoral.

E essa farsa conduziu a massa popular à euforia que foi a grande festa da vitória de Lula. O povo ocupou Brasília e também as ruas e praças em todos os estados, manifestando uma grande e espontânea alegria, entusiasmo mesmo, na mais pura acepção dessa palavra. Essa força da esquerda deu também ao PT uma grande bancada e essa onda popular contagiava também os novos e velhos parlamentares. Era, claramente, a hora da virada. Porém, foi a hora da verdade. E mais uma vez perdeu-se o trem da história.

Os mesmos grupos de poder que comandaram os 12 anos de fernandato foram chamados por Lula para comandar o governo do PT. A pergunta que ninguém fazia era se o PT ainda era o PT das primeiras disputas eleitorais. E já não era desde há algum tempo. Vamos tratar disso futuramente, num ensaio sobre o sindicalismo na era Lula.

Nesse mandato se conseguiu a participação popular em organismos como as Conferências das Cidades, Conferências da Cultura e até uma Conferência de Comunicação, que deu subsídio para a construção de um Sistema Nacional de Comunicação. Foram ativados os conselhos comunitários, como o do Orçamento Participativo, programas de renda mínima, como o Bolsa Família. Criaram-se novas universidades, mas se descuidou completamente do ensino primário e médio.

Avanço real houve com a adoção de uma política e estratégia para exploração e produção do petróleo. Criou-se com essa política uma porta para a reindustrialização do país, tendo como locomotiva os estaleiros e produtores de equipamentos para produção do petróleo e da petroquímica. O Pré-Sal, resultado de tecnologia e esforço nacional, de fato abriu novos horizontes para o desenvolvimento do país.

Houve conquistas reais que pouco a pouco foram cedendo ao avanço da hegemonia do pensamento único, o neoliberalismo se impondo como doutrina de Estado.

Os votos do Sr. Ninguém

E há outro dado que não está sendo muito considerado contra a unanimidade que se quer ver na eleição de Lula: as abstenções somaram 23 milhões de votos, 20,5% do total. Os nulos e brancos somados às abstenções colocam em cheque essa unanimidade, pois dá ao Senhor Ninguém nada menos que 30,3 milhões de votos no primeiro turno e 29 milhões do segundo.

Ou o mercado (Serra) ou o caos (Lula). Isso é democracia?

Ou o mercado ou o caos. Essa manipulação psicossocial esteve a cargo de dois publicitários, Duda Mendonça e Nizan Guanais, que usaram esse mote durante toda a campanha. Na reta final, Nizan utilizou a atriz Regina Duarte para infundir o medo nas consciências dos eleitores.

Serra chegou a reclamar de seu opositor: onde está o conteúdo do programa? Mas ele próprio tampouco apresentou o seu. Nos discursos dos dois candidatos, muitas promessas irreais. Nos dias que antecederam o segundo turno, as campanhas melhoraram. Os candidatos apareceram mais e agregaram conteúdo a seus discursos. Serra, no entanto, insistiu na mensagem maniqueísta, contribuindo para a manutenção de seu desgaste. Lula deu um tom de esperança e alegria e apontou caminhos corretos para serem seguidos. Sem dúvida, foi a manutenção da diferença de 30% apurada na pesquisa entre os dois candidatos o que evitou uma fraude e garantiu a vitória.

Para não deixar a impressão de que tudo foi negativo nessa campanha, houve, realmente, algo de positivo, que foi poder mostrar um pouco do estrago que o período do fernandato causou ao país. Lula, Ciro, Garotinho , Zé Maria e Rui Costa bateram à vontade: "Onde foi parar o dinheiro da privatização? Por que em 12 anos não criaram um só emprego? Quem é o responsável por uma dívida pública que ultrapassa 60% do PIB?" eram as questões levantadas.

É provável que a campanha tenha ajudado a percepção de que o modelo econômico adotado pelos governos Collor e Fernando Henrique não estava servindo aos interesses do país. E que isso tenha levado ao resultado do primeiro turno em que quase 75% dos votos válidos foram para os candidatos e partidos da oposição.

E é do mais que provável também que o povo se mantivesse fiel a seu DNA, que ainda é conservador. Falta muito desenvolvimento cultural para transformar a essência conservadora em progressista e, mais ainda, em determinação de apoiar a promoção de mudanças significativas no status quo. A alienação que se obteve em cerca de 30 anos de ditadura do capital financeiro acentuada no período do fernandato é muito grande, está muito enraizada, principalmente pela atuação dos meios de comunicação.

Oportunidade perdida – o compromisso

No momento da posse de Lula estavam dadas todas as condições para provocar uma ruptura institucional ou, se não tanto, fazer na primeira semana de governo todas as reformas que o país e seus eleitores queriam. Tinha o povo e tinha maioria parlamentar, mas teve que fazer acordo com o capital financeiro.

Não ter sequer pensado em uma reforma política foi um grave erro, por isso, teve que governar com um legislativo espúrio e cedeu à tentação de comprar a governabilidade com cargos e com dinheiro. As empreiteiras exorbitaram. Até mesmo petistas fundadores pularam fora do barco.

Carta ao povo brasileiro

Para entender há que retroceder um pouquinho no tempo. Em julho de 2002, em pleno calor da campanha e faltando exatos três meses para a eleição, Lula diz à imprensa que está disposto a discutir com Fernando Henrique Cardoso uma agenda de resposta à crise e lança a Carta ao Povo Brasileiro, um compromisso para acalmar o mundo das finanças, o tal do "senhor mercado".

> O novo modelo não poderá ser produto de decisões unilaterais do governo, tal como ocorre hoje, nem será implementado por decreto, de modo voluntarista. Será fruto de uma ampla negociação nacional, que deve conduzir a uma autêntica aliança pelo país, a um novo contrato social, capaz de assegurar o crescimento com estabilidade.
>
> Premissa dessa transição será naturalmente o respeito aos contratos e obrigações do país. As recentes turbulências do mercado financeiro devem ser compreendidas nesse contexto de fragilidade do atual modelo e de clamor popular pela sua superação.
>
> À parte manobras puramente especulativas, que sem dúvida existem, o que há é uma forte preocupação do mercado financeiro com o mau desempenho da economia e com sua fragilidade atual, gerando temores relativos à capacidade de o país administrar sua dívida interna e externa. É o enorme endividamento público acumulado no governo Fernando Henrique Cardoso que preocupa os investidores.

A GOVERNABILIDADE IMPOSSÍVEL   241

(...)

A questão de fundo é que, para nós, o equilíbrio fiscal não é um fim, mas um meio. Queremos equilíbrio fiscal para crescer e não apenas para prestar contas aos nossos credores.

Vamos preservar o superávit primário o quanto for necessário para impedir que a dívida interna aumente e destrua a confiança na capacidade do governo de honrar os seus compromissos.

Mas é preciso insistir: só a volta do crescimento pode levar o país a contar com um equilíbrio fiscal consistente e duradouro. A estabilidade, o controle das contas públicas e da inflação são hoje um patrimônio de todos os brasileiros. Não são um bem exclusivo do atual governo, pois foram obtidos com uma grande carga de sacrifícios, especialmente dos mais necessitados.

Fora essas questões, reitera o compromisso de promover crescimento sustentável, com ênfase na produção, pelo emprego e por justiça social.

A carta de per se acalmaria o mercado? O que acalmou mesmo foi a conversa com Fernando Henrique, que resultou na aliança com os artífices da política econômica e monetária que vinha sendo conduzida por agentes comprometidos com o capital financeiro. Agentes como Armínio Fraga, principal executivo de George Soros, que do Banco Central comandou a equipe no governo de Fernando Henrique.

Eleições de 2006 – Lula reeleito

E assim chegamos às eleições de 2006 com a reeleição de Lula.

A direita cada vez mais unida e a esquerda sempre dividida. O novo sindicalismo de resultados, orientado pela Organização

Internacional do Trabalho (OIT), implantado com ajuda da AFL/CIOS, através da Orit, resultou na presença, hoje, de 14 centrais sindicais operárias. Os patrões têm uma só, como a Fiesp/Siesp de São Paulo e as congêneres nos demais estados.

E a força política institucional do PT já demonstrava estar descendo a ladeira.

A mesma dupla governante, Lula e José de Alencar, com a coligação A Força do Povo (PT, PRB, PCdoB), com apoio do PRTB, PL e PSB, conseguiu 46.662.365 (48,61%); em segundo lugar, a coligação Por um Brasil Decente (PSDB, PFL, PPS), tendo o governador de São Paulo, Geraldo Alckmin, e José Jorge como vice, obteve 39.968.369 (41,64%).

A chamada Frente de Esquerda (PSOL, PCB e PSTU), com Heloísa Helena e César Benjamin de vice, com 6.575.393 (6,85%); PDT concorrendo com Cristovam Buarque e Jefferson Péres, 2.538.844 (2,64%); mais outros três candidatos: Ana Maria Rangel, José Maria Eymael e Luciano Bivar somavam 251.762 ou 0,26%.

O comparecimento às urnas também foi ótimo, com taxa de 83,25% dos 125.913.134 eleitores. Somando as abstenções de 21.092.675 aos 8.823.726 votos nulos e brancos, totalizaram 29.916.401 votos para o Senhor Ninguém.

A GOVERNABILIDADE IMPOSSÍVEL

Resultado no 1º Turno:

População: 190.698.241
Eleitores: 125.913.134

Candidato	número de votos	%
Luiz Inácio Lula da Silva	46.662.365	48,61
Geraldo Alckmin	39.968.369	41,64
Heloisa Helena	6.575.393	6,85
Cristovam Buarque	2.538.844	2,64
votos brancos	2.866.205	2,73
votos nulos	5.957.521	5,68
abstenções	21.092.675	16,75
Senhor Ninguém	29.916.401	25,16

No segundo turno, a performance da dupla Lula-Alencar foi de 60,83%, ou 58.295.042 votos e 39.17%, ou 37.543.178 para Alckmin. Brancos e nulos somaram 6.160.001, que, adicionados 23.914.714 abstenções contabilizaram para o senhor Ninguém 30.024.715 votos.

Percebe-se que a polarização levou mais gente às urnas sabendo o que queriam, pois diminuiu significativamente o número de eleitores do Senhor Ninguém. Apesar de as campanhas terem sido conduzidas por publicitários, vazias de conteúdo programático e ideológico, não fica dúvida de que o que garantiu a vitória de Lula foi um pensamento de esquerda orientando a grande massa. E isso apesar de Lula ter conduzido uma política claramente neoliberal.

É sintomático que o Senhor Ninguém mantenha, em sucessivas eleições, em torno de 25% dos eleitores. E isso numa conjuntura em que o voto é obrigatório a partir dos 16 anos e ocorre uma verdadeira tempestade midiática e televisiva para atrair o eleitor. E isso sem contar os votos Cacareco, dados a candidatos sem nenhuma chance e cuja soma às vezes se aproxima dos 10%.

2º Turno:

População: 190.698.241
Eleitores: 125.912.935

Candidato	número de votos	%
Luiz Inácio Lula da Silva	58.295.052	60,83
Geraldo Alckmin	37.543.178	39,17
votos brancos	1.351.448	1,33
votos nulos	4.808.553	4,71
abstenções	23.914.714	18,89
Senhor Ninguém	30.074.715	24,93

Por que votar em Lula

Em outubro, em carta ao teatrólogo Augusto Boal, que criou o Teatro do Oprimido em inúmeros países da América Latina e da Europa, que circulou na Web e foi publicada por Conjuntura 2007 (abril), justifiquei meu voto, por que votar em Lula do PT e não no governador de São Paulo, Geraldo Alckmin, do PSDB.

> Vou votar no Lula porque é a única opção. (...) Em 1964, a esquerda se dividiu menos do que está dividida hoje. E depois, mesmo dividida, cada fração perseguia o mesmo objetivo que era o fim da ditadura militar, expressão autoritária da ditadura da oligarquia predadora de sempre e das vivandeiras[1] da UDN, aqueles que incitavam os quartéis ao golpe.

---

1 Na Mesopotâmia, eram as mulheres que se antecipavam às invasões. Entravam nas cidades e preparavam, junto com comerciantes, o terreno para

A GOVERNABILIDADE IMPOSSÍVEL

É provável que essa "grande frente patriótica" fosse só uma possibilidade, uma utopia na cabeça de alguns, mas existia. Existia na cabeça daqueles que continuavam acreditando que outro modelo é possível. Este é o cenário em que vai se desenvolver esta atual República (que número lhe daremos?). Até que se dá a posse de Lula. Aquele espetáculo reacendeu a chama da esperança. Era hora da mudança. Era a hora de reconstruir a frente patriótica em torno de um projeto de desenvolvimento, um projeto de país, uma ideia de democracia participativa.

(...)

É, meu caro.... Corremos sério risco do sacripanta da Opus Dei (Geraldo Alckmin) ser eleito. Só se surpreendeu com o desempenho dele quem não conhece a índole dos paulistas, principalmente do interior, o primeiro mercado consumidor do país. O poder que emana de São Paulo é muito grande. Se não foi fácil a governabilidade no primeiro mandato, será mais difícil no segundo. Nossa oligarquia não é suicida. Nunca foi. Ao contrário, nos últimos 500 anos tem dado demonstração de que sabe agir na hora certa, sabe como manter o controle sobre os centros de decisão. E nós, à esquerda, temos demonstrado grande capacidade de autofagia, atomização e incompetência.

A conspiração está ai. Então, o grande desafio não é ganhar a eleição. É o dia seguinte. E é preocupante quando se vê que não se fez uma campanha em torno de um programa. Não se aproveitou a campanha para fazer uma frente em torno de um

---

os soldados. No Brasil, o termo é utilizado para definir os políticos que ficavam batendo às portas dos quartéis para conseguir derrubar aqueles que os venceram com votos.

programa, em torno de um projeto. Contudo, ainda é tempo. A única chance para o Brasil se desenvolver, avançar, é formar uma grande frente em torno de um projeto nacional. Uma frente com as organizações populares e com os partidos políticos, Um governo popular tem condições, tem o dever, de transformar a energia da vitória em energia aglutinadora. Este não o fez em 2002. Fá-lo-á agora? Sem transformar a empolgação das massas em mobilização, sem uma frente de salvação nacional, o próximo governo sucumbirá à própria debilidade, ou seja, repetirá a mesmice.

Falhas e acertos dos governos Lula

Despreparo

Hegemonia dos quadros oriundos do movimento sindical e pertencentes à CUT na direção do partido e no governo, sem prepará-los devidamente para isso.

Evasão de cérebros

Quadros valiosos que ajudaram a fundar o partido e lideranças dos movimentos populares, inclusive as comunidades católicas, ficaram sem espaço e percebendo tratar-se de uma conquista pura e simples do poder, deixaram o partido.

Incompetência e oportunismo na gestão de fundos

Deram a direção dos fundos de pensão das estatais, a maior fonte de capital para investimento do país, para incompetentes dirigentes sindicais. Aliás, em quase todos os escalões da administração, no lugar de técnicos competentes, foram impostos quadros sindicais ou militantes do partido incompetentes para a função, com grave dano para a imagem do governo e para a sociedade.

Aliança com forças retrógadas

Além de aliar-se com os setores mais conservadores e retrógrados da política brasileira, iniciou entendimentos com Obama que culminaram com o Acordo Dilma/Obama de cooperação da área militar, de Inteligência e segurança, uma completa violação da soberania nacional.

Convivência com a desnacionalização

Deu continuidade ao processo de desindustrialização e desnacionalização do setor produtivo nacional.

Inteligência

Permitiu a presença dos serviços de inteligência – civis e militares – estrangeiros em território nacional.

Hegemonia do capital financeiro

Foi mantida intacta no controle dos centros de decisão. Com uma única ressalva que foi dar fôlego e prestigio à Petrobras, porém sem (re)estatizá-la. Há que lembrar que FHC ampliou enormemente a presença privada no capital da Petrobras, com ações negociadas nas bolsas de todo o mundo e participação de grandes fundos e acionistas que querem lucro.

Cumplicidade com a mídia tradicional

Criou tardiamente um Sistema Nacional de Comunicação, não fez uso adequado dele e manteve as regras que serviram para financiar seus opositores.

Área social

Muitos fatos positivos ajudaram a combater a miséria e a melhorar a vida dos brasileiros, gerando empregos ao impulsionar grandes obras de infraestrutura. Incorporou 40 milhões de pessoas à chamada classe média.

Área energética

Ter acreditado na Petrobras e dado tudo o que foi necessário para ela explorar o pré-sal foi sem dúvida algo extraordinário e suficiente para colocar Lula na história. Assim também com a construção de usinas hidroelétricas e linhas de distribuição.

Setor de educação

Foi o presidente que, depois de Getúlio Vargas, mais escolas de nível superior criou no país, mas não cuidou da qualidade do ensino básico e secundário nem barrou o processo de mercantilização do ensino com grandes conglomerados transnacionais hegemonizando o ensino privado no Brasil.

Política Externa competente

Também foi um grande acerto ter deixado nas mãos competentes do Itamaraty a condução de uma política externa independente e voltada à integração sul-sul, com ênfase na integração latino-americana e grande enfoque nas relações com países africanos. Certamente existem muitos mais acertos.

A estratégia da direita

A intenção deste trabalho não é fazer um diagnóstico nem uma análise da questão econômica, de como evoluiu o modelo adotado pela associação do capital agrário com as empreiteiras e

A GOVERNABILIDADE IMPOSSÍVEL

o capital financeiro. Nos atemos à questão política para ajudar a compreender o que está a ocorrer nos dias de hoje, visto ser uma consequência do que se fez ontem, no passado próximo e no tempo histórico.

Contudo, cabe registrar alguns fatos que se não determinaram, influíram ou deram a linha para a condução da política econômica e financeira.

Houve um tempo em que se impôs a especulação financeira.

O país dos juros mais altos do mundo virou um paraíso para os especuladores. Quem mandou no país de Fernando Henrique Cardoso foi Armínio Fraga, preposto de George Soros, o rei da especulação mundial.

De repente, houve uma quebradeira geral no sistema bancário e financeiro envolvendo os maiores bancos do mundo. Foi preciso mudar de rumo. Iniciou-se o ciclo das commodities. Quem mandou no país do Lula foram os mesmos personagens, mas em outro cenário e com outro roteiro.

Lula pegou o auge da valorização das commodities. Mas esse ciclo também acabaria. O preço veio abaixo, foi preciso regressar ao cassino global. Para isso, montou-se outro cenário, outro roteiro com outros personagens. Então ele deixou de ser "o cara".

A política exterior independente contrariou os interesses do Império e os êxitos da Petrobras e com o pré-sal abriram o apetite das petroleiras transnacionais.

Concorrência externa das empresas de engenharia e construção, as empreiteiras, concorrendo com as construtoras estadunidenses e europeias em seus mercados tido como cativos, também provocou reação.

250 PAULO CANNABRAVA FILHO

Conspiração das elites

No dia seguinte à pose de Lula a elite já estava conspirando. Um certo infantilismo levou muita gente a pensar que seria possível manter a direita fora do poder através de um pacto. Nem o gênio de Getúlio Vargas conseguiu isso e caiu vitimado.

Quem realmente governou foram as grandes empreiteiras, o agronegócio hoje em mãos de transnacionais, e o mercado financeiro. Com isso ficaram às cegas a reforma agrária, o meio ambiente, os indígenas, os sem-terra e os sem-teto; foram se deteriorando a atenção à saúde e à educação públicas.

Como nas décadas de 1950-60, Fiesp, Febraban, CNI, CNA estiveram na linha de frente da conspiração dos ricos junto com as Forças Armadas, com suas vivandeiras e as pessoas vocacionadas para o fascismo e o genocídio dos diferentes e divergentes, aqueles que botam fogo para matar indígenas e mendigos.

É só buscar nos portais das três armas, nos clubes militares, nos discursos que proferem por ocasião de solenidades, nas panfletagens interna e até nos cânticos ritmados das marchas. Tudo com o mesmo ranço das cartilhas dos cursos das escolas de formação oferecidas pelo Comando Sul dos EUA.[2]

---

2   USSouthCom – Comando Sul das Forças Armadas dos Estados Unidos. Até 1979 estava situado no enclave colonial que EUA mantinha no Panamá, junto com 14 bases militares, da Marinha, Exército e Aeronáutica, onde se obedeciam as leis do estado de Alabama. Paralelamente aos campos de treinamento de tropas especiais (rangers) funcionava a Escola das Américas, com cursos de aperfeiçoamento para oficiais das três armas dos países de Nossa América e, também, cursos de preparação para policiais e pessoal de inteligência. Com a recuperação da soberania conseguida com a Revolução de 1968, liderada por Omar Torrijos, o Comando Sul se transferiu para Miami, com um conjunto de forças operacionais. As bases militares e de treinamento estão em território estadunidense e com as mesmas atividades intervencionistas de sempre.

A GOVERNABILIDADE IMPOSSÍVEL 251

Fundações estrangeiras fornecendo conteúdo para cursos em institutos de formação de quadros, financiados por grandes corporações transnacionais e empresários ricos.[3]

O esquartejamento do PT

Ainda no primeiro mandato de Lula, a direita conseguiu esquartejar o PT quando cortou cabeça, tronco e membros do partido com a ação penal 470, batizada pela mídia como "Mensalão".

Em processos judiciais espúrios, visto a falta de provas e o fato de terem sido fundados na teoria do domínio do fato, ou seja, você é responsável pelo crime praticado por seus subordinados, algo assim, por um juiz exibicionista que prefere viver no exterior, notadamente em Miami, onde tem apartamento em condomínio de alto luxo.[4]

A cabeça: José Genuíno, um genuíno militante da esquerda, foi militante do PCdoB e participou da Guerrilha do Araguaia. Anistiado, ajudou a construir o PT, pelo qual foi eleito deputado federal, e ocupou a presidência do partido. Foi processado e condenado, ficou em prisão domiciliar, acusado de comandar uma quadrilha de corruptos. Realmente não merecia.

Tronco: Delúbio Soares, de origem no movimento sindical, coordenou as campanhas de Lula de 1989 e 1998. Havia sido tesoureiro da CUT e assumiu a tesouraria do PT em 2000.

Membros: José Dirceu, quando dirigente da União Estadual de Estudantes (UNE) em São Paulo. Foi militante da dissidência estudantil do PCB que deu origem à ALN. Preso político, viveu anos no exílio no exterior e clandestino no Brasil. Sem dúvida,

---

3 Sobre isso, conferir capítulo I.

4 Em 2012 o ex-presidente do STF Joaquim Barbosa abriu uma offshore em Miami, Florida, no sul dos EUA.

como secretário-geral do PT foi o protagonista da organização do partido e da estratégia que levou Lula ao poder.

Eleito deputado federal, licenciou-se para ser chefe da Casa Civil de Lula (2003 a 2005), quando renunciou e voltou à Câmara por conta do Escândalo do Mensalão. Foi preso pela Operação Lava Jato.

O trio dinâmico do PT foi condenado por corrupção, julgado por um processo judicial viciado, mais político do que jurídico, que chegou à mais alta instância e onde prevaleceu a teoria do domínio do fato.

A partir daí, a direita não deu um minuto de sossego para o governo do PT e estava claro que só sossegariam tirando os petistas do poder e o PT da cena política. A mídia incrementou absurdamente a campanha de denúncia e difamação dos quadros do partido e da base de apoio parlamentar. Por quê? Porque sabendo do potencial eleitoral e de que isso barraria o acesso dos tucanos ao poder, era preciso tirar esse obstáculo do caminho.

Lula elege sua sucessora

Apesar de tudo, Lula conseguiu eleger sua sucessora. Realmente impressionante o prestígio e o carisma popular de Lula.

Dilma Rousseff, originária do PDT de Leonel Brizola, servira ao governo pedetista de Alceu Collares, no Rio Grande do Sul migrou para o PT para ser ministra de Minas e Energia do primeiro mandato de Lula e logo chefe da Casa Civil após a renúncia de José Dirceu.

Uma desconhecida, sem nenhuma experiência eleitoral. Dilma teve mais de 54 milhões de votos nas duas eleições a que concorreu. No caso da segunda vitória, foi ainda mais impressionante devido a ter feito uma gestão um tanto quanto desastrosa no primeiro mandato.

A GOVERNABILIDADE IMPOSSÍVEL

Muita gente se questionou: por que Dilma?

Não tanto pelo fato de ser desconhecida, mas pelo fato de não ter experiência alguma que lhe exigisse traquejo político. Havia quadros do partido com experiência de ter governado um estado, como Tarso Genro, do Rio Grande do Sul, e Jaques Wagner, da Bahia. Dilma aceitou o desafio porque é de seu perfil enfrentar desafios. Seguramente Lula reconhece hoje que foi um erro. Já não havia governabilidade no final de seu mandato e Dilma assumiu em piores condições.

A posse de Dilma e seu desentendimento com a inteligência da Presidência da República e das Forças Armadas, bem como a presença ostensiva dos serviços de inteligência estadunidense, completaram a obra. Dilma deposta e, na sequência, Dirceu e Lula presos.

A espionagem estadunidense alimentou os juízes sem pátria para, com o processo da Lava Jato, paralisar a economia, estabelecer a grande confusão em véspera de ano eleitoral com o propósito visível de continuar a sangria das riquezas nacional e a alienação do povo. Impressiona que a nação não reaja à recolonização em marcha.

XI

Da eleição à deposição de Dilma Rousseff

Eleições de 2010

Nesta eleição, o PMDB, ainda o maior partido em âmbito nacional, deixou de lado o PSDB, velho aliado, mas incapaz de alcançar densidade eleitoral, para somar-se à coligação Para o Brasil seguir Mudando (PT, PMDB, PDT, PCdoB, PSB, PR, PRB, PSC, PTC e PTN), liderada pelo PT e encabeçada por Dilma Rousseff, tendo Michel Temer, do PMDB, como vice-presidente.

O PSDB lançou José Serra com Índio da Costa, do DEM, na coligação O Brasil Pode Mais (PSDB, DEM, PPS, PTdoB e PTB). Sem nenhum disfarce, uma frente de direita.

Marina Silva e Guilherme Leal — empresário, um dos donos da Natura — seu vice-presidente disputaram pelo Partido Verde em chapa única, sem formar coligação.

Interessante acompanhar a evolução das pesquisas. Em meados de julho, o Datafolha indicava 36% para Dilma, 37% para Serra e 19% para Marina. Em meados de setembro, a evolução já indicava vantagem para Dilma, com 51%, 27% para o Serra e 11% para Marina, e essa performance das três candidaturas líderes se manteve até o final.

Apurados os votos, a dupla Dilma e Temer conquistou 46,91% dos eleitores (47.651.434 votos), menos de 50%. Tiveram que ir para o segundo turno. José Serra e Índio da Costaa obtiveram 32,61% dos eleitores, ou 33.132.283 votos.

Marina, com seu vice do PV, obtive19.636.359 (19,33%) votos, o que entusiasmou seus apoiadores. Um cacife de 20% dos votos é nada desprezível. Outros seis candidatos, sendo Plínio de Arruda Sampaio (PSOL), José Maria de Almeida (PSTU), Ivan Pinheiro (PCB) e Rui Costa Pimenta (PCO), apresentados como de esquerda, e José Maria Eymael (PSDC), como direita, conseguiram 1.170.077 (1,15%) dos votos.

Vejam como esse resultado comprova o acerto do PMDB em trocar de aliado. Tudo muito bem pensado, planejado e executado. Para o PT, mais parece um erro estratégico, pois, mais que uma aliança, configurava um saco de gatos onde ninguém se entendia, mas com o comando de velhas e experientes raposas.

Estavam registradas para votar 135.804.433 pessoas e foram contabilizadas 24.610.298 abstenções, que somadas aos 9.603.594 de votos nulos e brancos, dão um total de 34.213.892 votos para o Senhor Ninguém.

2º turno

No segundo turno, Dilma e Temer conseguiram 55.752.529 ou 56,05% dos votos, e a dupla Serra e Índio, 43.711.386 ou 43,95% dos votos. As abstenções subiram para 29.197.152, uma taxa de comparecimento de 78,50% do total de 135.804.433 pessoas aptas a votar. Nulos e Brancos somaram 7.142.025, que com as abstenções, somaram 36.339.177 votos para o Senhor Ninguém, o que já mostra aumento na consciência sobre a farsa eleitoral.

Como governar com uma aliança como essa? Era óbvia a pergunta, mas ninguém a fazia: quem vai governar, o PMDB ou o PT?

Um governo cosmético

Não vamos nos deter em mencionar erros ou acertos dessa primeira gestão da presidenta Dilma Rousseff. O objeto desse trabalho não é esse, mas sim o de demonstrar como entra governo, sai governo, a hegemonia do capital financeiro só se afiança e se aprofunda como ditadura autoritária. Então, interessa os atos de governo que contribuíram para isso: em geral atos de violação da soberania e de enganação do povo. Há farta literatura e informação nas diversas mídias para quem quiser conhecer a obra dos governos citados.

O que vimos é que não houve mudança de rumo, apenas mudança de método. Na essência, o que continuava a vigorar era o pensamento único, a ditadura do capital financeiro, a presença hegemônica da mídia corporativa. Em resumo, um governo cosmético.

Perdeu-se novamente a oportunidade para dotar o país de um Projeto Nacional; de nacionalizar o pensamento nos organismos de segurança do Estado. Não se fez. Os serviços de inteligência da ditadura militar, bem como os da Polícia Federal, desenvolvidos, treinados e equipados pelos Estados Unidos, permaneceram intactos. O povo continuou sendo o inimigo a combater pelas forças de segurança do Estado.

Afinal, Dilma integrou a resistência armada contra a ditadura. E também conviveu com o PDT de Brizola, um ninho de nacionalistas adeptos da economia planificada pelo Estado. Esperava-se dela não uma posição revolucionária, mas pelo menos uma consciência nacionalista.

Eleições de 2014

Além da reprodução da farsa eleitoral, contida na propaganda eleitoral, essa eleição começou como uma palhaçada e terminou como tragédia. A tragédia anunciada do impeachment. Não tivemos uma campanha político-eleitoral como tal. Tivemos uma guerra midiática conduzida por publicitários que, no lugar de comunicadores, venderam o "melhor produto", ao invés de apresentar programa de governo, incitando o ódio entre os iguais.

Ficou moda nesse pós-eleitoral especular sobre quem ganhou e quem perdeu essas eleições de 26 de outubro. Quase todos queriam reverter a imagem de ganhadora de Dilma e do PT, convertendo-os em perdedores. Em parte tinham razão.

Polarização entre PT e PSDB

A polarização entre o PT, que manteve a dupla Dilma e Temer, e o PSDB, agora foi com Aécio Neves e Aloysio Nunes, dois tucanos disputando para presidente e vice, coligados na frente Muda Brasil (PSDB, DEM, PPS, PMN, PTdoB e PTB).

A aliança PT-PMDB, com Dilma e Temer, foi mantida para disputar a reeleição, coligados na frente Com a Força do Povo (PT, PMDB, PSD, PP, PR, PDT, PRB, PROS e PCdoB).

Marina Silva, sempre bem nas pesquisas, mas com dificuldade para oficializar a Rede Sustentabilidade, entrou no PSB e saiu candidata a vice-presidente, com o ex-governador de Pernambuco, Eduardo Campos, na cabeça da chapa, na coligação Unidos pelo Brasil (PSB, PPS, PSL, PHS, PPL, PRP). Em 13 de agosto, Eduardo Campos, em viagem de campanha, foi morto com a queda do avião que o transportava. A coligação concordou que Marina assumisse a chapa, tendo Beto Albuquerque, também do PSB como vice.

1º turno

Concluída a apuração, Dilma Rousseff e Michel Temer, com a frente Com a Força do Povo obtiveram 43.267.668 de votos ou 41,59% do eleitorado.

A frente Muda Brasil, com a dupla tucana Aécio Neves e Aloysio Nunes, obteve 34.897.211 votos, 33,55% do eleitorado.

Marina Silva, com Beto Albuquerque na frente Unidos pelo Brasil, aumentou seu cociente para 21,32%, conquistando 22.176.619 votos.

A polarização entre Dilma do PT e Aécio do PSDB, tendo Marina para embananar o meio do campo, protagonizou um confronto tão absurdo que provocou cansaço e até descaso em grande número de eleitores, refletidos nos quase 39 milhões de votos para o Senhor Ninguém.

Luciana Genro, candidata do PSOL, com Jorge Paz, do mesmo partido, como vice, conseguiu 1,55% dos eleitores, ou 1.612.186 de votos.

Outros sete candidatos conquistaram 2.069.859, (1,99%): Pastor Everaldo, Eduardo Jorge, Levy Fidélix, José Maria Almeida, Eymael, Mauro Iasi, Rui Costa. Como ninguém passou dos 50%, houve segundo turno.

Como era previsível, as abstenções se mantiveram altas, 27.699.435, que somadas aos 11.099.068 votos nulos e brancos, deram ao Senhor Ninguém 38.798.503 votos.

2º turno

No segundo turno, Dilma e Temer foram reeleitos com 51,54% dos votos, ou seja, 54.501.118 votos e a dupla tucana, sem o apoio do PMDB, obteve 48,36% ou 51.041.155. Mas o Senhor Ninguém não ficou pra trás: brancos, 1.921.819 (1,71%); nulos, 5.219.787 (4,63%) e abstenções, 30.137.479 (21,10%), somados, deram ao Senhor Ninguém 37.279.085 (27,44%).

Vejam que aliança mais espúria em torno de Aécio: um partido que se diz socialdemocrata e tem uma prática neoliberal, aliando a um partido saído do Partido Comunista (PPS), e legendas que se dizem trabalhistas, como PTdoB e PTB. É muita confusão para deixar nosso povo mal informado.

Esse desempenho inédito do candidato do PSDB certamente entusiasmou de tal maneira o mocinho das Minas Gerais que resolveu tentar invalidar o pleito. No dia seguinte às eleições, Aécio tentou impugnar a posse alegando ilegitimidade do pleito.

Seu partido nunca imaginou que pudesse ter tantos votos e não ganhar as eleições. Aécio, inconformado, prometeu fazer da vida da presidenta eleita um inferno. E fez.

O PSDB não ficou um só dia sem conspirar e só sossegou quando derrubou a presidenta através de artifícios jurídicos, preparados por tucanos contumazes.

Ganhou, mas não levou

Dilma ganhou o governo, mas perdeu as eleições. Talvez seja mais correto dizer, ganhou a eleição, mas não conquistou o poder.[1]

O parlamento instalado em 2015 foi o mais conservador e reacionário da história republicana, como ficou comprovado pelo comportamento das bancadas.

Diminuíram as bancadas de sindicalistas, partidos progressistas, pessoas independentes. Aumentou o número de representantes de empresários, latifundiários, agronegócios, banqueiros e fundamentalistas religiosos (leia-se neopentecostais). Mostraram que longe de estarem dispostos a aprovar uma reforma política, queriam ganhar dinheiro como fosse, e conspirar para aproveitar ao máximo. Conseguiram, deu no que deu.

Dilma, sem condições de governabilidade, parecia perdida, isolada na solidão de Brasília. Admirada por muitos como uma mulher de fibra, não teve talento e jogo de cintura para enfrentar o verdadeiro tsunami conspirativo que desabou sobre ela. E, é o que

---

1 http://www.dialogosdosul.org/quem-ganhou-essa-eleicao/20102014

A GOVERNABILIDADE IMPOSSÍVEL

263

parece, cercou-se de incompetentes, com absoluto desconheci-
mento da história do país. As consequências foram agravadas pelos
equívocos que cometeu.

Primeiro grande equívoco

Desfez-se do aparato de inteligência da Presidência da
República. Teve seu telefone grampeado e, pior que isso, os serviços de inteligência dos EUA puseram na escuta a comunicação da
Petrobras, invadiram os sistemas computacionais e, assim, ficaram
sabendo das novas descobertas e tecnologias. Com isso armaram a
Procuradoria Geral da Nação e a Corte de Curitiba para dar início
à Lava Jato e a desmontagem da Petrobras e desarticulação das
grandes empresas de engenharia e construção.

Segundo equívoco

Não aperfeiçoou nem ampliou o Sistema Nacional de
Comunicação que Lula e Franklin Martins iniciaram e tampouco
o usou a seu favor. O governo ficou refém da mídia corporativa,
regiamente financiada pela Secretaria de Comunicação.

Terceiro equívoco

Não ter revertido o processo de privatização do Estado.
Privatizar o Estado é o mesmo que institucionalizar a corrupção. "Ah!, mas o Estado também é corrupto", dirão. Sim, contudo, seguramente é mais fácil sanar o Estado ou diminuir os
malfeitos do que controlar o poder dos poderosos conglomerados privados.

Infinito e imperdoável equívoco

Ter firmado o acordo de cooperação militar e de inteligência com o então presidente dos EUA, Barack Obama.[2] Infinito porque se não houver uma ruptura institucional no país, isso durará para sempre. O acordo amplia a promiscuidade entre oficiais das forças brasileiras com assessores do Pentágono. Sem nenhum escrúpulo, seu sucessor, ascendido por golpe de Estado, está entregando até a Base de Alcântara, satélites... Um crime contra a soberania nacional.

Com tudo isso, o dilema quem governa, o PT ou o PMDB, foi resolvido como num passe de mágica. Os que gritavam "não ao golpe" inocentemente não percebiam que o golpe já havia sido dado. Faltava o show. E fizeram a pior das chanchadas.

O golpe jurídico-parlamentar-midiático, na sua versão parlamentar, foi uma demonstração para o mundo do baixo nível e da imoralidade dos legisladores. O testemunho do que é essa democracia de fancaria que não consegue disfarçar a ditadura do capital financeiro.

Impeachment: o que esperar além da morte anunciada?

O velho Karl Marx, sábio por velho, uma vez que atravessou os tempos, dizia que não se pode falar em abstrato do que se deve fazer depois da conquista do poder. Se isso for correto, podemos interpretar que não se exerce o poder sem um projeto nacional para ser executado. Projeto discutido amplamente e aprovado pela base de apoio que garantirá a governabilidade e sua execução.

---

2 Advertimos sobre a gravidade dessa violação da soberania, pois significava a institucionalização da ingerência estrangeira em áreas vitais da segurança nacional (ver http://operamundi.uol.com.br/dialogosdosul/pra-que-servem-os-acordos-dilma-obama/03072015/)

A GOVERNABILIDADE IMPOSSÍVEL

Uma vez eleita, Dilma teve contra si: a maioria do Congresso, que, registre-se de passagem, era presidido pelo PMDB, partido eleito para governar junto, não para conspirar; o Poder Judiciário; a mídia e até mesmo o Estado.

Quando em horas da noite esse Congresso aprovou o Acordo de Cooperação na área militar e de inteligência, no dia seguinte Dilma o levou para assinar com Obama, em Washington.

E já se sabia, como dissemos anteriormente, que os órgãos de inteligência dos EUA estavam monitorando a própria presidenta e a Petrobras, para mencionar só as mais graves violações da nossa soberania, denunciadas pelo WikiLeaks.

Esse episódio ainda não terminou, sendo apenas mais um da novela da captura do Estado iniciada em 1º de Abril de 1964. Estamos diante do fato de que os donos do poder já cansaram de intermediários. Agora chegou a hora de exercerem diretamente o poder.

A apatia que se viu nas organizações de trabalhadores, partidos políticos e no próprio PT e seus coligados, no lugar de reação indignada contra todos esses fatos ilegais, facilitou a crescente ascensão e êxito do fascismo.

Havia consenso em torno do fato de que o país estava mergulhado em profunda crise política, que os conglomerados de comunicação estavam atuando como partidos políticos e promotores do golpe para derrubar o governo, que era preciso resistir à escalada golpista, defender a legalidade e defender o respeito ao voto que elegeu o governo.

Mas o que se viu foram protestos a posteriori, digamos, depois das maldades praticadas, e reprimidos com violência pelo Estado militarizado. O governo deixando-se encurralar, sem nada fazer para estancar a escalada golpista. Será que os serviços de inteligência não viram a enxurrada de dinheiro despejada pela Fiesp e outras instituições nacionais e estrangeiras para financiar os golpistas e, inclusive, os movimentos de rua?

Inexplicavelmente paralisado na defensiva o tempo todo, o governo entrou em um beco sem saída. E pior, conseguiu ficar completamente isolado. Por que não fez uso das grandes redes de televisão em cadeia nacional? Afinal, todas são concessão do Estado, era só requisitar e falar em cadeia nacional para defender a legalidade e mobilizar as pessoas.

Era hora de uma greve geral, com todas as organizações sociais progressistas, principalmente de trabalhadores a ocupar massivamente as ruas por toda parte deste país, ocupar escolas e repartições públicas. Estavam dadas todas as condições para uma ruptura institucional, mas nada se fez.

O perigo do fascismo em ascensão

O PT, com Dilma, perdeu também a batalha midiática. Principalmente nas regiões Sul e Sudeste, consideradas as mais "esclarecidas" e politizadas. Esse sim é tema que precisa ser estudado em profundidade.

A população de São Paulo, historicamente, sempre foi conservadora, mas atualmente está de um reacionarismo deveras preocupante, que chega às raias da irracionalidade. Claro que os meios de comunicação ajudaram a construir isso, mas o que mais preocupa é como desconstruir o que se configura como a ascensão do nazi--fascismo em processo semelhante ao ocorrido na primeira metade do século passado.

Exagero? Não creio. Estudo história e comunicação no que tenho de vida racional e os acontecimentos na Europa ainda estão muito frescos para serem simplesmente apagados da memória.

O que ocorre é que, longe de ser a população mais "esclarecida e politizada", os paulistas estão se comportando como alienados que têm a cabeça feita pelos meios de comunicação. Isso se tornou possível devido ao longo processo de guerra psicológica e

A GOVERNABILIDADE IMPOSSÍVEL

guerra econômica travada pelas potências imperiais e suas tentaculares corporações transnacionais.

Traidores da pátria no judiciário

E qual foi o papel do Judiciário em toda essa trama?

Há que voltar um pouco no tempo e lembrar que, empossado em dezembro de 2013 como Procurador Geral da República, Rodrigo Janot iniciou o processo que se generalizou como Operação Lava Jato. Fez isso com papéis que lhe foram entregues em Washington, contendo as informações colhidas pela Agência Nacional de Segurança, pela CIA e por empresas privadas de espionagem.

Depois, foi mais de uma vez aos EUA, claro que convidado para proferir palestras sobre combate à corrupção no Brasil, nas quais dizia descaradamente o que em qualquer lugar do mundo é considerada sigilo profissional de advogado.

Mas não foi só isso. Em uma das viagens em que ficou muitos dias em Washington, além de palestras, reuniu-se com autoridades do governo. O G1, da Globo, noticiou que no dia 18 de julho, em Washington, o "excelso" procurador esteve no Departamento de Estado, onde se "encontrou com Bruce Swartz, diretor do Departamento de Assuntos Internacionais, e com Trevor McFadden, da Divisão de Segurança. Ele deixou o local sem falar com a imprensa".[3]

De regresso ao Brasil, ninguém perguntou a ele, que ocupava tão alto cargo de representação da União, o que foi fazer lá. Quando se soube que visitou o Departamento de Estado, historicamente

---

3 Disponível em https://g1.globo.com/politica/noticia/em-viagem-a-washington-janot-se-reune-com-representantes-do-governo-dos-eua.ghtml

268 PAULO CANNABRAVA FILHO

metido em todos os golpes contra a democracia e o povo brasileiros, ninguém o puniu por informar segredos de Estado.

Na Universidade George Mason, falou sobre a luta contra a corrupção. Noutro dia a palestra foi no Atlantic Council; no Woodrow Wilson Center, em 19/7/17, onde anteriormente já estivera o juiz Sérgio Moro para palestrar sobre os processo de sua vara, em Curitiba.

Janot discorreu sobre delações premiadas e revelou que era só uma questão de tempo para indiciar Michel Temer, que foi gravado numa conversa noturna com Joesley Batista, da JBS, na qual combinaram como repartir dinheiro. "Se até o último dia do meu mandato houver provas, não vou deixar de cumprir meu ofício e vou apresentar uma nova denúncia", afirmou com relação a Temer. Na sequência dos fatos, ele saiu e Temer ficou.

Moniz Bandeira,[4] em entrevista[5] ao *Jornal do Brasil*, denunciou que representantes da Lava Jato, como o então procurador-geral da República, Rodrigo Janot, e o juiz de primeira instância Sérgio Moro, que possuem "vínculos notórios" com instituições estadunidenses, avançam nos prejuízos provocados ao país e à economia nacional:

> Os prejuízos que causaram e estão a causar à economia brasileira, paralisando a Petrobras, as empresas construtoras nacionais e toda a cadeia produtiva, ultrapassam, em uma escala imensurável, todos os

---

4   Luiz Alberto de Viana Moniz Bandeira (1935-2017) foi historiador e professor na Universidade de Brasília, com doutorado na Alemanha. Teve dezenas de livros publicados, nos quais aborda questões relacionadas com o desenvolvimento e as relações com Estados Unidos no contexto da recolonização do Brasil.

5   Disponível em http://www.jb.com.br/pais/noticias/2016/12/03/moniz-bandeira-moro-e-janot-atuam-com-os-estados-unidos-contra-o-brasil/

A GOVERNABILIDADE IMPOSSÍVEL 269

prejuízos da corrupção que eles alegam combater. O que estão a fazer é desestruturar, paralisar e descapitalizar as empresas brasileiras, estatais e privadas, como a Odebrecht, que competem no mercado internacional, América do Sul e África.

Como é possível juízes de primeira instância atuarem acima da lei? É uma questão ainda sem resposta.

Adendo sobre os acordos Dilma-Obama

O Acordo de Cooperação na Defesa (Defense Cooperation Agreement - DCA) visa promover a cooperação, troca de informações e experiências em matéria de defesa, com ênfase nas áreas de tecnologia, sistemas e aquisição de equipamentos, intercâmbio de informação de informações e experiência, exercício e treinamento conjunto.

Prevê visitas recíprocas de delegações a instalações, contatos entre os funcionários da defesa dos dois países, intercâmbio de instrutores e estudantes de academias militares, participação em cursos teóricos e práticas, projetos e programas comuns na área de defesa e facilitação do comércio de produtos de defesa.

Outro é o Acordo Geral de Segurança de Informação Militar (General Security of Military Information Agreement – Gsomia), que visa o compartilhamento de informação de segurança nacional sigilosa. O documento prevê que não serão reveladas as operações frutos do acordo nem as que se realizem em função delas a nenhuma autoridade governamental, empresa, instituição ou organização, e proíbe que tais informações sejam repassadas a outros países.

Esse acordo viola a Lei de Transparência brasileira. De qualquer forma, os EUA não precisam mais ficar espionando, pois tudo estará disponível, compartilhado. Aliás, diga-se de passagem, sempre esteve, pois foram eles que montaram todo o aparato de inteligência brasileiro.

Outro importante documento firmado foi o Acordo de Cooperação para o uso Pacífico do Espaço (Framework Agreement on Cooperation in the peaceful uses of Outer Space), que abre para os Estados Unidos a possibilidade de utilizar a Plataforma de lançamento de satélites de Alcântara, no Maranhão. Vale uma apreciação sobre essa base e esse acordo.

Ainda na área estratégica há o acordo de céu aberto, que libera o espaço aéreo, e o acordo de parceria para o desenvolvimento de biocombustíveis para aviões.

Importantes também os acordos de convergência regulatória e de facilitação do comércio. Cada país reconhece as regras do outro para facilitar o livre comércio. Abre caminho para isenções aduaneiras e facilitação de negócios. Pretendem dobrar, em uma década, o fluxo comercial, que atualmente está em torno de 100 bilhões de dólares anuais. Nesse contexto, o Brasil já conseguiu abertura pra vender carne em natura nos Estados Unidos. Vitória do grande monopólio da carne no Brasil.

Não é à toa que até Henry Kissinger, o poderoso homem de Rockefeller que assessorou diversos presidentes estadunidenses, quis, cumprimentar a nossa presidenta pela coragem com que ela resolveu as pendências que havia com os Estados Unidos. Kissinger estava presente quando deram luz verde para o golpe de 1º de abril de 1964 no Brasil.

XII

2016 - Eleições Municipais

Introdução – A importância do município

Eleição municipal é muito importante. Por quê?

Porque é ali no município, no bairro, na rua de casa que as coisas acontecem na rotina da vida cidadã. É preciso se atentar a isso. Ao capturar o poder da cidade, o grande capital faz dela objeto de lucro e já não importam mais as necessidades e os interesses da população.

As consequências mais visíveis dessa apropriação é o surgimento da cidade dos excluídos cercando a cidade dos excludentes, a cidade dos pobres e a cidade dos ricos. Excluídos que se multiplicam cada vez mais, querem viver, necessitam comer, vestir, trabalhar, divertir-se, movimentar-se e são as maiorias que hoje cercam as cidades, mas que amanhã poderão querer ocupá-las. Essa é questão.

A preocupação com esses fatos levou as Nações Unidas a convocar várias conferências especializadas, entre as quais destacam-se pela importância as Conferências das Nações Unidas sobre Estabelecimentos Humanos: Habitat I, realizada em Vancouver, no Canadá, em junho de 1976, e a Habitat II, de junho de 1996, em Istambul. Diretrizes para políticas que visem melhorar as condições de vida nos centros urbanos e zonas rurais, buscando garantir o "gozo pleno e gradual" do direito à habitação.

Demarcada nesse contexto está também a Conferência das Nações Unidas sobre Ambiente e Desenvolvimento, a Cúpula da Terra, realizada no Rio de Janeiro em 1992, a Rio+10 em 2002, em Johanesburgo, na África do Sul, e a Rio+20 de novo no Rio de Janeiro, em 2012.

Vale mencionar essas conferências porque as resoluções aprovadas por mais de uma centena de países, quando aprovadas pelo legislativo de um país, têm força de lei. Apesar da resistência, muita coisa contida na Constituição Cidadã, de 1988, é inspirada ou segue as orientações aprovadas em conferências mundiais.

O Estatuto da Cidade

Em 2003 se realiza a 1ª Conferencia Nacional das Cidades, tendo como pauta principal discutir a cidade para todos. A 6ª Conferência Nacional das Cidades foi realizada em 2015, tendo como tema central "A função social da Cidade e da Propriedade". Quem ouviu falar? Os meios de comunicação simplesmente ignoraram esses eventos.

Essa Conferência é o instrumento da garantia de gestão democrática para a promoção de políticas de desenvolvimento urbano. Essas conferências nacionais são precedidas de conferências municipais e estaduais. Essa é a regra que, no entanto, foi abandonada em todos os níveis de governo.

O Estatuto da Cidade, projeto de 1989 transformado em Lei em julho de 2001, é de suma importância, porque regulamenta o capítulo sobre Política Urbana da Constituição.

Mencionamos esses fatos porque não é preciso muito trabalho nem muita imaginação para propor o que fazer para governar uma cidade para todos. Basta seguir o que está escrito e aprovado

A GOVERNABILIDADE IMPOSSÍVEL 275

por centenas de países. Basta, no nosso caso, seguir o Estatuto da Cidade e as resoluções das conferências das cidades. O que sim é preciso é coragem para livrar-se das cadeias impostas pelo sistema que trava o desenvolvimento urbano.

Que sistema é esse?

São os proprietários de terras urbanas que as mantêm desocupadas à espera de valorização, principalmente a indústria imobiliária; são os proprietários das empresas de transporte urbano; é a ausência de planejamento; são os vereadores e os prefeitos comprometidos com os financiadores de suas campanhas eleitorais.

A cidade não pode ficar à mercê dos especuladores. O resultado é o que temos na maioria dos municípios brasileiros: cidades administradas para os ricos e a maioria marginalizada. O efeito mais contundentes disso é que, em plena era digital, mais de 40% das casas não estão conectadas às redes de esgoto.

Quem ganhou e quem perdeu as eleições?

Houve eleições no Brasil inteiro, contudo, vamos nos ater mais a São Paulo por uma razão muito simples: é onde está o comando e o foco principal da estratégia de captura do poder por uma nova direita (nova?). Curitiba, sede da Lava Jato, é um mero apêndice, treinado e informado em Washington, lembrem-se disso. Mas é em São Paulo que está o dinheiro, portanto o comando.

Quem de fato ganhou as eleições em São Paulo em 2016 foi um esquema montado por grupos de empresários e financistas, gente de muito, muito dinheiro. A maior derrota não foi de nenhum partido. Foi da democracia, foi de um projeto nacional que não foi apresentado por nenhum candidato.

São Paulo é importante, tanto o interior como a capital, porque é o laboratório onde foi forjado o plano de captura do poder que agora será aplicado para conquistar Brasília, tendo São Paulo como base de sustentação nacional. Não se enganem, tudo foi tramado em São Paulo e em Washington, claro.

Há quem diga que tenho uma visão conspiratória da história. Não é verdade. O certo é que tenho vivenciado e estudo o processo conspiratório há mais de 50 anos. No Brasil, presenciei esse filme pelo menos umas cinco vezes e outras tantas presenciei na Argentina, Uruguai, Bolívia, Chile, Peru entre tantos.

Quando Dilma tomou posse, alertei que ela assumia a Presidência mas não o Poder e que a conspiração já estava em andamento, que ela não duraria muito porque sequer um serviço de inteligência ela tinha a seu favor. Muitos especialistas viam isso, só o governo manteve olhos fechados, se não intencionalmente, certamente por incompetência.

Os bons não têm chance

As agências de publicidade vendem seus candidatos como se fossem sabão em pó para induzir o público a comprar este ou aquele quando sabemos que há uma única fábrica de sabão em pó, tudo o mais são marcas e marketing. Para um público alienado pelo massacre consumista dos meios de comunicação, isso parece natural. Não cobram dos candidatos nem programa nem responsabilidade.

Nas primeiras pesquisas antes do início da propaganda eleitoral, Celso Russomano (PRB) aparecia na frente e invencível qualquer que fosse o adversário no segundo turno. Segundo a pesquisa:

Russomano 31%;
Marta Suplicy 16%;
Luiza Erundina 10%;
Fernando Haddad 8%;
João Doria 5%

A GOVERNABILIDADE IMPOSSÍVEL 277

Uma das últimas pesquisas, faltando três dias para as eleições, já mostrava o que o poder do dinheiro é capaz. O candidato do dinheiro, do governo do Estado e dos entreguistas do PSDB passou na frente de todos. Pesquisa divulgada em 29/9/16:

João Doria 28%

Russomano 22%

Marta Suplicy 16%

Fernando Haddad 13%

Luiza Erundina 5%

Erundina (PSOL) era a única candidata realmente desvinculada das estruturas de poder do grande capital e enfrentou dificuldades que nada tinham a ver com seus méritos ou deméritos para comandar novamente a gestão municipal.

Por ser o PSOL um partido pequeno, ela ficou ameaçada inclusive de participar dos debates televisivos. Ela seria a garantia de um governo que trabalharia com o povo, como já o fez.

Apesar de seu currículo, quem teve todo o espaço do mundo para fazer campanha foi João Doria, o candidato oficial que, em sintonia com o poder central, prometia privatizar tudo: serviço funerário, corredores de ônibus, autódromo, Anhembi, creche, saúde... se deixassem, acabaria também com o ensino público.

A lógica perversa do sistema político

Uma lição que se tirou desta eleição é que a propaganda eleitoral ainda faz muita diferença. Contudo, fica clara a fragrante desproporção do tempo que os candidatos dispõe para a propaganda no rádio e televisão. Realmente um absurdo que evidencia que o sistema eleitoral vigente não pode ser mantido. Urge uma reforma político, partidária e até eleitoral.

Dizem os ministros do TSE que o critério de distribuição do tempo para propaganda nos meios eletrônicos obedece o princípio da isonomia consagrado na Constituição.

O tempo é distribuído de acordo com o tamanho da bancada na Câmara. Quanto maior a bancada, maior o tempo. Nas coligações soma-se o tempo de cada um dos partidos coligados.

Luiza Erundina, que aparecia com 10% nas primeiras pesquisas de intenção de voto, tinha dez segundos, contra mais de três minutos de João Doria, que, por sua vez, iniciou a corrida à Prefeitura com apenas 5% da preferência dos eleitores.

João Doria, 3 minutos e 6 segundos;

Fernando Haddad, 2 minutos e 35 segundos;

Marta Suplicy, 1 minuto e 57 segundos;

Celso Russomanno, 1 minuto de 12 segundos;

Luiza Erundina, dez segundos.

Erundina tinha o apoio de um partido programático, enquanto Doria conseguiu juntar em torno de sua candidatura 13 partidos oportunistas.

Haddad até fez uma boa gestão, apesar do erro de ter se afastado da periferia e preferido um governo mais focado no centro e em ações para a classe média. Pensou a cidade a longo prazo e realizou obras para diversificar os modais do transporte na capital. Mas seus erros foram exacerbados pela mídia e seus méritos apagados.

A campanha contra ele foi grande. Lembremos que os dois jornais nacionais, *Folha de S.Paulo* e *O Estado de S. Paulo*, são rodados na capital e a Globo tem uma importante sucursal paulistana. Fizeram uma campanha impiedosa contra ele. Também caiu em seu colo o ônus pelas Jornadas de Junho, quando milhões foram às ruas contra o aumento das passagens de ônibus na cidade,

A GOVERNABILIDADE IMPOSSÍVEL 279

e o próprio impeachment contra a presidenta Dilma, que fez com que, naquele momento, o PT se tornasse um partido altamente tóxico para seus candidatos.

As coligações oportunistas

Ao observar as coligações partidárias, podemos questionar: qual partido possui uma proposta programática fundada numa ideologia ou filosofia e a respeita? Qual o candidato que realmente representa uma proposta partidária?

Observemos como se comportaram essas coligações naquelas eleições:

João Doria, 13 partidos: PSDB, PPS, PV PSB, DEM, PMB, PHS, PP, PSL, PT do B, PRP, PTC e PTN.

Fernando Haddad, 5 partidos: PT, PC do B, PR, PDT e PROS.

Censo Russomano, 4 partidos: PRB, PSC, PTB e PEN.

Marta Suplicy, 2 partidos: PMDB e PSD.

Luiza Erundina, PSOL e PCB.

Como é possível, por exemplo, que o PV, partido que se diz ecológico, defensor do meio ambiente e de um desenvolvimento sustentável, tenha apoiado o empresário João Doria, representante do capitalismo mais predador e entreguista do PSDB? E isso junto com o PPS, os grandes traidores das tradições do velho Partido Comunista Brasileiro. O que tem de socialista o PSB além do nome na legenda? E o PSDB, o que tem de socialdemocrata além do nome se jamais conseguiu ser aceito pela Internacional Socialista?

O que une esses 13 partidos em torno de Doria? Futuros cargos? Na síntese, sempre o dinheiro.

1º turno e único

candidato	vice	total	%
João Dória (PSDB)	Bruno Covas (PSDB)	3.085.187	53,29
Fernando Haddad (PT)	Gabriel Chalita (PDT)	967.190	16,70
Celso Russomano (PRB)	Marlene Campos Machado (PTB)	789.986	13,64
Marta Suplicy (PMDB)	Andrea Matarazzo (PSD)	587.220	0,14
Luiza Erundina (PSOL)	Ivan Valente (PSOL)	184.000	3,18
Major Olímpio (SD)	David Martins (SD)	116.870	2,02
Ricardo Young (REDE)	Carlota Mingolla (Rede)	25.993	0,45
Levy Fidelix (PRTB)	Jairo Glikson(PRTB)	21.705	0,45
João Bico (PSDC)	Profa. Sílvia Cristina (PSDC)	6.006	0,37
Altino Prazeres (PSTU	Profa. Janaína (PSTU)	4.715	0,10
Henrique Áreas (PCO)	Tranquilo Mortele (PCO)	1.019	0,02
Brancos		367.471	5,29
Nulos		7.88.379	11,35
Abstenções		1.940.454	21,84
Senhor Ninguém		3.096.304	38,48

No fim, Doria foi eleito prefeito em 2 de outubro de 2016, no primeiro turno, com 3.085.187. Só perdeu para o Senhor Ninguém, ou seja, os votos nulos, brancos e as abstenções, que chegou a 3.096.304.

Mal esquentou a cadeira na administração e saiu para ser candidato ao governo do Estado. Queria sair pra presidente da República, mas Alckmin não deixou.

A GOVERNABILIDADE IMPOSSÍVEL

Maioria folgada na Câmara Municipal

No Legislativo Municipal de São Paulo, dos 55 vereadores, 33 foram reeleitos e 22 eram novatos. Os evangélicos aumentaram em 75% sua bancada e agora são 14.

A coligação que apoiou Doria também conseguiu uma maioria folgada, pois elegeu 19 vereadores, e conseguirá facilmente articular votos exigidos para ter a maioria. O PMDB (hoje MDB) elegeu 6 vereadores. O PT elegeu 7 com um grande puxador de votos, Eduardo Suplicy, ex-deputado federal e ex-senador com 301.446 votos. Suplicy está na disputa para reeleger-se para o Senado.

O Partido Novo, partido dos banqueiros, apesar de nascido agora, teve 140 mil votos. Mais votos que o vetusto PCdoB ou o PDT. O PP elegeu uma ativista do Vem Pra Rua, a Janaina Lima. O Vem Pra Rua elegeu vereadores também em Porto Alegre, Belo Horizonte e Rio de Janeiro. Outro ativista, este do Movimento Brasil Livre, Fernando Holiday, foi eleito pelo DEM. Em todo o país, o MBL disputou com 45 candidatos e elegeu oito.

Os candidatos à vereança dessas organizações foram treinados e financiados. Essa mesma tática está sendo desenvolvida com candidatos aos legislativos estaduais e federal e também para cargos executivos.

Mussolini da nova era

Mussolini era jornalista e um grande comunicador. Fez o que fez e alcançou o que planejou graças à comunicação. Seu feito repercutiu no mundo inteiro e tentou ser reproduzido por muitos. Criou uma escola. Franklin Delano Roosevelt, nos EUA; Vargas, no Brasil; Haya de la Torre, no Peru, e Juan Domingo Perón, na Argentina, foram alguns que beberam dessa fonte. Quem, porém, melhor se valeu dela foram os alemães.

PAULO CANNABRAVA FILHO

Seguindo as pegadas de Mussolini, na Itália, tivemos um Silvio Berlusconi. Ninguém desde o armistício de Ialta, em 1945, teve tanto poder e por tanto tempo como Berlusconi. Seu poder, fundamentalmente, vinha do poder da comunicação, pessoal (era um grande comunicador) e dos meios que conseguiu monopolizar em todo o país. Governou com as máfias. É bom lembrar que o advento de Berlusconi se deu quase que como uma sequência da Operação Mãos Limpas, inspiradora da "república judicial" do Paraná.

A operação *Mani Pulite* (mãos limpas), começou em Milão, em 1992, com a prisão de um dirigente de uma organização filantrópica acusado de corrupção, que envolvia o banco do Vaticano e a Máfia. Dois anos depois, já estavam indiciadas 6.056 pessoas, entre as quais, 438 parlamentares, 4 deles ex-premiês, 872 empresários – e 1.978 funcionários públicos. Esse escândalo repercutiu na mídia de todo o mundo, todos os jornais brasileiros deitaram e rolaram sobre o tema.

O pivô do escândalo foi um propinoduto, bem ao estilo do que temos aqui desde os tempos coloniais. Lá, levou ao precipício os dois principais partidos que desde 1946 dominavam o cenário político-eleitoral: a Democracia Cristã e o Partido Socialista. A insistência da mídia gerou uma psicose: quem se opusesse ao avanço da operação era um corruto ou corruptor. Qualquer semelhança com o que está ocorrendo com o PT e o PMDB certamente não será por mera coincidência.

Na Itália, a operação resultou na redução dos valores em algumas licitações públicas. Porém, com a instabilidade política generalizada caíram e subiram vários governos, até que Sílvio Berlusconi ascendeu ao governo. Milionário dono de imenso complexo de comunicação, a Midiaset, dono da equipe de futebol "Milano", financeiras, bancos etc... Foi o mais longevo primeiro ministro italiano (1994-1995, 2001-2005, 2008-2011) e com o Forza Italia dominou o cenário político até recentemente.

A GOVERNABILIDADE IMPOSSÍVEL 283

Foi o exemplo bem executado de um projeto de poder corrupto, associado à Máfia e aos serviços de inteligência dos Estados Unidos, apoiando as invasões estadunidenses e acelerando o processo de privatização da economia. Berlusconi foi tão longe que chegou a apropriar-se até do sistema de rádio e televisão pública, a RAI, um dos melhores da Europa.

Na minha percepção, São Paulo fez despontar um possível Mussolini, ou Berlusconi, da nova era. É o risco latente da vertiginosa ascensão ao poder do João Doria Júnior. E de um Bolsonaro, que desde o início das intenções de voto para Presidência da República se mantém em primeiro lutar com 20%, só perdendo quando nas pesquisa incluem Lula, que se mantém com 30%.

Interessante observar que 40% disseram que vão votar em branco ou nulo para governador em outubro. E esse é outro perigoso sintoma favorável ao fascismo. O povo desiludido da política se afasta das urnas e dá lugar para os oportunistas.

Doria se vendeu midiaticamente dizendo que era gestor, não político. Para o ingênuo de cabeça feita pela mídia parecia ser admissível que alguém pudesse não ser político e estar candidato de um partido político numa grande jogada de profissionais da política e da comunicação. Pode parecer verdadeiro que alguém fique milionário neste país sem depender do poder público, sem explorar os trabalhadores?

Doria é muito bem treinado e assessorado. Tem a seu lado comunicadores e publicitários acostumados a convencer o público a comprar aquilo que eles querem vender.

Nasceu em berço político. Conheci bem seu pai, João Doria, deputado federal. Com ele denunciamos nos jornais que o que se armava aqui em vésperas do 1º de Abril de 1964 contra o governo de João Goulart era o mesmo que havia ocorrido na Guatemala contra o governo de Jacobo Arbenz, ou contra o governo de Mohammed

Mossadeq, no Irã: golpes orquestrados pela CIA com dinheiro de Washington. O deputado Doria foi cassado pela ditadura militar precisamente por suas posições nacionalistas e democráticas. Deve estar revirando na tumba se pudesse ver com quem está metido seu filho. Não honra o nome do pai.

Com a mesma intensidade com que a mídia demonizou figuras como Brizola, por exemplo, e o próprio Lula, depois que deixou de ser "o cara", a mídia endeusou Doria, tal como haviam endeusado Fernando Collor. Lembram?

Esquerda perdeu mais uma batalha

Na atual conjuntura, o que se poderia realmente considerar candidatura de esquerda, o PSOL, elegeu dois prefeitos: Macapá (AP) e Itaocara (RJ) e 53 vereadores no país todo. Em São Paulo, além de Sâmia Bomfim, elegeu também Toninho Vespoli. É importante, mas são poucos votos. PCdoB, PPS, PV e a Rede da Marina Silva não elegeram ninguém na capital paulistana.

Eduardo Suplicy, depois de ter sido eleito deputado estadual, deputado federal e três vezes senador da República, elegeu-se vereador de São Paulo, batendo recorde de votos: 301.446. No total, foram 14 eleitos pela coligação. Fora esse desempenho pessoal, o PT foi muito mal nessas eleições. Seguramente mais uma sequela da Lava Jato que, além de estar destruindo a economia, destrói também partidos e líderes populares que pudessem se opor a isso.

No Estado de São Paulo, dos 645 municípios, o PT tinha 72 prefeituras, que foram reduzidas a oito. No Brasil, das 638 prefeituras que conquistou em 2012, o PT elegeu por volta de 200, uma redução de 60%. Ainda no estado, 36 prefeitos eleitos em 2012 abandonaram o PT para disputar por outra legenda. Mas ainda é o partido com maior número de militantes na história política brasileira. Há, portanto, um campo fértil para o trabalho de recuperação.

Além de não conseguir reeleger Haddad, perdeu eleição no que a mídia chamava de "cinturão vermelho" de São Paulo: Santos, Guarulhos, Osasco, São Bernardo do Campo, Santo André, Diadema e Mauá. No Brasil, o PT teve 853.800 votos para vereadores, enquanto o PSDB teve um milhão.

Votos para o Senhor Ninguém

O Senhor Ninguém, ou seja, o voto do desiludido, do ausente por descrença, o voto do protesto foi vencedor, além de São Paulo, em cidades tão importantes como Belo Horizonte, Aracajú, Rio de Janeiro e Belém.

Ninguém ganhou em:

> Aracaju (SE) - Eleitores: 397.228 - Soma de votos brancos, nulos e abstenções: 139.723 - 1º lugar: Edvaldo Nogueira (PCdoB) 99.815;
> Belém (PA) - Eleitores: 1.043.219 - Soma de votos brancos, nulos e abstenções: 365.731 - 1º lugar: Zenaldo Coutinho (PSDB) 241.166;
> Belo Horizonte (MG) - Eleitores: 1.927.456 - Soma de votos brancos, nulos e abstenções: 741.915 - 1º lugar: João Leite (PSDB) 395.952;
> Campo Grande (MS) Eleitores: 595.172 - Soma de votos brancos, nulos e abstenções: 167.922 - 1º lugar: Marquinhos Trad (PSD) 147.694;
> Cuiabá (MT) - Eleitores: 415.098 - Soma de votos brancos, nulos e abstenções: 127.987 - 1º lugar: Emanuel Pinheiro (PMDB) 98.051;
> Curitiba (PR) - Eleitores: 1.289.204 - Soma de votos brancos, nulos e abstenções: 360.348 - 1º lugar: Rafael Greca (PMN) 356.539;

Porto Alegre (RS) - Eleitores: 1.098.517 - Soma de votos brancos, nulos e abstenções: 382.535 - 1º lugar: Nelson Marchezan Júnior (PSDB) 213.646;

Porto Velho (RO) - Eleitores: 319.941 - Soma de votos brancos, nulos e abstenções: 106.844 - 1º lugar: Hildon Chaves (PSDB) 57.954;

Rio de Janeiro (RJ) - Eleitores: 4.898.044 - Soma de votos brancos, nulos e abstenções: 1.866.621 - 1º lugar: Marcelo Crivella (PRB) 842.201;

São Paulo (SP) - Eleitores: 8.886.195 - Soma de votos brancos, nulos e abstenções: 3.096.304 - 1º lugar: João Doria 3.085.187.

XIII

2018
Eleições gerais

XIII

As novidades do pleito

Em outubro de 2018 ocorrerão eleições gerais para os poderes executivo e legislativo, federal e estaduais, ou seja, para eleger, em eleições majoritárias, governadores dos 26 estados mais o Distrito Federal, o presidente e vice-presidente da República e 2/3 do Senado (54 das 81 cadeiras). Em eleições proporcionais serão eleitos 513 deputados federais (cada estado elege de oito a 70 deputados, dependendo do número de habitantes).

As eleições municipais são realizadas alternadas com as eleições gerais, com diferença de dois anos para eleger prefeitos e vice-prefeitos de mais de 5.570 municípios. O número de vereadores também é calculado tendo como base o número de habitantes.

O panorama das eleições municipais de 2016 está descrito neste livro e ajuda a compreender nossa mensagem de que com a permanência dessa partidocracia no poder não há futuro para o país.

Novidade nesta eleição é que será a primeira realizada após a proibição de contribuição das grandes empresas às campanhas. Agora os candidatos serão financiados parte com dinheiro público e parte com contribuições individuais.

Outra novidade é que, pressionado pelas bancadas femininas, em maio de 2018 o TSE estabeleceu que os partidos devem reservar 30% dos recursos para candidaturas femininas. Se o número de mulheres ultrapassar 30%, a porcentagem da participação nos recursos será aumentada.

Como os brasileiros são muito espertos, já estão correndo denúncias de candidatas laranjas recrutadas pelos partidos para não serem punidos e multados pelo descumprimento da lei.

Cenário eleitoral

De acordo com o TSE, o número de eleitores aptos a votar em outubro de 2018 cresceu 3,14% – nas eleições de 2014 eram 142.822.046 e agora são 147.302.354.

O número de jovens eleitores, porém, caiu 14,53% – em 2014, eram 1.638.751, e neste ano serão 1.400.617. Segundo dados do TSE, os jovens de 16 e 17 anos representam 0,95% do eleitorado brasileiro.

Neste ano, a população com 16 e 17 anos é de 6.489.062, dos quais 1.400.617 tiraram título de eleitor – 21% do total.

Os técnicos explicaram também que, em 2014, da população de 16 e 17 anos (7.024.770, segundo o Instituto Brasileiro de Geografia e Estatística – IBGE), 23% eram eleitores.

Em julho de 2018 tínhamos 19 candidatos de 19 diferentes partidos como pré-candidatos à presidência da República. Em agosto já eram 14. Cinco já tinham desistido, seja por não conseguir espaço, ter coligado numa frente ou simplesmente negociado o tempo de que dispõe no horário de propaganda eleitoral.

Na pesquisa de intenção de voto, feita pelo Datafolha entre 6 e 7 de junho e publicada em quase todos os diários, sem a participação de Lula, o vitorioso é o Senhor Ninguém, ou seja, a soma dos votos em branco, nulos e em nenhum, com 28% sobre

A GOVERNABILIDADE IMPOSSÍVEL

19%, 15% e 10% dos primeiros três colocados, respectivamente Bolsonaro, Marina e Ciro.

O Senhor Ninguém (17%) e os demais perdem quando a pesquisa contempla Lula, que tem significativos 30%. Bolsonaro fica com 17%, e Marina, 10%. Em pesquisa de junho da CNI/Ibope, 41% dos eleitores ainda não sabiam em quem votar, e 33% votariam em Lula, igual a soma dos quatro mais bem cotados: PSL, 18%; Rede, 7%; PDT, 4% e PSDB, 4%.

O que nos espera?

Em junho, dia 24, o Estado de Tocantins realizou uma eleição, fora do calendário oficial, para um mandato tampão, após cassação do governador Marcelo Miranda (MDB) por utilizar caixa dois na eleição de 2014.

Sete candidatos disputaram o primeiro turno: o governador interino, Mauro Carlesse (PHS); a senadora e ex-ministra da Agricultura no governo Dilma, Kátia Abreu (PDT); o ex-prefeito de Palmas, Amasth (PSB); o senador Vicentinho Alves (PR); Mário Lúcio (PSOL); o ex-juíz Marlon Reis (Rede) e o empresário Marcos Souza (PRTB).

Dos 1.018.329 eleitores aptos a votar, compareceram 711.492, a abstenção foi de 30,14%, nulos, 17,13%, e brancos, 2,06%. O Senhor Ninguém alcançou 51,83%.

Foram para o segundo turno Mauro Carlesse e Vicentinho Alves, que receberam 30% e 22% dos votos, respectivamente.

Uma eleição repleta de ilegalidades, com urnas desaparecidas, flagrante de compra de votos e, claro, a esquerda dividida.

Que país é esse? Se não é loucura, o que é?

O mais importante e popular político do país a disputar as eleições, Lula da Silva, está preso, outros dizem sequestrado. Sim, me parece mais correta a palavra sequestrado, pois é de fato um sequestro político. Tudo o que está escrito nos capítulos anteriores corrobora com essa tese, pois mostra que no transcorrer da história as elites governantes jamais admitiram que alguém de fora de suas hostes assumisse o o poder. Sempre que ameaçados ou sem votos preferem entregar o poder aos militares e não a quem ameace sua hegemonia.

Um exemplo do comportamento errático dessa elite: a justiça, em junho, proibiu o Poder Executivo de continuar vendendo importantes ativos nacionais, como poços de petróleo e usinas geradoras de eletricidade. Fez pela simples razão de que, constitucionalmente, isso só poderia ser feito com autorização prévia do Legislativo e licitação. Certamente, também porque o governo não tem legitimidade, está no fim do mandato, e vários candidatos já anunciaram que, se eleitos, anularão as vendas ilegais realizadas. Pois bem, com tudo isso, o desgoverno Temer continuou fazendo leilões de hidroelétricas; distribuidoras de energia; refinarias; petroquímicas; transportes rodoviário, ferroviário e hidroviário e, o mais grave, tudo isso a preços aviltados, inclusive o petróleo. E nada acontece. Ninguém consegue deter essa sangria.

Por que isso acontece?

Parece que os políticos, intelectuais, jornalistas, dirigentes de organizações sociais e sindicais deixaram de pensar o país. Que outra razão para explicar a complacência ao sucateamento dos meios de produção e alienação das riquezas naturais?

Como explicar que as Forças Armadas, constitucionalmente obrigadas a defender a soberania do país, soberania no seu mais amplo sentido, sejam coniventes com as permanentes violações da soberania nacional? Deixar que se perca o planejamento estratégico do desenvolvimento nacional para ser guarda pretoriana do império e força policial repressiva contra seu próprio povo?

A GOVERNABILIDADE IMPOSSÍVEL

O Estado nacional está em crise política e moral, com a soberania violada, o tesouro sem recursos. Com que se preocupa o Legislativo diante dessa situação? Pensarão os legisladores em outra coisa que não seja a reeleição?

Prova da distância que os legisladores têm da realidade é a desfaçatez com que tiraram verbas do Orçamento da União, através de emendas, para favorecer seus currais eleitorais. O governo ilegítimo já liberou em 2017 R$ 10,7 bilhões, quase 50% a mais que no ano anterior, para favorecer seus apoiadores. Em junho, diante do imbróglio provocado pelas delações dos irmãos Batista, da J&F, foram liberados R$ 2 bilhões e, no mês seguinte, R$ 2,2 bilhões. Durante o "esforço concentrado" para aprovar a reforma da Previdência, em dezembro, foram R$ 3,24 bilhões.

Esses recursos são distribuídos individualmente a cada deputado para que gaste em benefício da região que o elegeu representante. Na verdade, um curral eleitoral. O beneficiado, na realidade, nem sempre é o município ou a região e, sim, o próprio parlamentar.

O prazo para que o deputado apresente suas emendas encerra-se em abril de cada ano. O valor para cada para cada deputado, em 2018, foi fixado em R$ 14,8 milhões. Em maio, num gesto de extrema bondade, o governo liberou R$ 2 bilhões para emendas parlamentares. Afinal, mais de 60% querem se reeleger, precisam de uma ajudinha, não é?

Cada deputado, além do salário de R$ 33.763, tem auxílio moradia e assistência médica e odontológica de graça; restaurante; cafezinho e mordomos à disposição; telefones; correio; gasolina; viagens de avião… tudo pago por nós. Pode ter em seu gabinete oito assessores e ainda manter escritório em sua base eleitoral.

Não satisfeitos, querem ganhar R$ 38 mil. Para que isso aconteça, terão de aumentar o teto salarial dos servidores da União que é de R$ 33.763, o valor do salário de um ministro do Supremo

Tribunal Federal. Se o aumento for aprovado, será como uma bola de neve, que se tornará insuportável os gastos públicos. Não haviam tirado a Dilma para equilibrar as contas públicas?

Podem as eleições de outubro mudar isso?

Não, mas podem abrir caminhos para que, em um futuro não muito remoto, as coisas sejam diferentes. Uma força eleitoral vitoriosa poderá, certamente, impor uma reforma política imediata e convocar uma Assembleia Constituinte exclusiva para aprovar um projeto nacional.

Quais as alternativas de poder?

É isso que é preciso construir: uma alternativa de poder. E isso só será possível recuperando-se a soberania nacional. Como colônia, jamais.

O que é preciso no país é que os movimentos de massa, os partidos populares e as organizações de trabalhadores se tornem protagonistas de um grande movimento de salvação nacional. Uma frente ampla em torno de um projeto de desenvolvimento e de recuperação da soberania nacional.

Constata-se que as esquerdas vêm perdendo há tempos a batalha da comunicação. Paralelamente, vêm perdendo também a luta de classe, ao abandonar o espaço das massas populares, aquelas das periferias (não tão periféricas) das grandes e também pequenas cidades. E vêm perdendo também a batalha ideológica.

Será possível construir essa nova alternativa?

A oportunidade do momento eleitoral

É mesmo para perguntar-se se o momento eleitoral é o mais oportuno para isso:

Que país é esse? Que país queremos deixar para nossos filhos, netos e para os filhos dos bisnetos e tataranetos?

A GOVERNABILIDADE IMPOSSÍVEL 295

Parece, como diz a socióloga Hilda Fadiga, que "esses caras devem ter nascido de chocadeira. Não respeitam os velhos e vão deixar país nenhum para seus filhos e netos".

Para as próximas gerações é que devemos pensar o processo eleitoral. As perguntas que devem ser feitas aos candidatos são:

1. Será mais do mesmo?

2. Vai mudar alguma coisa?

3. Qual é o seu projeto para superar a mesmice e construir novos paradigmas?

4. Qual é o projeto de nação do seu partido?

5. Qual é o projeto de desenvolvimento nacional do seu partido?

6. Como sair de uma economia financeirizada, que privilegia a especulação, para um projeto que priorize a produção?

7. O projeto de seu partido contempla uma economia monetarista ou um desenvolvimentismo planejado?

8. Como o projeto de seu partido contempla a recuperação da produção industrial?

9. Como o projeto de seu partido pretende superar o desemprego e a exclusão social?

10. Esse projeto tem como não deixar uma única criança fora da escola?

11. Como seu partido planeja elevar a qualidade do ensino: priorizando a escola pública ou a privada?

12. E nas questões de saúde: universalizar a saúde pelo SUS ou privatizar tudo?

13. Em matéria de segurança alimentar, qual a política agrícola de seu partido?

14. Em questões de segurança energética, qual a política de seu partido?

15. O petróleo é nosso ou das transnacionais conduzidas pelos senhores de todas as guerras?

16. Como o projeto de seu partido contempla a questão ambiental?

17. O que seu partido contempla como Segurança Nacional?

18. Qual o papel que seu partido designa para as Forças Armadas?

Fundo Eleitoral e Fundo Partidário

O rearranjo das coligações para a disputa das eleições gerais de outubro de 2018 começou cedo. Vale a pena prestar a atenção nisso, porque é uma descarada demonstração de oportunismo, evidência de ausência de ideologia e de projeto para o país. Mais parece um mero balcão de negócios.

Os partidos que se agregam para formar coligações juntam também as cotas do Fundo Eleitoral e, o que é mais valioso ainda, o tempo de rádio e televisão, em que serão apresentados ao público como um raro produto de consumo.

Os recursos para o Fundo Eleitoral e o Fundo Partidário saem do Orçamento da União, que é aprovado no ano anterior a sua execução. Foi criado para dar sustentação dos partidos e podem ser utilizados para propaganda eleitoral.

A distribuição das cotas do fundo é bem complicada. Como não sou matemático, limito-me a copiar os artigos da Lei 9504/97, modificada em agosto de 2017, questionada e republicada em outubro 2017:

Pela lei, a distribuição do FEFC, no primeiro turno das eleições será:

A GOVERNABILIDADE IMPOSSÍVEL 297

2% divididos igualmente entre todos os partidos com registro no TSE;

35% divididos entre as legendas com pelo mesmo um integrante na Câmara dos Deputados, na proporção dos votos conquistados por eles na última eleição geral para a Câmara;

48% divididos entre os partidos proporcionalmente ao número de deputados na Câmara, consideradas as legendas dos titulares; e

15% divididos entre os partidos proporcionalmente ao número de senadores, consideradas as legendas dos titulares

Os recursos provenientes do Fundo Especial de Financiamento de Campanha que não forem utilizados nas campanhas eleitorais deverão ser devolvidos ao Tesouro Nacional, integralmente, no momento da apresentação da respectiva prestação de contas.

O Orçamento da União destinou para 2018 R$ 888,7 milhões para o Fundo Partidário e R$ 1,7 bilhão para o Fundo Eleitoral, valores que serão distribuídos entre os partidos.

O TSE, em fevereiro de 2018, distribuiu para os 35 partidos adiantamento de R$ 62.955.007,26 das cotas do fundo. O PT obteve R$ 8.426.611,88, o PSDB, R$ 7.119.745,15, e o PMDB, R$ 6.12.612,54.

Em maio, o TSE estabeleceu o seguinte valor para cada partido:

Participação dos partidos nos Fundos Eleitoral e Partidário	
MDB - 13,64% - R$ 234.062.400	Pros - 1,23% - R$ 21.106.800
PT - 12,36% - R$ 212.097.600	PHS - 1,05% - R$ 18.018.000
PSDB - 10,83% - R$ 185.842.800	PTdoB - 0,72% - R$ 12.355.200
PP - 7,36% - R$ 126.297.600	Rede - 0,62% - R$ 10.639.200
PSB - 6,92% - R$ 118.747.200	Patriota - 0,57% - R$ 9.781.200
PR - 6,59% - R$ 113.084.400	PSL - 0,53% - R$ 9.094.800
PSD - 6,52% - R$ 111.883.200	PTC - 0,36% - R$ 6.177.600
DEM - 5,19% - R$ 89.060.400	PRP - 0,31% - R$ 5.319.600
PRB - 3,90% - R$ 66.924.000	PSDC - 0,24% - R$ 4.118.400
PTB - 3,62% - R$ 62.119.200	PMN - 0,22% - R$ 3.775.200
PDT - 3,58% - R$ 61.432.800	PRTB - 0,22% - R$ 3.775.200
SD - 2,33% - R$ 39.982.800	PSTU - 0,06% - R$ 978.120
PTN - 2,10% - R$ 36.036.000	PPL - 0,06% - R$ 978.120

O TSE também estabeleceu um teto de R$ 72 milhões em despesas de campanha. Em caso de segundo turno, o limite será de mais R$ 35 milhões.

Governador: o limite de gastos vai variar de R$ 2,8 milhões a R$ 21 milhões e será fixado de acordo com o número de eleitores de cada Estado, apurado no dia 31 de maio do ano da eleição.

Senador: o limite vai variar de R$ 2,5 milhões a R$ 5,6 milhões e será fixado conforme o eleitorado de cada estado, o valor será apurado na mesma data.

Deputado Federal: teto de R$ 2,5 milhões;

Deputados Estadual ou Distrital: limite de R$ 1 milhão.

Somente pessoas físicas poderão fazer doações eleitorais até o limite de 10% dos seus rendimentos brutos verificados no ano anterior à eleição. As doações eleitorais de pessoas jurídicas foram proibidas pelo STF em 2015.

A GOVERNABILIDADE IMPOSSÍVEL

A lei permite aos candidatos o uso de financiamento coletivo (crowdfunding), a chamada "vaquinha", para arrecadar recursos de campanha.

Ainda serão permitidas coligações para as eleições proporcionais de 2018 (deputados federais, deputados estaduais e distritais). A partir das eleições municipais de 2020, as coligações estarão vedadas para este tipo de eleição (vereadores).

Repartição do bolo publicitário

O critério para distribuir o tempo de exposição na mídia e também o dinheiro dos fundos é uma fórmula matemática com a qual, dizem os que a fizeram, visa-se garantir o princípio da isonomia. É preciso pensar como seria feita essa distribuição numa eventual reforma política-eleitoral.

Que tal ver primeiro no dicionário o que é isonomia?

Segundo o mestre dos dicionários da língua portuguesa, Caldas Aulete:

> (i.so.no.mi.a) - sf.
> 1. Jur. Princípio, assegurado pela Constituição, segundo o qual todos são iguais perante a lei, não podendo haver nenhuma distinção em relação a pessoas que estejam na mesma situação
> 2. A aplicação desta lei (isonomia salarial)
> 3. Condição ou estado daqueles que são governados pelas mesmas leis.
> [F.: Do gr. isonomía, as.]

Como ocorreu nas eleições municipais de 2016, os melhores candidatos são os que têm as menores oportunidades para expor suas ideias, seja pelos parcos segundos de exposição na propaganda eleitoral oficial, seja por oposição massiva dos meios de comunicação.

Propaganda gratuita (mas nem tanto)

A propaganda eleitoral do candidato será de 45 dias e poderá ter inicio no dia 16 de agosto de 2018, mas aquela realizada no horário eleitoral gratuito no rádio e na televisão somente começará no dia 1º de setembro de 2018.

Quanto à propaganda em segundo turno, deverá começar na sexta-feira seguinte à realização do primeiro turno. Antes, ela devia iniciar 48 horas depois de proclamado o resultado do primeiro turno. O tempo total foi reduzido para dois blocos diários de dez minutos para cada eleição (presidente da República e governador). Antes, eram dois blocos de 20 minutos.

O tempo de exposição de cada partido é calculado com os mesmos critérios utilizados para o rateio dos recursos partidários previstos no Fundo Especial de Financiamento de Campanha (FEFC).

Para os pleitos subsequentes, deve ser adotado o número de parlamentares apurado no último dia da sessão legislativa imediatamente anterior ao ano eleitoral.

Esse tempo, chamado de Horário Gratuito, é gratuito para os políticos e seus partidos, porque somos nós, os contribuintes, que pagamos. O custo total do horário disponibilizado para o Tribunal Federal Eleitoral (TFE) é abatido pelas emissoras dos impostos federais a pagar. Nessa manobra, a União pode até ficar devendo. Chamar de horário gratuito é uma grande falácia para enganar as pessoas.

Na mídia eletrônica (TV, rádio, internet), é proibido fazer propaganda paga; na escrita, é permitido pagar anúncio, dar entrevista, porém com um limite. Outdoors são proibidos, mas é permitido utilizar carros de som pelas ruas e trio-elétrico, desde que respeitada a lei do silêncio. Showmício também é proibido.

A propaganda eleitoral na internet também poderá ter início no dia 16 de agosto de 2018. Continua proibida a propaganda eleitoral paga pela internet. A novidade é que está autorizado

A GOVERNABILIDADE IMPOSSÍVEL 301

o impulsionamento de conteúdos em redes sociais, como o Facebook, desde que contratados exclusivamente por partidos, coligações e candidatos.

A lei modificada também proíbe a distribuição de propaganda em templos religiosos, mas não proíbe os templos de aliciarem seus fiéis para elegerem suas bancadas e ocupantes de cargos executivos. O prefeito do Rio de Janeiro, Crivella, esteve enredado num processo de cassação porque foi flagrado distribuindo benesses para templos neopentecostais.

Propaganda Eleitoral – Rádio e TV - 2018

Início: 31 de agosto; término: 04 de outubro

Bloco Diário:	20 minutos
Inserções na Programação:	70 minutos

Pré-coligações: os 3 maiores partidos terão 34% do tempo de televisão e rádio nas eleições de 2018 e os candidatos que lideram as intenções de votos terão apenas 4,2% do tempo: diariamente Bolsonaro terá 26,3 segundos; Marina terá 16,3 segundos e Ciro terá 3,6 minutos.

Partidos:

MDB	Bloco Diário	3 minutos	Inserções na Programação	8 minutos
PT	Bloco Diário	3 minutos	Inserções na Programação	8,5 minutos
PSDB	Bloco Diário	2,5 minutos	Inserções na Programação	7 minutos
PP	Bloco Diário	(-) de 2 minutos	Inserções na Programação	(-) de 5 minutos
PSB	Bloco Diário	1,5 minuto	Inserções na Programação	4,5 minutos
PR	Bloco Diário	1,5 minuto	Inserções na Programação	4,5 minutos
PSD	Bloco Diário	(-) de 2 minutos	Inserções na Programação	(-) 5 minutos
PTB	Bloco Diário	1,0 minuto	Inserções na Programação	3,5 minutos
DEM	Bloco Diário	1,0 minuto	Inserções na Programação	(-) de 3 minutos
PRB	Bloco Diário	1,0 minuto	Inserções na Programação	(-) de 3 minutos
PDT	Bloco Diário	1,0 minuto	Inserções na Programação	(-) de 3 minutos
PSL	Bloco Diário	1,0 minuto	Inserções na Programação	19 segundos
REDE	Bloco Diário	7 segundos	Inserções na Programação	12 segundos

Os candidatos para a ingovernabilidade

Findo o mês de julho, de 19 iniciais, havia pelo menos 15 candidatos à Presidência da República

A GOVERNABILIDADE IMPOSSÍVEL   303

Candidatos que já estão em plena campanha

Partido ou coligação	Presidente	Vice-presidente (partido)
MDB	Henrique Meirelles (MDB)	Germano Rigotto (MDB)
PDT	Ciro Gomes (PDT)	Kátia Abreu (PDT)
PSL e PRTB	Jair Bolsonaro (PSL)	Hamilton Mourão (PRTB)
PSOL	Guilherme Boulos (PSOL)	Sonia Guajajara (PSOL)
Podemos, PTC e PSC	Álvaro Dias (Podemos)	Paulo Rabello de Castro (PSC)
Rede e PV	Marina Silva (Rede)	Eduardo Jorge (PV)
Novo	João Amoêdo (Novo)	Christian Lohbauer (Novo)
PSDB, DEM, Solidariedade, PP, PR, PPS e PTB e PRB	Geraldo Alckmin (PSDB)	Ana Amélia (PP)
PT, PCdoB, PRO e PCO	Lula da Silva (PT)	Fernando Haddad (PT)
DC	José Maria Eymael	Helvio Costa (DC)
PSTU	Vera Lúcia (PSTU)	Hertz Dias (PSTU)
PPL	João Goulart Filho (PPL)	Leo Alves (PPL)
Patriota	Cabo Daciolo (Patriotas)	Suelene Nascimento (Patriota)
Candidatos que lançaram sua candidatura e desistiram	**Motivo**	
Aldo Rebelo (SD)	Seu partido optou por apoiar a candidatura de Alckmin	
Joaquim Barbosa (PSB)	Ex-ministro do STF alegou motivos pessoais para abandonar a corrida presidencial	

Rodrigo Maia (DEM)	Desistiu da candidatura e anunciou apoio a Alckmin, com a justificativa de apoiar unidade em torno de um projeto "político que hoje parece o mais viável para evitar marchas a ré ainda maiores e mais trágicas para o Brasil", como disse em carta
Flávio Rocha (PRB)	Partido decide apoiar candidatura de Alckmin e Rocha retira pré-candidatura
Michel Temer (MDB)	Diante da impopularidade, desistiu da reeleição — pesquisa Datafolha de junho apontou que apenas 3% dos brasileiros avaliam seu governo como ótimo ou bom
Fernando Collor (PTC)	Seu partido decidiu apoiar a candidatura de Álvaro Dias
Manuela D'Ávila (PCdoB)	Em eventual impossibilidade de Lula seguir na corrida presidencial, chapa do PT será composta por Fernando Haddad (PT) e Manuela (PCdoB) vice
Cristovam Buarque (PPS)	Desistiu de disputar as prévias de seu partido para concorrer à presidência, preferindo tentar mais um mandato no Senado. O PPS anunciou apoio a Alckmin e Buarque vai participar do plano de governo do tucano para a educação
Arthur Virgílio (PSDB)	Desistiu de disputar as prévias do partido com Alckmin, alegando que votação seria fraudulenta
Luciano Huck (sem partido)	FHC chegou a demonstrar entusiasmo com a pré-candidatura do apresentador de TV, que desistiu da postulação sem justificar a decisão. Rede Globo pressionou por posicionamento já que ele teria que se desligar da emissora para concorrer à cadeira presidencial
Levy Fidelix (PRTB)	Em composição com PSL de Bolsonaro, desiste da candidatura própria e General Mourão, recém-filiado ao partido, é indicado na chapa
Paulo R. de Castro	Desistiu da candidatura para integrar a chapa do Podemos como vice de Álvaro Dias

Posfácio

Fazer diagnóstico das crises econômica, política, moral e cultural, crise civilizatória, como diria o mestre Darcy Ribeiro, em sua complexidade, não é o caso. As pessoas estão sentindo na pele, no estômago e no coração a fome e a angústia ante a ausência de futuro. Ouvir rádio, assistir à televisão ou ler qualquer dos jornalões do sistema aumenta a perplexidade e a desilusão sobre a política.

É uma conjuntura que está favorecendo a implantação do caos, prevista na estratégia de recolonização adotada pelo imperialismo nesta etapa de hegemonia do capital financeiro.

É também o momento em que estão dadas todas as condições para que se provoque uma ruptura institucional e se construa um outro Estado, sob hegemonia das forças comprometidas com a Nação. É a hora certa para começar tudo de novo e inventar uma democracia com hegemonia popular.

Viajante no hay camino, se hace camino al andar

Antonio Machado,[1] o magistral poeta espanhol, é um sábio que mostra, cantando, o que é preciso fazer, o que precisamos fazer todos os insatisfeitos com a complexa situação de crise.

O povo espanhol viveu glórias de potência colonial, angústias de dominação fascista e, desde a década de 1930, procura, por descaminhos e caminhos, construir a sonhada democracia das mulheres e homens livres e soberanos e um Estado que a comporte.

Como alcançar esse objetivo? A resposta cantada pelos guerrilheiros da revolução republicana de 1936, repetida por todos os que na Nossa América travaram o bom combate em busca do homem novo capaz de construir a Pátria Grande de Nossa América:

> Cuando querrá dios del cielo... Que la tortilla se vuelva...

É esse o ensinamento de todas as revoluções. As coisas só mudam em favor do povo havendo ruptura institucional. Virar a omelete para que não se queime. Como dizia o velho Marx, substituir o estado burguês ou como foi tão bem definido por pelo peruano José Carlos Mariátegui, "a revolução não se copia nem se reproduz. A revolução é criação heroica".

Por que é preciso começar tudo de novo? *Volver la tortilla* ou destruir o Estado burguês que, no nosso caso, está mais para Estado-oligárquico-neocolonial?

---

1 Antonio Machado (1875-1939) morreu no exílio na França para não ser fuzilado como aconteceu com Garcia Lorca (1898-1936), outro grande poeta espanhol seu contemporâneo, fuzilado pela ditadura imposta pelo general Francis Franco, de 1936 a 1973, quando ele mesmo restaurou a monarquia.

A GOVERNABILIDADE IMPOSSÍVEL 309

Simplesmente porque a continuar a obra de implantação do caos poderá não haver país nenhum.

Exagero?

Eles estão entregando tudo: terras, o que está em baixo dela (minérios), água, ensino, saúde, seguridade social, segurança nacional. A expansão das fronteiras agrícolas sem planejamento e sem controle está liquidando com as florestas, matando os mananciais, secando os rios e ameaçando até os lençóis freáticos e os aquíferos. Pior, continua o genocídio dos povos indígenas, dos negros, dos jovens, das mulheres. Nada os detêm. Indignar-se e protestar já não resolve.

É a soberania nacional que está sendo estraçalhada, é a democracia que está sendo estuprada. O sistema é cego, mudo e surdo. Insensível, uma máquina infernal destruidora, implacável.

Já não basta indignar-se; é preciso rebelar-se. Não basta rebelar-se; é preciso organizar-se.

As escolas jogam um papel fundamental no movimento necessário para reconquista do país pelos seus habitantes.

O sistema quer acabar com a escola pública e impor o pensamento único nas escolas privadas, transformar o ensino em outra commoditie, ou seja, em mercadoria, em objeto de lucro. Não se pode aceitar isso.

Sem a rebelião da juventude, nada acontecerá

É aí que deve começar a rebelião. Rebelião no bom sentido. A rebeldia pela recuperação do pensamento crítico para enfrentar e derrotar o pensamento único tem que começar nas escolas. Os professores têm a obrigação de assumir o protagonismo dessa rebeldia, mas, se os alunos não se mobilizarem para defender a escola pública e os professores rebeldes, nada acontecerá.

Devolver à escola o pensamento libertário de Paulo Freire e envolver nessa dinâmica toda a comunidade do entorno e um bom começo, como atestam os clubes de mães, as comunidades eclesiais, os agrupamentos contra a carestia. Movimentos que no passado se transformaram no tsunami da luta pela anistia e pelas eleições diretas e liquidaram com a ditadura militar.

Só que a ditadura não era só militar. Na época, o Estado foi capturado pelo capital transnacional. Com a democratização e as eleições, o Estado e a Nação foram capturados pelo pensamento único imposto pela ditadura do capital financeiro.

Identificar o inimigo principal

Essa é a questão fundamental:

Derrotar o pensamento único impondo o pensamento crítico e criativo. Derrotar a hegemonia do capital financeiro e impor um projeto nacional de desenvolvimento integral e integrado. Para isso, é preciso libertar-se da alienação, libertar-se da servidão intelectual. Ser livre! Eis aí o grande desafio para as novas gerações.

Nem políticos nem partidos vão fazer o projeto nacional que a nação requer. Já tiveram oportunidade e não fizeram e quando fizeram foram massacrados. Então é preciso começar a entender por que fracassaram. Construir os caminhos do acerto.

Para isso é preciso desencadear um movimento, nas escolas, nos bairros, em cada família, para defender a escola pública de qualidade e colocar a escola, as associações, as universidades para pensar o país.

Formar, a partir das bases da sociedade, uma ampla Frente de Salvação Nacional. Pois disso se trata. Estão entregando a soberania do país e para que isso se efetive estão anulando pensamento livre e crítico.

A GOVERNABILIDADE IMPOSSÍVEL

Os principais obstáculos estão visíveis

Na reconstrução do Estado há que tomar muito cuidado com a construção do Sistema Judicial.

Vimos durante todos os capítulos anteriores que a característica dos partidos políticos criados na República Velha para manter a hegemonia oligarca no poder foi continuada com a restauração do poder oligárquico a partir de 1945. De lá até hoje tivemos três Constituições (1946, 1967, 1988), nenhuma alterou o sistema de dominação oligarca, agora submisso a interesses externos.

Absurdos tão grandes que mesmo a Constituição de 1988, batizada de Constituição Cidadã porque a cidadania de fato discutiu e contribuiu muito durante o processo constituinte, não teve o povo como protagonista na hora de sua aprovação, mas um Congresso Nacional, eleito como todos os anteriores.

Na hora de aceitar as sugestões e aprovar o documento, o protagonista não era o povo, e sim o Congresso Nacional, eleito como todos os anteriores. Em outras palavras, parlamentares eleitos segundo um sistema aprovado por eles para assegurar a hegemonia das oligarquias e do poder econômico. O resultado é que essa Constituição Cidadã, em seu Artigo 166, obriga o Estado a manter déficit primário para pagar o serviço dívida pública, o que tem consumido quase 50% do Orçamento da União, sobrando quase nada para investimento.

E o povo? O povo que trabalhe e gere riqueza pra pagar a conta.

Sabendo disso, um outra República, novíssima, terá de ser formulada por uma Constituinte Exclusiva e com soberania popular.

É preciso liquidar com a Monarquia e criar a República Popular

Há que ter sempre presente que o Brasil foi Reino e foi Império. Parlamento e judiciário, assim como juízes e políticos, foram criados para garantir o poder constituído dos oligarcas e poderosos que, garantindo o poder do rei, garantiam seus próprios privilégios.

O que é que ensinam hoje nos cursos de formação para integrar a magistratura? Um dos sagrados princípios é o dever do juiz defender a propriedade privada e a ordem constituída. No Direito e na própria Constituição Cidadã, definem a função social da propriedade.[2]

Também é verdade que esse tipo de sistema poderia funcionar a contento se fossem respeitadas as leis e os tratados internacionais sobre questões vitais (de vida) como Direitos Humanos, e outros códigos consagrados pelas Nações Unidas, que quando aprovados internamente em um país têm força de Lei.

Acontece, porém, que por gerações o Judiciário foi se encrustando em seus privilégios, distanciando-se cada vez mais da Nação e seu povo. Utilizando-se da governança em benefício próprio. Até o vetusto *Estadão* estranhou os altos vencimentos exigidos pela magistratura. Pesquisou e registrou que os juízes aqui ganham mais que os congêneres dos Estados Unidos e da Inglaterra,[3] o mesmo que dizer que são os salários mais altos do mundo.

Como bem disse José Mujica, o tupamaro, enquanto presidente da República do Uruguai, "são resquícios da Corte Colonial. Só a nobreza é que valia, estavam aqui para saquear as riquezas, enriquecer e disfrutar o poder. O povo que se arrebente".

---

2   Capitulo I, Art. 170 da Constituição Federal de 1980

3   Disponível em https://economia.estadao.com.br/noticias/geral,salarios-de-juizes-no-brasil-superam-os-dos-estados-unidos-e-da-inglaterra,10000070901

A GOVERNABILIDADE IMPOSSÍVEL   313

No poder mantêm-se os herdeiros da corte colonial e os dispostos a servi-los. Tudo como dantes, no quartel de Abrantes.

Sem segurança jurídica não há democracia

É fato notório que nenhum sistema dá certo sem segurança jurídica. E é incrível que seja o próprio Judiciário que esteja provocando no Brasil a maior insegurança jurídica. Gente, é o mesmo que cavar a própria tumba. Claro que as normas não podem ser perenes nem ser imutáveis. Mas elas devem ser estáveis enquanto criadas para uma ordem estabelecida.

A construção de um novo Estado deve se dar com a construção de um novo sistema judicial. Juízes devem sair do povo e serem formados para fazer justiça para o povo com vistas à soberania popular e soberania nacional.

Com o atual ordenamento político, legislativo e judicial, país nenhum vai a lugar algum.

E aqui estamos diante de uma outra questão de ordem, também crucial, que é a da soberania.

Nação sem soberania é mera colônia.

Soberania?

Sim, no seu mais amplo sentido: alimentar; hídrica; sobre o bioma; sobre a riqueza mineral do subsolo; energética; sobre os bens criados e fabricados; cultural e sobre a segurança nacional para garantir todas as demais.

Conquistar a soberania é libertar-se da servidão intelectual e isso só se consegue recolocando nas escolas, em todos os níveis, o pensamento crítico e criativo, fazer a universidade pensar o país do ponto de vista da soberania nacional.

Se gostam tanto dos EUA, lá é assim. Por que não copiam?

Eis aí o busílis da questão. Não querem soberania, não querem deixar de ser colônia. Aqueles que ousaram querer ser livres numa nação soberana foram massacrados. Os demais estão sendo alienados para, domesticadamente, fazer tudo o que o mestre mandar. Meios de comunicação, escolas, universidades, tudo foi colocado sob a hegemonia do pensamento único imposto pelo capital financeiro.

A luta é de Libertação Nacional o caminho é organizar e conscientizar as massas

Tinha razão e atualidade o combatente Carlos Marighella ao chamar o povo a incorporar-se à Ação Libertadora Nacional (ALN), em 1968: "A nossa luta é de Libertação Nacional. É contra o Imperialismo e as oligarquias para poder entregar o poder ao povo e construir o socialismo".

Utopia, sonho? Claro que é. Como não lembrar que o mestre Paulo Freire considerava inconcebível "a vida fora do sonho e da utopia"?

De fato, o necessário é começar a substituir desânimo, a apatia, o medo, a paranoia e o ódio ao outro que tomou conta da população pela retomada da capacidade de sonhar.

A Nação está em surto psicótico. Como sair dele? Só com terapia intensiva. Mudar de ambiente, criar um outro mundo possível.

Retomar a linha de massas, o caminho definido por Lenin e Trotsky que possibilitou a vitória dos bolcheviques na Grande Revolução Russa de 1917. Organizar o povo ali onde ele está.

Até os padres e bispos subversivos da Igreja de Roma entenderam isso e organizaram, nos anos 1960, as Comunidades Eclesiais de Base (CEB) em cada bairro, em cada comunidade. Esse povo organizado se dispersou. No lugar das CEBs, o que se vê hoje são templos neopentecostais ludibriando o povo, levando-o à adoração do deus dinheiro.

A GOVERNABILIDADE IMPOSSÍVEL 315

Retomar a linha de massas é organizar o povo em cada rincão dando-lhe a esperança da libertação nacional. Explicando o que é ser livre e soberano para que ele entenda o que ocorre neste país colonizado e perceba que só mudando haverá futuro para seus filhos e netos.

O foco para a mobilização e a organização popular tem que ser claro, objetivo. Não adianta chorar sobre o leite derramado. É o mesmo que protestar a posteriori, sair a rua para gritar contra os malfeitores que assaltaram o poder. Isso só resulta em pancadaria. Repressão para manter o povo inerte.

O trabalho tem que ser paciente, porque é árduo e longo o caminho do amadurecimento da consciência. Mas acontece porque ela está latente em cada ser humano. Basta devolver a esperança, não como abstração, mas como crença na força do povo organizado para alcançar os objetivos da libertação nacional e construção de um país soberano, em que ele, povo, seja o maior protagonista.

Urge criar a Frente Ampla de Salvação Nacional

Um amplo movimento que envolva o povo nos objetivos de libertação nacional possibilitará que se unam em torno dessa bandeira os que hoje estão nos partidos políticos e nas organizações de trabalhadores, na formação de uma Frente Ampla de Salvação Nacional.

Não há outra saída. Há décadas os democratas, os progressistas, os nacionalistas desenvolvimentistas, os setores qualificados como a esquerda neste país vêm perdendo todas as batalhas.

Não precisa ser mago nem profeta para prever que a eleição de outubro de 2018 não estará apontada à ruptura de nada. Ganhe quem ganhe, não terá condições de alterar coisa alguma, pois os eleitos para o Congresso Nacional assumirão o mandato para lutar pela manutenção do status quo.

É o que a história ensina e que tentei mostrar neste trabalho. E podem crer que deu muito trabalho. Leitura exaustiva para muitos, dado a quantidade de número, siglas e informações. É um registro histórico. Tudo isso pra mostrar a continuidade do poder oligárquico-neocolonial e alentar a juventude à rebeldia e as forças populares à ruptura institucional.

Muitos dos fatos são de minha memória e de documentos de meu acervo pessoal, a maioria tirada da imprensa escrita e de organismos oficiais. As análises, conclusões, comentários, advertências e indicação de caminhos a seguir são resultado de 60 anos ininterruptos de jornalismo, cobrindo ou vivenciando o acontecer político e revolucionário no Brasil e nos demais países de Nossa América. Registre-se também que foram 60 anos de militância, dando o bom combate pela libertação e integração de Nossa América.

A luta é sem tréguas.

São Paulo, setembro de 2018

Agradecimentos

A Vanessa Martina Silva, que é quase coautora pela ajuda que deu para organizar o que no início estava meio bagunçado. Também não podia estar de outra maneira porque decidimos publicar o livro em tempo de alertar as pessoas sobre as eleições gerais de outubro de 2018. Creiam, foi uma correria, muitas horas de trabalho.

A Bia Cannabrava, sempre a primeira leitora de meus originais, corrigindo datas, fatos traídos pela memória, erros de grafia e concordância no texto, chamando a atenção para repetições e arroubos desnecessários.

A Walkiria Lobo, que sofreu horas a fio coletando datas e nomes, além dos resultados eleitorais nos sites do TSE, do Cepdoc/FGV e portais dos partidos políticos. E, caramba, são quase uma centena de partidos.

A Ekaterina Kholmogorova, designer gráfica incorporada à tribo dos Cannabrava, pela criação da capa.

A Joana Monteleone e Haroldo Ceravolo Sereza e demais companheiros da Alameda Casa Editorial por encarar o ato heroico de editar esta obra em tão pouco tempo. E a Nova Sociedade Comunicação, produtora da revista virtual bilíngue Diálogos Sul, coeditora.

Sobre o autor

Paulo Cannabrava Filho tem 82 anos e levou 62 para escrever este livro, fruto das análises e observações da carreira de jornalista que desempenha desde 1956.

Ao longo desse período, trabalhou em grandes redações no Brasil, como *Correio da Manhã*, *A Nação* e *Última Hora*. Integrou também a *Rádio Marconi*, uma emissora classista em defesa dos trabalhadores. Com o golpe de 1º de abril de 1964, foi para o exílio, onde seguiu atuando como jornalista na *Rádio Havana*, *France Press* (AFP), diários *Expreso* e *El Nacional*, na Bolívia, *Inter Press Service* (IPS) e, já de volta ao Brasil, reintegrou-se à equipe da revista *Cadernos do Terceiro Mundo*.

Dirigiu projetos importantes como a coordenação da Comunicação na Comissão de Negociação para os novos Tratados do Canal do Panamá, em 1977, processo que culminou com a recuperação da soberania do Panamá sobre todo seu território.

No Brasil, junto com Neiva Moreira, lançou o *Jornal do País*, extinto em 1987 por falta de apoio.

É autor dos seguintes livros: *Militarismo e Imperialismo in Brasile*, pelas editoras italiana Jaca Book (1969) e argentina Tiempo Contemporáneo (1970); *Breve storia de la Política di agressione USA in America* (1973) e *Sulla strada di Sandino* (1978) pela Jaca Book. Em 1973, a peruana Editorial Horizonte lançou o livro *Chile: anatomia de un golpe* e, em 2003, a editora Cortez, no Brasil e Plaza y Valdez, no México, lançou *No olho do furacão - América Latina nos anos 60/70.*

Desde 2015 coordena o projeto da revista virtual *Diálogos do Sul,* que é a continuidade por outras mídias do projeto da revista *Cadernos do Terceiro Mundo,* realizada no esforço de agregar gerações de interessados na integração latino-americana e nas relações Sul-Sul.

ALAMEDA NAS REDES SOCIAIS:
Site: www.alamedaeditorial.com.br
Facebook.com/alamedaeditorial/
Twitter.com/editoraalameda
Instagram.com/editora_alameda/

Esta obra foi impressa em São Paulo
no inverno de 2018. No texto foi uti-
lizada a fonte Electra em corpo 10,8
e entrelinha de 15,5 pontos.